A FINANÇA CAPITALISTA

A FINANÇA CAPITALISTA

Suzanne de Brunhoff
François Chesnais
Gérard Duménil
Dominique Lévy
Michel Husson

tradução de
Rosa Maria Marques e Paulo Nakatani

Copyright © 2010 François Chesnais/PUF

Publishers: Joana Monteleone/ Haroldo Ceravolo Sereza/ Roberto Cosso
Edição: Joana Monteleone
Editor assistente: Vitor Rodrigo Donofrio Arruda
Projeto gráfico e diagramação: Pedro Henrique de Oliveira
Assistentes de produção: Fernanda Pedroni
　　　　　　　　　　　　Patrícia Jatobá U. de Oliveira
　　　　　　　　　　　　João Paulo Putini
Revisão: Thiago Scarelli
　　　　　Íris Morais Araújo
Revisão técnica: Ruy Braga
Capa: Fernanda Pedroni

CIP-BRASIL. CATALOGAÇÃO-NA-FONTE
SINDICATO NACIONAL DOS EDITORES DE LIVROS, RJ

F529

A FINANÇA CAPITALISTA
Suzanne de Brunhoff... [et al.]; tradução de Rosa Maria Marques e Paulo Nakatani
São Paulo: Alameda, 2010.
348p.

Tradução de: *La finance capitaliste*
Inclui bibliografia
ISBN 978-85-7939-009-8

1. Marx, Karl, 1818-1883. 2. Capital (Economia). 3. Capitalismo. 4. Política econômica. I. Brunhoff, Suzanne de.

09-5031.　　　　　CDD: 330.122
　　　　　　　　　CDU: 330.142.1

015427

ALAMEDA CASA EDITORIAL
Rua Conselheiro Ramalho, 694 – Bela Vista
CEP 01325-000 – São Paulo – SP
Tel. (11) 3012-2400
www.alamedaeditorial.com.br

Sumário

Apresentação à edição brasileira   7
Ruy Braga

Introdução   19

1. Finança, capital, Estados   31
Suzanne de Brunhoff

2. A proeminência da finança no seio do "capital em geral", o capital fictício e o movimento contemporâneo de mundialização do capital   95
François Chesnais

3. A finança capitalista: relações de produção e relações de classe   183
Gérard Duménil e Dominique Lévy

4. Os três campos da teoria das relações financeiras de 247
Marx: o capital financeiro de Hilferding e Lênin
Gérard Duménil e Dominique Lévy

5. Finança, hiperconcorrência e reprodução do capital 301
Michel Husson

Referências Bibliográficas 337

Apresentação à edição brasileira

Ruy Braga[1]

A economia política da contestação

É NOTÓRIO QUE A MUNDIALIZAÇÃO CAPITALISTA das décadas de 1980 e 1990 trouxe consigo a hegemonia neoliberal também sobre o discurso econômico e que a atual crise econômica e financeira, cujas origens imediatas remontam ao início dos anos 2000, tem dado diuturnas provas de que a teoria econômica ortodoxa, com suas explicações derivadas de modelos baseados na enganosa ideia do equilíbrio geral, simplesmente não tem nada a dizer sobre o momento presente. Ao contrário, os críticos da economia política, sobretudo os teóricos marxistas, têm (re)assumido uma consistente posição na vanguarda da explicação da crise contemporânea, justamente porque foram capazes de articular criativamente uma pujante tradição analítica e teórica à contextualização histórica da trajetória do capitalismo mundializado. Isto é, lograram êxito em refletir acerca da relação entre a recente mundialização capitalista e as novas estratégias sociais da acumulação que se consolidaram nos anos 1980 e 1990, vinculando-as ao período imediatamente anterior da ordem social do capital, conhecido tradicionalmente pelo nome de *fordismo*.

O livro que o leitor tem em mãos, na verdade, condensa um momento muito especial do processo de renovação da reflexão marxista contemporânea. Produto da combinação de uma conjuntura econômica marcada pelas crises mexicana (1994) e asiática (1997), com a revivificação e com o robustecimento

---

1   Ruy Braga é professor do Departamento de Sociologia da FFLCH/USP.

dos movimentos sociais, especialmente europeus, a partir da grande greve do funcionalismo público francês de dezembro de 1995, algumas das iniciativas políticas de economistas dissidentes que se aglutinaram em torno do Appel des Économistes Pour Sortir de la Pénsée Unique (1996) e, logo em seguida, da Attac (Association pour la Taxation des Transactions pour l'Aide aux Citoyens), surgiram e rapidamente foram consolidadas ao longo da década de 1990. Com o avanço da luta altermundialista e com a criação do Fórum Social Mundial, um público cada dia mais internacionalizado passou a debater as principais teses contidas nessas iniciativas políticas, em especial, a "Taxa Tobin", isto é, um imposto sobre movimentações financeiras internacionais capaz de, segundo seus proponentes, restringir a especulação e financiar projetos ecologicamente sustentáveis de desenvolvimento social.

Independentemente do sucesso ou do malogro dessa iniciativa política em particular, nomes como Suzanne de Brunhoff, François Chesnais, Gérard Duménil, Michel Husson e Dominique Lévy, além de Dominique Plihon, Thomas Coutrot, Pierre Concialdi e Frédéric Lordon, passaram a frequentar a pauta dos debates dos movimentos sociais altermundialistas em torno das possibilidades da superação da mundialização capitalista e da retomada das chaves interpretativas críticas do neoliberalismo, da financeirização do capital, da hegemonia rentista, da degradação do trabalho e da "ditadura dos credores". Trata-se de um empreendimento intelectual e político de grande monta que se organizou em torno, principalmente, de um amplo debate a respeito da noção marxista de "financeirização" e das potencialidades compreensivas do modo de reprodução do capitalismo contemporâneo nela contidas.

Tal é um modo de reprodução que emerge exatamente da crise do modelo de desenvolvimento apoiado no regime de acumulação fordista. De fato, após o final da Segunda Guerra Mundial e durante aproximadamente 25 anos (1948-1973), o mundo capitalista ocidental avançado, tendo os Estados Unidos à frente, viveu um período marcado pelo forte crescimento econômico, com baixa inflação e expansão do consumo de massas. Tal período representou um momento da história capitalista no qual um certo regime de acumulação baseado na organização e no rígido controle sobre o trabalho industrial estava associado a aumentos salariais que garantiram o acesso da classe trabalhadora aos bens de consumo duráveis – tais como carro, casa própria, televisão, geladeira – e aos serviços públicos gratuitos, tais como a saúde e a educação.

Os ganhos de produtividade que eram alcançados nas fábricas durante esse período viabilizaram aumentos salariais para os trabalhadores e ajudaram a sustentar o crescimento dos serviços públicos. O "bem-estar social" relacionado ao progresso econômico apareceu para as diferentes sociedades capitalistas avançadas como uma realidade quase natural. Aparentemente, o desenvolvimento capitalista havia conseguido superar em definitivo sua tendência para produzir crises econômicas. Mesmo observando que o progresso nos países capitalistas avançados nunca alcançou todos os setores assalariados e que os países periféricos e semiperiféricos viviam uma situação muito diferente – não nos esqueçamos, por exemplo, de que, nesse período, a América Latina atravessava um ciclo de ditaduras militares –, é inegável que essa etapa representou um período de crescimento econômico com relativa distribuição da riqueza social que foi capaz de beneficiar certas camadas assalariadas de vários países.

No coração do regime de acumulação que tornou isso possível encontraremos um tipo de empresa com características muito especiais. Em primeiro lugar, essa empresa acomodava milhares de trabalhadores e gerentes e concentrava em suas gigantescas fábricas quase todas as funções necessárias ao ciclo produtivo da mercadoria: da concepção à execução, passando pelo planejamento, gestão, finanças. As funções eram bem definidas e a empresa estava dividida em grandes departamentos controlados de modo burocrático.

Entre meados dos anos 1960 e início dos anos 1970, como foi largamente analisado por Gérard Duménil e Dominique Lévy (1999, 2000), Suzanne de Brunhoff (1986) e Michel Husson (1996), entre outros, o modelo de desenvolvimento capitalista organizado em torno da grande empresa fordista e da regulação estatal da economia entrou em crise. Uma combinação de acontecimentos políticos – como a luta nos Estados Unidos contra a Guerra do Vietnã, a explosão da rebelião estudantil mundial coroada pelo Maio de 1968 na França e o avanço das greves e reivindicações salariais dos trabalhadores na Itália – com eventos econômicos – como a súbita elevação do preço do barril de petróleo, seguida pelo surgimento de uma espiral inflacionária nos países capitalistas avançados – produziu o colapso do fordismo com a consequente queda da taxa de lucros das empresas, retração do Produto Interno Bruto e declínio do comércio internacional.

A reação capitalista à crise do fordismo não tardou a acontecer. Com a chegada ao poder de governos neoliberais nos Estados Unidos e na Inglaterra, no final dos anos 1970 e início da década de 1980, uma nova etapa do desenvolvimento capitalista emergiu apoiada em uma mudança global da estrutura do mercado mundial. Tratava-se do advento de um capitalismo renovado e reunificado pela ação de duas poderosas forças sociais: as novas tecnologias da informação e a integração dos mercados financeiros em escala global.

Por meio das várias obras de François Chesnais dedicadas ao tema desde o aparecimento de seu influente volume *A mundialização do capital*, publicado originalmente em 1994, nos acostumamos a olhar para os anos 1980 através das lentes de um novo estilo de acumulação de capital baseado na centralização de gigantescos capitais financeiros e cuja dinâmica de crescimento organizou-se em torno de uma esfera financeira dominada pelos chamados *investidores institucionais*, isto é, os fundos de pensão – grandes fundos de aposentadorias anglo-saxões e japoneses –, os fundos mútuos – fundos comuns de aplicação e gestão de carteiras de títulos –, a indústria de seguros – companhias de seguros mais orientadas para os sistemas de seguro de vida e de aposentadoria complementar – e os fundos *hedge* – fundos criados para realizar um investimento capaz de diminuir o risco de outro investimento e que não estão obrigados a divulgar publicamente o montante disponível em suas carteiras.

Uma das principais características dessa nova etapa de desenvolvimento do capitalismo salientada por Chesnais (2001) é, sem dúvida, a acelerada inflação do preço das várias formas de ativos financeiros, em especial, do preço das ações das grandes corporações transnacionais associado ao preço das várias moedas nacionais negociadas no mercado internacional. Essa dinâmica alimentou-se, sobretudo, da especulação em torno do comportamento futuro do preço das ações, por um lado, e dos serviços das dívidas públicas, por outro.

Como bem nos lembrou o economista francês, a expressão "globalização" surgiu nesse contexto nas grandes escolas de administração de empresas norte-americanas – Harvard, Columbia, Stanford... –, tendo sido popularizada em obras e artigos de célebres consultores de empresas ligados a essas escolas. Esse termo fez sua estreia na imprensa especializada em assuntos econômicos e financeiros, especialmente, norte-americanos e ingleses e, rapidamente, foi incorporada ao léxico neoliberal. Em termos de administração de empresas, essa expressão correspondia, em essência, a um processo no qual a acumulação capitalista recuperou a capacidade de escolher, com total liberdade, os países, as camadas sociais e os tipos de negócios mais adequados a seus interesses.

A mensagem foi clara: em todo lugar onde se possa obter lucros, os obstáculos à expansão das atividades dos administradores dos grandes grupos corporativos foram eliminados graças à liberalização, à desregulamentação e às tecnologias de informação e comunicação. Ou seja, "globalização" passou a significar o mesmo que *liberdade para o capital*: o mundo econômico não pode mais ser controlado por nenhuma autoridade política – seja nacional, seja regional – nem por protestos coletivos. Os grandes meios de comunicação de massas que assumiram a defesa da globalização passaram a apresentar essa nova etapa do desenvolvimento capitalista como uma realidade "sem fronteiras" (*borderless*) e as grandes corporações transnacionais como "sem nacionalidade" (*stateless*).

A ascensão de uma fração especial do capital, a fração financeira, ao comando das grandes empresas somada ao aumento da produtividade do trabalho verificados nas décadas de 1980 e 1990 fizeram com que os interesses dos proprietários de ações assumissem uma importância inédita na história do capitalismo (ver, para mais detalhes, Duménil e Levy, 2000). Com a reestruturação dos grandes grupos corporativos transnacionais por meio da produção informatizada, do incremento da capacidade de adaptação das empresas às mudanças econômicas e tecnológicas, da formação das empresas em rede comandadas pela esfera financeira e da acentuada concentração de capitais ocorrida durante a década de 1980, a mundialização logrou produzir o arcabouço econômico capaz de sustentar o novo ciclo de expansão capitalista durante as décadas de 1990 e 2000 (ver, também, Plihon, 2003).

Nesse contexto surgiram as empresas organizadas em redes cujo principal objetivo era restabelecer a lucratividade por meio da flexibilidade do trabalho. Isto é, buscando uma adaptação permanente à evolução da demanda de serviços personalizados pela difusão das tecnologias da informação e da comunicação, dos equipamentos programáveis e das inovações organizacionais. A generalização dos microcomputadores em rede, favorecida pela queda do preço destes equipamentos, suscitou coordenações transversais, implicando a limitação do número de níveis hierárquicos. Thomas Coutrot (1998) foi pioneiro em caracterizar essa nova realidade empresarial por meio de três grandes níveis organizacionais discordantes, porém combinados: a) a organização de primeiro nível, aquele da empresa aprendiz ou inovadora, marcada por ser pouco hierarquizada, reativa, mobilizada, capaz de gerar e renovar permanentemente sua base de conhecimentos pela utilização intensiva de tecnologias informacionais; b) a organização de segundo nível representada pela empresa "neofordista" contando com engenheiros, técnicos comerciais, operários qualificados etc., devendo demonstrar suas capacidades de iniciativa, sua disponibilidade, sua polivalência, quer para se pleitear uma promoção, quer para se evitar a demissão; e, finalmente, c) a organização de terceiro nível, "neotaylorista" e terceirizada, produzindo componentes de bens ou serviços para as empresas do segundo nível.

A mundialização capitalista recobre uma grande diversidade de processos produtivos. Ela corresponde, em primeiro lugar, à abertura das economias nacionais às transações internacionais e ao desenvolvimento das trocas de bens e serviços. Num segundo nível, encontramos a mobilidade internacional dos capitais conhecida por mundialização financeira.

Seguramente, um dos vetores mais importantes deste movimento é constituído pelos movimentos internacionais de capitais e, particularmente, pelos Investimentos Estrangeiros Diretos (IEDs) realizados pelas grandes corporações transnacionais. Em síntese, para os assim chamados "economistas da contestação", a mundialização corresponde a um processo de interpenetração crescente das economias nacionais, enfraquecimento das regulações nacionais e desterritorialização das atividades econômicas. Mais do que uma internacionalização da economia se trata, na realidade, de uma universalização dos processos de produção, dos mercados e das empresas, cujas decisões e comportamentos parecem ditar sua própria lei aos vários países. É no domínio das finanças, contudo, que essa mundialização se mostra mais poderosa com uma elevada mobilidade de fluxos financeiros em escala planetária.

Como desdobramento dessa dinâmica econômica e política, temos a degradação da relação capital-trabalho. Michael Burawoy (2000) e seus colaboradores mostraram como as diferentes formas sociais de regulação dessa relação, duramente construídas ao longo de décadas de lutas sociais e sindicais desenvolvidas nos países capitalistas centrais, mas não apenas, foram superadas e substituídas pela realidade da empresa neoliberal. O trabalho transformou-se no principal instrumento de ajuste – anticíclico e anti-inflacionário –, assimilado ao capital humano e fundado sobre o regime de acumulação organizado em torno dos mercados financeiros globais, dos investidores institucionais, da dominação dos acionistas na empresa e do consumo extraído de rendas salariais e financeiras mais voláteis num contexto de crescimento econômico instável.

O objetivo desses grupos corporativos é valorizar seus ativos industriais pelos mesmos critérios que os seus ativos financeiros. Os efeitos no dia a dia das empresas implicam a intensificação da exploração dos assalariados associada às demissões massivas e ao rebaixamento do nível salarial, além da ampla utilização das estratégias de terceirização e de precarização da força de trabalho (ver, para mais detalhes, Husson, 2006). Naturalmente, os principais beneficiários do endurecimento das condições de trabalho e de remuneração ocorrido durante a formação das empresas em rede foram os proprietários de ações que perceberam o fluxo de renda proveniente dos setores produtivos e do Estado em direção à esfera financeira aumentar sem cessar durante toda a década de 1990 e boa parte dos anos 2000. Para sustentar esse fluxo de renda sempre crescente, as grandes corporações transnacionais precisavam conservar e ampliar *o controle estratégico das principais cadeias de produção de valor*.

Por meio da estreita interconexão entre as dimensões produtivas e financeiras do processo de mundialização, os mercados financeiros transformaram-se em uma poderosa força a pressionar os Estados e os setores competitivos não monopolistas a se submeterem àqueles imperativos da valorização financeira. Contudo, vale lembrar, a autonomia do setor financeiro nunca pode ser senão uma autonomia relativa. Os capitais que se valorizam na esfera financeira nasceram – e continuam nascendo – no setor produtivo.

A teoria marxista da mundialização capitalista deve abranger, portanto, tanto a análise do desmantelamento dos obstáculos internos entre diferentes funções financeiras quanto o estudo das novas interdependências entre os segmentos de mercado, como a interpenetração dos mercados monetários e financeiros nacionais e sua integração em mercados globais. Na realidade, isso pressupõe, por um lado, que o capital na forma de dinheiro encontre-se concentrado nas mãos de um reduzido número de operadores capazes de administrar esses mercados e, por outro, que as grandes corporações diversifiquem suas atividades em direção às finanças.

Contudo, mesmo assim, permanece a diferença central que separa o capital envolvido num movimento de valorização em que o importante é a maximização da produtividade do trabalho daquele capital predominantemente remunerado pelos juros. Como argumentou François Chesnais (2001), a acentuada financeirização – isto é, a atividade financeira como centro estratégico do lucro – desses grupos corporativos confere-lhes um caráter ambíguo. Por um lado, eles se transformaram em organizações cujos interesses identificam-se cada dia mais com os interesses das instituições estritamente financeiras. Por outro, continuam sendo locais de valorização do capital produtivo, sob forma industrial.

Estes são apenas alguns dos muitos temas e dos vários debates por meio dos quais avançou, na última década, a pauta do "Seminário de Estudos Marxistas", animado por François Chesnais, e que deu origem a esse livro. Este volume representa, em síntese, uma espécie de coroamento dessa trajetória de reflexão crítica acerca do modo de reprodução capitalista contemporâneo. A ênfase na análise multidimensional da financeirização capitalista condensa toda uma visão crítica e radical da ordem capitalista capaz de iluminar como poucas a realidade presente. É difícil imaginar, no exato momento em que o capitalismo mundializado – quer por seu caráter ambientalmente degradante, quer pela exuberância de sua irracionalidade econômica – aparece totalmente despojado de disfarces aos olhos dos trabalhadores do mundo todo, uma publicação mais bem-vinda.

Referências bibliográficas

Burawoy, Michael *et alli*. *Global ethnography: forces, connections and imaginations in a postmodern world*. Los Angeles: University of California Press, 2000.
Brunhoff, Suzanne de. *L'heure du marché: critique du libéralisme*. Paris: PUF, 1986.
Chesnais, François. *La mondialisation du capital*. Paris: Syros, 1994.
_____. *La théorie du régime d'accumulation financiarisé: contenu, portée et interrogations (mimeo)*. Forum de la régulation, Paris, 11-12 outubro de 2001.
Coutrot, Thomas. *L'entreprise néo-libérale, nouvelle utopie capitaliste?* Paris: Découverte, 1998.
Dumenil, Gerard e Levy, Dominique. *La dynamique du capital*. Paris: PUF, 1996.
_____. *Le triangle infernal: crise, mondialisation, financiarisation*. Paris: PUF, 1999.
_____. *Crise et sortie de crise: ordre et désordres néolibéraux*. Paris: PUF, 2000.

Husson, Michel. *Misère du capital: une critique du néolibéralisme*. Paris: Syros, 1996.

_____. (org.) *Travail flexible, salariés jetables: fausses questions et vrais enjeux de la lutte contre le chômage*. Paris: Découverte, 2006.

Plihon, Dominique. *Le nouveau capitalisme*. Paris: Découvert, 2003.

Introdução

A imponente fachada da Bolsa, templo de uma divindade antiga de vários séculos, domina aqui a praça pública onde se resolvem os negócios do mundo; em frente fica o Parlamento; a Catedral fica exatamente lá, à direita. Nas avenidas vizinhas, ligam-se as fachadas dos bancos e das sedes das grandes empresas. Os mármores brilhantes refletem a luz do dia com insolência; as letras de ouro destacam as marcas e as placas brilham sobre suas portas. Perto, as grandes torres de vidro dos escritórios. Nós prosseguimos nossa marcha através dos parques e das residências luxuosas. Que ordem, que gosto! O pequeno planeta do capital é impecável. Maçante, talvez. Assim nós nos aproximamos temerosos em direção aos subúrbios. Gradualmente, às vezes subitamente, tudo muda. Nós tivemos a intuição: esta opulência pertence a uma minoria privilegiada. Cada novo passo confirma nosso diagnóstico. Entramos nos bairros da produção e da necessidade, um outro mundo: ao vê-los e escutá-los, nada daquilo que sonham seus habitantes. "As coisas foram sempre assim?". Um: "Na verdade não, as diferenças aumentaram. Perderam-se as esperanças". Outro: "Mas em breve será nossa vez". A amargura é grande, mas é doce sonhar.

Essa cidade não é, certamente, *A utopia*, imaginada por Thomas More no século XVI, mas realmente esse mundo onde vivemos, com o seu centro e suas periferias: por todo lado suas hierarquias sociais e, de um país para outro, a escala vertiginosa das desigualdades do desenvolvimento. Mas onde estávamos nós, exatamente? Sem dúvida em um desses centros do centro, no qual a "finança capitalista" dos países avançados redesenha o mundo na medida de suas próprias ambições e interesses. De bairro em bairro, era o planeta que nós percorríamos, esse mundo familiar do final do século XX e do início do século XXI que carrega essa estranha entidade.

Ninguém precisa de grandes discursos para justificar a necessidade de se debruçar sobre a *finança capitalista*. Na lista de expressões que servem para designar a fase atual do capitalismo e suas características, esse termo está bem colocado. Logo após o *neoliberalismo*, encontramos expressões como "mundialização financeira" ou "hegemonia financeira", ou seja, "ditadura financeira". Sem dúvida, essa ordem neoliberal confere aos mecanismos financeiros e aos interesses que lhes estão subjacentes uma importância particular. Mas o que, inicialmente, é necessário entender por finança? O capital em trajes novos? Quais trajes? E novos desde quando? Questões difíceis, pois visivelmente estamos aqui no cruzamento de poderes de classe e de relações institucionais.

A ambição deste livro é de trazer uma contribuição ao estudo desses processos. Mas não qualquer contribuição; uma que segue a via de uma análise feita há mais de um século e meio por aquele que permanecerá como o maior crítico do capitalismo: Karl Marx. De outra parte, essa cidade não era ela a *Cité* de Londres? E esse itinerário que percorremos era certamente familiar a Marx e uma fonte de inspiração para ele. Atualmente é Nova York, sem dúvida. Mas, um século e meio! Não é paradoxal remexer assim nos sótãos do pensamento econômico e político, para ali encontrar volumes abandonados à "crítica roedora dos ratos", como escreveu Marx em um dos seus manuscritos filosóficos? Por outro lado, *O capital*, quaisquer que sejam as objeções de uns e de outros, permanecerá sempre um queijo do qual cada um consegue se alimentar assim que a crítica volta a ser colocada. E ela é recolocada com a periodicidade das crises.

Esse é, então, o programa fixado por cinco economistas do Séminaire d'Études Marxistes, Suzanne de Brunhoff, François Chesnais, Gérard Duménil, Michel Husson e Dominique Lévy: lembrar a análise de Marx e de alguns de seus continuadores, a fim de lançar uma luz renovada sobre o capitalismo contemporâneo. O leitor irá apreciar: a iluminação ou as luzes?

Tudo é questão de medida – uma inspiração comum e pontos de vista distintos. Os autores desse livro não quiseram cortar a obra de Marx em "pedaços" e dividi-la entre si. Cada um desenvolve uma interpretação própria, segundo sua compreensão, seu ponto de vista e seus métodos. Leitura de Marx e leitura dos traços principais do capitalismo neoliberal; os mesmos mecanismos, sem dúvida, às vezes as mesmas citações de *O capital*; idiossincrasias que convidamos o leitor a descobrir. Mas é o todo que compensa.

Um primeiro tema central é a definição de "finança". Ela pode ser concebida como um setor, e é o caminho que Marx abriu efetivamente com sua análise do capital bancário. Mas, já em Marx, a dimensão de poder e de classe é muito forte. O sistema bancário é descrito n´*O capital* como o "administrador" do capital de crédito, aquele dos credores e acionistas, ou seja, o capital colocado à disposição das empresas pelos capitalistas que não interferem em sua gestão. Os bancos "enfrentam" os credores. Essa análise se prolonga na do "capital financeiro" de Rudolf Hilferding, ou seja, o capital reunido pelos bancos e colocado à disposição das empresas, fonte de concentração do poder capitalista até suas formas extremas. Desse ponto de vista, não se pode falar de divergências entre os autores que contribuem neste livro. As nuances provêm da maneira de tratar a articulação entre classes e instituições, embora, às vezes, a finança seja aprendida mais como um conjunto de mecanismos, uma lógica particular de funcionamento.

Como pensar a relação entre finança e capital? Esta questão esconde uma outra, a da relação entre capitalismo e neoliberalismo, esse último sendo concebido como o reforço do poder da finança. Aí existe um desafio político; é frequente ouvir que a crítica ao neoliberalismo denuncia um medo que remete diretamente ao capitalismo. Por trás da finança neoliberal, não se pode deixar de identificar a relação capitalista. É igualmente um ponto de convergência.

Neoliberalismo e mundialização – mundialização neoliberal. O novo estágio do capitalismo se caracteriza pela continuidade da conquista do planeta pelo capital, processo que Marx já havia descrito como inerente ao modo de produção capitalista. As noções são, então, diferenciadas teoricamente e articuladas na análise empírica. O empreendimento de dominação mundial da finança é um fator poderoso da continuação da mundialização em seus trajes capitalistas.

Todos os autores convergem para a análise da relação entre "real" e "financeiro". Os mecanismos financeiros não criam valor, então, não criam excedente. Disso deriva a noção de "parasitismo", ainda que Marx aborde com abundância as funções da finança no capitalismo.

O neoliberalismo não significa o definhamento do Estado. O Estado não se opõe ao "mercado", quer dizer, ao capital (os capitalistas e suas empresas). Os Estados neoliberais continuam fortes. Se eles se liberaram de certos campos de atuação, foi em benefício de outros. Na afirmação da ordem neoliberal e de sua extensão no plano mundial, eles são os dignos heróis das classes que eles representam em última instância.

Pode-se simplificar ao extremo, privilegiar *uma* contribuição principal? Brunhoff redefiniu a especificidade de Marx no contexto das análises de outros grandes pensadores da economia, Ricardo, Keynes etc. Chesnais reabre o grande teatro do capital fictício, que duplica o mundo real. Duménil e Lévy seguem as pegadas da finança na dinâmica das relações de produção e das lutas de classe. Husson revela a dominação da finança nos dados padronizados do capitalismo contemporâneo: rentabilidade, investimento...

Quatro pontos de vista

Primeiro, uma ausência na análise, tanto mais surpreendente quanto a finança capitalista desenvolveu-se consideravelmente após o início dos anos 1980. Esse é o ponto de partida de Brunhoff, e as teorias keynesianas não são exceção à regra. Indiscutivelmente, as principais expressões da finança (as bolsas de valores, os bancos e outras instituições) estão bem identificadas, mas o estudo de suas relações com a atividade econômica real, aquela da produção e da distribuição, estão ausentes. Não é suficiente ficar na crítica dos "excessos" da finança e de sua instabilidade.

Após ter apresentado as análises da finança de alguns grandes teóricos do passado, David Ricardo, Léon Walras e John Maynard Keynes, Brunhoff localiza a contribuição mais importante na obra de Marx. É o estudo do papel da moeda, inseparável do mercado, e aqueles do "capital-dinheiro" e do "capital de produção", que permite apreender o papel específico da finança capitalista. Só há um único capital frente ao trabalho, mas esse capital tem *duas formas*. Essa concepção permite que Marx introduza as funções da finança (chamadas por ele de *"sistema de crédito"*, incluindo as bolsas e os bancos) na acumulação do capital na escala da sociedade. É "uma arma terrível na concorrência entre capitalistas". Ela permite notadamente as fusões e aquisições de empresas – um aspecto maior do capitalismo internacional neste início do século XXI.

Mas é preciso ainda levar em conta o papel dos Estados contemporâneos, cujas políticas neoliberais acompanham e dão suporte às empresas transnacionais. Esses Estados são os agentes da redução dos "custos do trabalho" e dos serviços públicos, o que é favorável aos lucros e às distribuições de dividendos que daí decorrem. Desenvolve-se, analogamente, uma concorrência entre Estados, favorecendo o retorno aos nacionalismos.

Os assalariados, operários, empregados e uma parte dos funcionários do Estado são particularmente afetados pela pressão exercida sobre seus empregos e seus rendimentos. A elaboração de uma alternativa política nacional e internacional parece particularmente difícil. Mas, historicamente, as relações de força entre o capital e o trabalho nunca estiveram congeladas.

Chesnais parte em busca do que Marx, mas também Hilferding, escreveram sobre o tema do "capital portador de juro" e do "capital financeiro", que seja capaz de contribuir para a análise das características mais importantes da economia contemporânea. Os dois aspectos principais retidos foram, por um lado, a plena materialização da "tendência à formação de um mercado mundial", que, segundo Marx escreveu, nasce "imediatamente na noção de capital"; e, por outro lado, a acumulação extraordinariamente elevada de capital fictício. Trata-se de títulos (ações e obrigações) que se apresentam como um "capital" aos olhos daqueles que o detêm (diretamente ou por intermédio de um administrador), enquanto são, no melhor dos casos, pretensões de se beneficiar da partilha de uma produção futura.

Para Chesnais, a finança designa um conjunto de instituições que se pode separar em dois grupos. O primeiro é especializado na centralização da poupança e de outras formas de dinheiro inativo e em sua aplicação sob a forma de empréstimos ou de títulos (os mais importantes são os fundos de pensão e de aplicação coletivos). O segundo são os suportes institucionais – principalmente os mercados de títulos garantindo a "liquidez" das aplicações – que permitem valorizar o dinheiro convertido em capital, pela obtenção de juros, de dividendos e ganhos de capital na bolsa.[1] A finança, assim definida, é a forma assumida, na fase atual do capitalismo, pelo "capital portador de juro" estudado por Marx no estágio inicial de sua centralização. Atualmente, essa finança deve sua força econômica particular e seu poder social considerável aos meios que permitem aos investidores se imiscuírem na gestão das empresas e influenciarem a política econômica da maior parte dos Estados.

Chesnais defende a tese de que a proeminência adquirida sobre as outras formas de capital, por aquela que se valoriza emprestando no ciclo D – D', é indissociável da liberalização do comércio, dos investimentos diretos e dos fluxos financeiros, conduzida em escala planetária pelos Estados mais poderosos. Isso engendrou uma situação na qual a noção de "capital em geral", apresentada por Marx, atinge seu pleno desenvolvimento.

O capital possui, atualmente, em um grau jamais atingido anteriormente, os atributos que o tornam um "valor em processo", uma força impessoal voltada exclusivamente para a sua autovalorização e sua autorreprodução. A exploração alucinada do proletariado em escala mundial e o esgotamento dos recursos naturais do planeta são, ao mesmo tempo, a face escondida e a condição da valorização e da reprodução do "capital em geral", sob a forma D – D'. Esse capital "opõe-se à força de trabalho viva como uma potência autônoma", de modo tanto mais eficaz quanto o grau atingido de liberalização dos investimentos e do comércio (assim como as performances

---

[1] Largamente fictícios (N. do T.).

alcançadas pelas tecnologias de informação e comunicação) permite às empresas colocarem os trabalhadores doravante diretamente em concorrência na escala do planeta.

Chesnais esboça, enfim, a análise de algumas expressões: da fuga cega para frente, política na medida do possível econômico, que marca hoje, como ontem, o movimento do capital em sua tentativa sem fim de "ultrapassar os limites que lhe são imanentes".

Em sua interpretação da história do capitalismo, após o fim do século XIX, Duménil e Lévy dão à noção de "finança" um conteúdo no qual domina a relação de classe: a fração superior da classe capitalista e suas instituições financeiras (bancos, fundos de investimentos, Fundo Monetário Internacional etc.). Após a separação da propriedade do capital e da gestão das empresas, ocorrida no início do século XX e característica das grandes empresas contemporâneas, o poder da classe capitalista encontra-se "reconcentrado" em suas instituições financeiras.

Ao longo do século XX, segundo seus avanços e recuos, a finança conheceu passo a passo: (1) uma fase de hegemonia, até a crise de 1929; depois (2) uma fase de "retenção", ou mesmo de "repressão", como na França e no Japão, durante as primeiras décadas do pós-guerra, marcada pelo compromisso keynesiano amplamente dirigido aos empregados e operários, mas na qual a iniciativa em termos de gestão e de políticas estava nas mãos dos executivos; enfim (3) uma nova hegemonia no neoliberalismo. O principal ganho na sucessão dessas fases é o poder e, correspondentemente, a renda da fração dominante da classe capitalista.

Esse quadro histórico deságua no estudo das instituições financeiras, das transnacionais e do Estado. Os procedimentos dessa nova hegemonia financeira são a imagem de suas finalidades: pressão para a rentabilidade, distribuição de rendimentos do capital (juros e dividendos), abertura do mundo ao capital internacional.

O fio condutor dessa análise é a primazia da luta de classes, e o aporte das obras que Marx consagra a essas lutas na França é, aqui, crucial: as contradições internas das classes dominantes e sua cooperação frente às lutas populares, e a teoria do Estado em sua articulação com as estruturas de classe.

No plano dos conceitos e mecanismos econômicos, a análise de Marx permite estabelecer a ligação entre a teoria do capital e os mecanismos financeiros. À pessoa do "capitalista ativo" vem se juntar àquela do simples "financiador" que coloca seu capital (de financiamento) à disposição do primeiro; nesse processo de separação entre a propriedade e a gestão, todas as tarefas são finalmente delegadas a assalariados. O capital de financiamento possui características fictícias, no sentido em que ele "duplica" o processo real do capital, o que fundamenta a fragilidade do edifício.

A análise dos mecanismos financeiros tem um segundo aspecto: a teoria do capital bancário, que concentra o capital de financiamento e se torna administrador. A articulação entre classes e instituições já foi, assim, estabelecida por Marx. Ela fundamenta a teoria do capital financeiro de Hilferding e de Lênin e serve de introdução para a definição, mais ampla, da finança de Duménil e Lévy.

Para Husson, a finança seria mais a "árvore que esconde a floresta". Longe de ser um obstáculo ao funcionamento "normal" do capitalismo, ela lhe permite, ao contrário, retornar a um funcionamento "puro", desembaraçado de toda uma série de regras e de restrições que lhe foram impostas.

A análise toma como ponto de partida a observação de que a retomada da taxa de lucro, após o início dos anos 1980, não ocasionou um aumento durável e generalizado da acumulação. Essa característica inédita conduziu à euforia bursátil que é, aqui, confrontada com a teoria marxista do valor e do juro. Husson se interroga, em particular, sobre a noção de "valor para o acionista" e dos instrumentos de gestão que daí derivam.

Ele mostra que esses mecanismos refletem, à sua maneira, o estabelecimento de um regime de "hiperconcorrência". O espaço de valorização do capital se amplia para o conjunto da economia mundial e conduz à fixação de normas de rentabilidade extremamente elevadas. Nessas condições, a financeirização não repousa principalmente sobre a modificação das relações entre capital industrial e capital financeiro: ela remete, de maneira mais fundamental, para a elevação constante da taxa de exploração. É essa tendência, mais que o peso da finança, que permite compreender as evoluções regressivas da gestão da mão de obra e a elevação do desemprego em massa.

O capitalismo contemporâneo é, então, antes de tudo, um capitalismo superexplorador: o aumento da taxa de exploração permite o restabelecimento da taxa de lucro sem engendrar novos espaços de acumulação na mesma proporção. O consumo da mais-valia reciclada pela finança permite compensar a diferença crescente entre os lucros excedentes e as ocasiões raras de investimentos rentáveis. É desse ponto de vista que é necessário se interrogar sobre a temática do parasitismo da finança, que explica o fraco dinamismo da acumulação pela punção exercida sobre a rentabilidade global. Husson o faz do ponto de vista das condições de reprodução do capital, mostrando que os fluxos monetários não podem ser colocados alternativamente, seja na esfera produtiva, seja na esfera financeira: como mostra Marx, a mais-valia é consumida ou acumulada.

A financeirização preenche no conjunto uma dupla função: ela instaura uma concorrência exacerbada, necessária para manter a pressão para a elevação da exploração; e ela estabelece um modo de repartição adequado às novas condições de reprodução do capital. Ela remete, em definitivo, à contradição essencial que consiste, para o capitalismo contemporâneo, na recusa em satisfazer uma parte crescente das necessidades sociais, pois essas se distanciam, mais a mais, de seus próprios critérios de escolha e de eficácia.

Finança, capital, Estados

Suzanne de Brunhoff [1]

1. Problemas sobre a natureza e o papel econômico da finança capitalista

A FINANÇA É, NA TEORIA ECONÔMICA, uma noção paradoxal. Ela tem, por suas práticas e instituições, um papel considerável no capitalismo contemporâneo, a tal ponto que algumas vezes se fala de "financeirização" das escolhas dos investimentos produtivos, de "demissões bursáteis" de assalariados, efetuadas por empresas que querem prioritariamente satisfazer as exigências de ganho de seus acionistas-proprietários. Certos autores chamam de *shareholder capitalism*, ou "capitalismo de acionistas". Economistas criticam os excessos e as consequências em relação à economia "real" de produção de bens e à repartição dos empregos e rendas.

Entretanto, essas críticas se referem frequentemente ao papel "normal" da finança capitalista. E isso tem dois aspectos. Inicialmente se aplica à história: depois da Segunda Guerra Mundial, nos anos 1970, teria começado uma nova fase do capitalismo, dominada pela finança liberalizada e mundializada. Um processo da mesma ordem teria ocorrido ao final do século XIX, até 1914. Assim, haveria fases do capitalismo nas quais a finança assumiria provisoriamente o posto de comando da economia. É o caso, de novo, a

1 Suzanne de Brunhoff é diretora honorária de pesquisa da seção de economia do Centro Nacional de Pesquisa Científica, em Paris, França. Foi professora de economia nas Universidades de Paris 7 e 10 e também em diversas universidades estrangeiras.

partir dos anos 1980, com a política de liberalização financeira internacionalizada, e mais ainda em relação ao início do século XXI.

Mas essa constatação se refere a uma função econômica normal da finança como financiamento das atividades reais de investimento e das despesas públicas ou privadas. Várias práticas contribuem para isso: crédito bancário, mercados de títulos, seguros, câmbio de moedas nacionais. Como essas operações e suas instituições, tão antigas quanto o capitalismo, podem ter obtido uma dinâmica que lhes é própria, em relação a sua função "normal" de financiamento do comércio e das atividades produtivas reais? A expressão corrente – "fazer trabalhar o dinheiro" – parece indicar que o dinheiro bem aplicado por seu proprietário pode enriquecê-lo, sem que ele próprio tenha trabalhado. Mas o poder econômico e social da finança internacionalizada deve ser explicado pelas novas análises do capitalismo contemporâneo.

Ao mesmo tempo em que o novo papel da finança, normal ou patológico, é hoje discutido, as teorias econômicas têm dificuldades para incorporar os estudos em suas análises de "economia real" (seção 2). Esse é também o caso da moeda, cujo uso é, entretanto, inerente ao funcionamento da economia capitalista, tratando-se da produção ou da finança. Sem dinheiro não há capital, seja "real" (investido em meios de produção) ou "financeiro" (aplicado em títulos diversos nas estruturas específicas). Karl Marx (seção 3) introduziu o papel da finança a partir de duas noções fundamentais: a da moeda e a do capital – o "capital-dinheiro" sendo então uma das formas do capital cuja análise está no centro da economia capitalista. Essas ideias serão apresentadas depois da exposição da noção de finanças em três teóricos pertencentes a escolas econômicas muito diferentes (seção 2).

Esta apresentação não desconsidera a história das teorias e das análises econômicas. Ela está orientada pelo problema da definição e do papel da finança capitalista. Se nas teorias apresentadas de maneira sucinta a noção da finança tem pouco espaço, ou se ela é abordada sem responder à questão de seu papel econômico "normal ou patológico", procuramos nelas as razões para isso. Esta maneira de abordar o tema está inspirada nas ideias de Marx sobre a moeda e o capital, mesmo se ele não apresenta todas as respostas sobre a noção de finança (seção 3).

Nas seções 4 e 5, as realidades e as ideias contemporâneas referentes à finança serão abordadas incluindo o papel complexo dos Estados na concorrência capitalista internacional e a discussão do novo status atribuído aos trabalhadores como "agentes econômicos individuais" pela ideologia do novo capitalismo, que seria "patrimonial" ou "financeiro", no século XXI. Como se a noção de classe social tivesse perdido seu sentido! A crítica das ideias dominantes sobre esta questão, necessária, mas não suficiente, introduz as alternativas reformistas, difíceis de conceber no início do século XXII.

2. A finança segundo três grandes economistas: D. Ricardo, L. Walras e J. M. Keynes

David Ricardo (1772-1823): produção e moeda

David Ricardo foi, segundo Marx, "o grande economista da produção". Ele retomou a teoria concebida por Adam Smith, segundo a qual o é a fonte do valor dos produtos. Esse teórico da produção capitalista – mestre da escola clássica inglesa, depois de Adam Smith – era um financista reconhecido que fez fortuna especialmente mediante os ágios sobre as operações de câmbio entre moedas. Em seu livro principal, *Princípios da economia política e Tributação*[2] – há pouco sobre finança e rendas financeiras, com exceção da taxa de juros introduzida como derivada do lucro, da tributação e dos bancos. Entretanto Ricardo critica a tendência de os bancos emitirem muitos títulos de crédito, cuja quantidade excessiva arriscaria depreciar a moeda e suscitar a inflação dos preços. Esta concepção, que remete a uma teoria quantitativa da moeda, está explícita em seus *Escritos monetários*.[3] Neles, Ricardo desenvolve também a ideia de que a inflação prejudica os *money men*, os proprietários de dinheiro, ao passo que não causa prejuízo àqueles que fazem comércio e

---

2 Ricardo, D., 1821.
3 Ricardo, D., 1809-1811.

que podem transferir a alta dos preços de seus fornecedores para os preços de venda de seus produtos. O temor da inflação é mantido constante para os detentores dos fundos. Quanto à concepção quantitativa da moeda, ela culminará no século XX, com o monetarismo do norte-americano Milton Friedman, quando a moeda se tornou fiduciária.

É no capítulo 17 dos *Princípios* que Ricardo aborda a moeda e os bancos. Trata-se da moeda nacional, em inglês *currency*, e da quantidade de ouro que é colocada em circulação pela fabricação de moeda de ouro em reserva no Banco Central, ou cujo valor depende do dispendido em sua extração. Quando a circulação de moeda em espécies é substituída por aquela de papel-moeda, uma regra quantitativa deve evitar sua depreciação. Esta regulamentação quantitativa da emissão das cédulas pelo Banco da Inglaterra supõe o respeito do padrão-ouro monetário e do preço oficial de 3 libras, 17 xelins e 6 pence por onça do metal.

Entretanto, Ricardo introduz os financistas em um de seus textos reunidos em seus escritos sobre a moeda. Ricardo os chama de *money men*, homens do dinheiro, que aplicam seus fundos em empréstimos para diferentes atividades. Quando a moeda perde seu valor, sob efeito de uma emissão excessiva de cédulas pelo sistema bancário mal regulamentado, é em detrimento dos *money men* e em benefício dos devedores. Injustiça, diz Ricardo, que milita por uma reforma das práticas do Banco da Inglaterra.

Segundo Ricardo, as fontes fundamentais da produção da riqueza são a terra, cujo rendimento é a renda da terra; o capital real, de onde provém o lucro; e o trabalho remunerado dos assalariados. Lucros e salários são rendas antagônicas. O valor do conjunto do produto real é criado pelo trabalho. Para financiar os salários, é necessário adiantar um fundo e seu montante depende dos bens de consumo indispensáveis à manutenção dos trabalhadores – tal como Adam Smith tinha preparado em uma lista em *A riqueza das nações* (1776).

Na questão da distribuição do produto social intervém a tributação, inevitável em razão das despesas para soberania do Estado. Não apenas seu volume global, mas também a repartição de sua arrecadação de impostos entre as três grandes categorias de agentes econômicos é detalhada. Quanto às despesas públicas sociais, Ricardo critica as *poor laws* inglesas, leis de assistência aos pobres cujo encargo era das comunidades, de uma forma muito mais viva do que fazia Adam Smith. São, segundo ele, despesas públicas perdidas, que mantêm a pobreza no lugar de combatê-la (ideia tomada de empréstimo de Malthus). Elas aumentam, sem contrapartida, os encargos do Estado, e é necessário desejar seu desaparecimento progressivo.

A finança, pública ou privada, não faz parte das condições fundamentais da produção nos *Princípios*. Contudo, como indicado mais acima, os bancos desempenham um papel particular. Ademais, Ricardo, em uma página apenas, menciona o papel dos *money men*, em relação àquele do empreendedor capitalista:

> Em todos os países ricos, existem pessoas chamadas de *money men*, que não estão engajadas no comércio, mas que vivem dos juros de seu dinheiro, empregado em desconto de títulos ou em empréstimos à parcela mais industriosa da comunidade. Os bancos, eles também, empregam muito de capital da mesma maneira. O capital assim empregado constitui um capital de circulação, utilizado em proporções mais ou menos importantes pelos comerciantes do país. Talvez não exista uma manufatura, mesmo que rica, que limite seus negócios à única dimensão que lhe permitem seus fundos próprios. Sempre há uma parte de capital flutuante, que aumenta ou diminui segundo a demanda de suas mercadorias.
> Quando esta demanda diminui, ele dispensa seus operários e cessa de se dirigir aos banqueiros e aos *money men*. Isso permite proporcionar capital às diversas atividades, segundo as mudanças da demanda de bens.[4]

---

4   *Ibidem*, cap. 4: Sobre o preço natural e o preço de mercado.

Apesar do tamanho da citação, esse texto está reproduzido aqui pela informação que dá sobre o papel econômico atribuído por Ricardo ao financiamento das empresas de produção pelo capital-dinheiro, nomeado pelo autor como "capital de circulação" ou "capital flutuante". Sua função econômica é de permitir à empresa um aumento ou uma diminuição de seus negócios segundo a situação do mercado de seus produtos, decisão tomada com toda independência em relação aos financiadores. A analogia com o emprego de trabalhadores, completamente móvel e adaptável à conjuntura quanto o capital da finança, reforça a ideia do caráter funcional que tem o papel econômico dos "homens do dinheiro" e dos bancos.

Quaisquer que sejam suas variações conjunturais, os preços de mercado voltam ao seu nível "natural", conforme as leis que determinam o valor de troca de todas as mercadorias. Ricardo retorna a isso, no capítulo 21, quando examina "os efeitos da acumulação sobre os lucros e o juro". Ele retoma a ideia de que a taxa de juros depende fundamentalmente da taxa de lucro, e que o inverso não é possível. Essa taxa era então fixada pela lei inglesa a 5% do volume dos empréstimos. Em caso de necessidade, principalmente para financiar suas despesas militares em tempos de guerra, o próprio Estado toma emprestado a mais de 7%, o que afeta as taxas de empréstimos privados. Outras causas a fazem variar, especialmente as flutuações da quantidade e do valor da moeda que agem sobre os preços monetários. Entretanto, segundo Ricardo, moeda e juros retornam normalmente a "seus preços naturais".

Um outro princípio da realidade econômica, mencionado ainda em nossos dias, tornaria racionais as trocas internacionais de mercadorias, que deveriam ser governadas pelas "vantagens comparativas" da produção dos países que comercializam entre si. Assim a Inglaterra deveria exportar seu tecido de lã a Portugal, que lhe exportaria seu vinho. Entretanto, os saldos monetários da balança de pagamentos devem ser pagos em uma moeda utilizável em todos os países, o ouro, cujo valor depende do custo em de sua extração. Ricardo defende a livre circulação internacional do ouro, referência real (moeda metálica, e não *paper money*) das taxas de câmbio entre moedas nacionais. A conversibilidade em ouro de todas as moedas nacionais faria dela o padrão monetário internacional. É depois da morte de Ricardo que esse regime foi, pouco a pouco, instaurado nos grandes países capitalistas europeus e, mais tarde, nos Estados Unidos. No século XX, o padrão-ouro enfraqueceu depois da Primeira Guerra Mundial e desapareceu depois da Segunda Guerra Mundial (1939-1944). Mas qualquer que seja o regime, a especulação financeira sobre os câmbios entre as moedas jamais cessou.

Viu-se que, para Ricardo, a finança é apresentada resumidamente pela relação com o financiamento da produção e a distribuição das rendas, entre renda da terra, salário do trabalho e lucro do capital. Se a taxa de juros depende da taxa de lucro, isso significa que a finança não faz diretamente parte das condições fundamentais da produção capitalista. Ademais, em diferentes momentos, Ricardo indica que a distribuição das rendas da produção refere-se principalmente à relação entre salários e lucros. A terceira renda capitalista fundamental, a renda da propriedade da terra, introduz questões particulares, não mencionadas aqui. Quanto aos ganhos financeiros dos *money men* e dos bancos, eles não são incluídos na distribuição fundamental das rendas, como indica a dependência da taxa de juros do dinheiro em relação à taxa de lucro.

Daí decorre o paradoxo sobre o qual Marx volta em vários momentos: a finança, suas instituições e suas operações têm um papel indispensável no funcionamento do capitalismo, mas é difícil definir seu status econômico em relação ao capital de produção diretamente ligado ao trabalho assalariado.

Léon Walras (1834-1910): o papel econômico e financeiro da moeda

A contribuição de Léon Walras se inscreve de maneira original nas novas teorias que romperam com aquelas da escola clássica inglesa no terceiro terço do século XIX. Depois do fim dos anos 1930, ele foi redescoberto como um dos precursores da "escola neoclássica" tornada exclusivamente dominante nos Estados Unidos e em outros lugares. Em seu livro intitulado

Elementos de economia política pura,[5] Walras elimina a concepção clássica do valor e transforma o status dos agentes econômicos: todos são indivíduos racionais que geram o valor de troca das riquezas sociais, definidas como "raras, isto é, úteis e que existem somente em quantidade limitada". Diferentes, mas todas inicialmente apropriadas pelos indivíduos, elas são análogas às "dotações iniciais" (*endowments*) dos atores dos mercados neoclássicos.

Essas "coisas" se trocam entre si nos mercados nos quais elas têm "um preço de equilíbrio, nem mais nem menos", expresso em uma unidade de conta, o "numerário", ou moeda. "O fenômeno do valor de troca se produz então no mercado e é no mercado que é necessário estudá-lo",[6] lá onde se efetua a concorrência entre ofertantes e demandantes de bens e serviços. Se em um primeiro momento isso representa "o capital" individual de cada permutador, aquele dos ofertantes de trabalho é constituído por suas faculdades mentais "imateriais". E o preço do serviço que pode fornecer esse capital humano é dependente da relação entre oferta e demanda, isto é, da concorrência no mercado. Walras aponta, em várias passagens, que a economia está submetida a leis naturais, análogas àquelas da física, e que estão demonstradas em sua teoria. As questões práticas e sociais são objeto de demonstrações diferentes, em seus livros sobre "a economia aplicada" e "a economia social".

Na teoria econômica pura, as leis de equilíbrio geral dos preços são demonstradas por um sistema de equações simultâneas – sendo que esse uso da matemática é, ao mesmo tempo, uma necessidade e uma prova do caráter científico da teoria, que tem a mesma validade que as ciências da natureza. Existe, contudo, o pressuposto do numerário, unidade de conta dos preços de mercado, que, segundo Walras, não tem as mesmas propriedades que o metro padrão, medida fixa de grandezas físicas. É uma das maneiras pelas quais Walras introduz a questão da moeda, que retorna em várias passagens em seu tratado.

Ele aborda o problema do preço do numerário, que, como unidade de conta de todos os preços de mercado, não tem, ele mesmo, valor de

---

5 Walras, L., 1900.
6 *Ibidem*, p. 44.

troca nem preço. A tarefa prioritária de Walras foi mostrar as relações de troca entre mercadorias, segundo a lei de sua raridade relativa. Assim os preços que expressam as relações de troca de duas mercadorias são iguais às relações inversas das quantidades trocadas e recíprocas uns dos outros.[7] Aqui o numerário tomado como exemplo é o franco francês da época em que escrevia Walras.

A situação se complica, entretanto, quando se trata do mercado internacional, onde os numerários nacionais são diferentes uns dos outros, segundo os países. Walras introduz então um novo problema, conhecido sob o nome da "paridade de poder de compra" das moedas nacionais diferentes, em relação com o preço de uma mercadoria de referência utilizado no plano internacional. Isso abre a via para a pesquisa de um padrão comum de diferentes preços nacionais, e de preferência o ouro, a toda outra mercadoria de uso nacional e internacional. Esta ideia, desenvolvida especialmente por Cassel, serve ainda hoje. Por exemplo, quando a revista inglesa *The Economist* utilizou em 2004 o preço em dólares de uma mercadoria universalmente produzida e consumida, o *Big Mac*, para mostrar que, tomando o preço dele em *yuan* chinês e a taxa de câmbio do *yuan* em relação ao dólar, a moeda chinesa está artificialmente "desvalorizada" em relação ao dólar, e que ela deveria ser valorizada.

Até aqui a questão da moeda diz respeito à relação entre seu papel de numerário, unidade conta, e sua "função circulatória" nas trocas de mercadorias e serviços. Um outro problema é abordado por Walras, que diz respeito à poupança em dinheiro, fonte de financiamento do capital físico (despesas de investimentos dos empresários), mediante aplicações em títulos de crédito ou em ações. Esta moeda de poupança "serve para operações sobre a renda" daqueles que a possuem. Aqui a moeda tem um duplo significado. "Socialmente" ela é "um capital", pois serve várias vezes para fazer pagamentos. Ao contrário, para os indivíduos que permutam, é uma "renda", pois é utilizada somente uma vez nos pagamentos entre os agentes econômicos individuais.

---

7   *Ibidem*, p. 49.

A essência dos capitais, bens duráveis apropriados, é de dar origem a rendas de consumo e de produção.[8] É o caso da terra, cujo rendimento é a renda; de pessoas cujo, trabalho remunerado por um salário, é o "serviço de suas faculdades pessoais"; e de capitais, cujo serviço produz o lucro.

Entretanto, a moeda que é poupada nas receitas de caixa difere daquela que serve nas transações. O poupador capitalista é então diferenciado do empresário, o qual adianta o dinheiro, crédito a ser reembolsado com um juro em um tempo determinado. Assim a taxa de juros remunera o empréstimo de "capital numerário" constituído pelos encaixes[9] em moeda poupada: "A oferta de moeda depende do encaixe desejado em moeda de crédito ou de poupança".[10] É o que permite, segundo Walras, inserir os pagamentos diferidos em sua concepção fundamental do *equilíbrio dos mercados ao final de uma unidade de tempo, no fim da qual os preços de oferta e de demanda se igualam.*

Nessa mesma obra, a *finança bursátil* é apresentada como um modelo "de mercado organizado" no qual os preços dos títulos, depois de terem variado segundo a oferta e a demanda dos operadores, encontram seu equilíbrio real na realização de compras-vendas entre participantes do mercado, que está organizado: todos os participantes das transações agem simultaneamente sobre os preços no mesmo lugar e no mesmo dia até a resolução final.

Contudo, a relação entre o numerário, a moeda e o uso financeiro do dinheiro não está elucidado nesta concepção neoclássica de Walras. As questões que tratam do valor, ou do preço, da moeda, em relação a uma noção de dotações iniciais dos agentes que permutam nos mercados, não decorrem somente a história das ideias. Pois elas colocam problemas recorrentes aos teóricos neoclássicos contemporâneos. Assim Kenneth Arrow, um dos mestres desta teoria, abordou, em um texto intitulado *Real*

---

8   *Ibidem*, p. 179-180.
9   Termo contábil para designar entrada de dinheiro em caixa (N. da E.).
10 *Ibidem*, p. 305.

and nominal magnitudes in economics,[11] a questão dos preços nos modelos de equilíbrio geral neoclássicos:

> Os indivíduos racionais são considerados pelas mercadorias que eles podem trocar e produzir. Suas motivações são medidas em termos "reais" [*bens*], e não em termos nominais [*valores expressos em moeda*].[12]

Entretanto, é necessário dar um status à moeda nas trocas efetuadas. Uma das funções é a de unidade de conta, ou numerário – como Walras o havia indicado, lembra Arrow. Função que pode ser assegurada por um dos bens trocados, nas trocas entre indivíduos. Mas o status econômico desse bem é difícil de definir no quadro das trocas entre indivíduos, onde não existe um bem comum de referência no plano social.

Uma solução relativa "ao preço" desse bem parece ser então o recurso a uma teoria quantitativa da moeda, inspirada do monetarismo de Friedman. A moeda fiduciária, sem valor próprio, é emitida pelo Estado de maneira centralizada. Ao contrário, a demanda de moeda dos indivíduos refere-se a um meio de transação que integra seus encaixes, e que é estável. Se o Estado multiplica por dois sua oferta de moeda, os preços nominais dos n bens dobram. Isso suscita desequilíbrios que podem, às vezes, se transformar em crises inflacionárias.

Esse texto de Arrow, como todos aqueles do livro no qual ele aparece, data do fim dos anos 1970, quando os Estados Unidos sofreram, ao mesmo tempo, inflação dos preços e alta do desemprego. A questão monetária não é a única que estava em jogo. Como dar conta do *desemprego sofrido e não desejado pelo indivíduo econômico racional?*[13] A teoria neoclássica não pode responder a esta questão. Ela pode somente dizer que os empregos e

---

11 Arrow, K., 1981.
12 *Ibidem*, p. 147.
13 *Ibidem*, p. 135.

os salários dependem do mercado de trabalho, no qual todos aqueles que oferecem seu não encontram uma demanda que lhes convenha. Todavia, seria possível, segundo Arrow, atingir um novo equilíbrio se o agente econômico que busca em vão um emprego remunerado ao preço corrente considerasse baixar o preço de venda de seu trabalho e se o empregador, por seu lado, diminuísse o salário proposto. As escolhas individuais conduziriam a transação a um preço de equilíbrio.

A menção à poupança, ao investimento e ao crédito introduz, entretanto, o tempo e a incerteza do futuro. Quando vencem os prazos para os pagamentos, os contratos dos mercados a prazo devem se resolver segundo as convenções iniciais. Arrow menciona o papel das antecipações racionais, que suscitou uma literatura considerável, mas fora de propósito aqui. Em compensação, ele retorna à questão da natureza e do papel da moeda.[14] Também Walras o havia feito, em vários textos não mencionados aqui.

A instabilidade do numerário, cuja emissão é centralizada pelo Estado, enquanto os bens são trocados nos mercados descentralizados, pode produzir variações dos preços nominais, especialmente em direção à alta ("inflação"). Assim é difícil, segundo Arrow, compreender o significado econômico desse processo. Outros autores, especialmente o monetarista Friedman, introduziu a ideia da estabilidade dos encaixes individuais em moeda, atribuindo toda a responsabilidade da variação dos preços nominais ao Estado emissor de moeda. Mas a demanda de encaixes supõe que a moeda pode se conservar no tempo, fora das trocas simultâneas do mercado.

Arrow dá então uma nova consistência à moeda, que não pode ser reduzida a seu papel de "numerário". Ela é *útil* como meio de transação entre os agentes econômicos, cujas permutas de bens não são de uma economia de escambo. É esta utilidade que atribui o valor da moeda e que suscita a demanda de encaixes dos agentes econômicos. Todavia, a oferta de moeda permanece um fenômeno "exógeno", isto é, estatal e centralizado, fora do mercado.

---

14 *Ibidem*, p. 144-8.

Os efeitos econômicos são, contudo, apreciados de maneira diferente de acordo com cada economista que coloca os equilíbrios dos mercados no centro de suas análises.

Se pensamos que todos os preços aumentam simultaneamente e na mesma proporção, a inflação não tem efeito real sobre as trocas de bens e a moeda permanece "neutra". Ou, o que importa no plano dos desequilíbrios econômicos, existem recursos ociosos, como o trabalho, no caso de desemprego, e há uma redução relativa dos salários apesar da alta geral dos preços monetários. Ao mesmo tempo, há uma oferta excedente de bens em relação à demanda. É esta situação chamada de "estagflação" – estagnação e inflação do fim dos anos 1970 – que é necessário explicar, segundo Arrow.

A finança não é diretamente discutida por essas concepções neoclássicas, nas quais ela não tem status econômico particular, em relação às trocas de "bens reais". Isso exclui o problema da relação entre a finança e a economia, pois se considera os títulos financeiros como bens reais ofertados e demandados nos mercados. Walras, como se indicou mais acima, utilizava a Bolsa como exemplo de um mercado organizado eficiente. O objeto principal da finança é a gestão ótima de uma carteira de títulos no tempo e espaço, segundo procedimentos matemáticos. O status monetário e econômico da finança é aqui um dado, não um problema, enquanto a noção de moeda fica sem solução teórica e a finança é considerada um conjunto de mercados de bens particulares, de títulos individuais de propriedade, para serem administrados da melhor forma possível.

John Maynard Keynes (1883-1946):
emprego, mercado e finança

Falou-se de uma "revolução teórica" realizada pelo livro de John Maynard Keynes, *Teoria geral do emprego, do juro e da moeda*, cuja primeira edição inglesa apareceu em 1936.[15] A partir do fim da Primeira Guerra Mundial (1914-1918), após uma breve retomada econômica em alguns países,

---

15 Keynes, J. M., 1936.

o *crash* da Bolsa e a crise econômica nos Estados Unidos açoitaram o capitalismo internacional, já questionado pela Revolução Russa de 1917 e, de uma outra maneira, pelo fascismo na Itália e pelo nazismo na Alemanha. Em seu livro de 1936, Keynes colocava no centro de suas preocupações teóricas as condições pelas quais uma economia poderia atingir o pleno emprego. Isso implica que o desemprego seja involuntário, isto é, que a oferta de trabalho assalariado seja superior à demanda de trabalho por parte dos empregadores. Assim, o mercado de estaria desequilibrado, sem que os trabalhadores fossem responsáveis — contrariamente à ideia do francês Jacques Rueff, nos anos 1920, para quem o seguro-desemprego na Grã-Bretanha era a causa do desemprego inglês. Uma ideia retomada, de uma outra maneira, por Friedman, depois da Segunda Guerra Mundial: os sem emprego como aqueles que preferem o lazer ao trabalho. Keynes, ao contrário, exclui toda ideia de "desemprego voluntário" dos trabalhadores.

A insuficiência no número de empregos é devida à falta de incentivo aos empresários para investir, afetada pela incerteza dos lucros futuros, "a eficiência marginal do capital investido". Combinada com a redução da demanda por bens de consumo dos desempregados, a redução da demanda por bens de produção leva à redução do produto nacional. O Estado pode intervir? E, caso afirmativo, como?

Keynes critica a prioridade dada à busca de mercados comerciais externos, fonte de enfrentamentos entre nações. Ao mesmo tempo em que se pede aos outros países que importem nossas mercadorias, se limita, mediante taxação excessiva, as importações dos produtos estrangeiros. Essas práticas, que se desenvolveram ao final dos anos 1890, suscitaram tensões internacionais consideráveis, que foram uma das causas da explosão da guerra em 1914. Ao contrário, é uma intervenção interna do Estado que é necessária para encorajar os investimentos nacionais. Não se trata de "socialismo", escreve Keynes, mas da "socialização dos investimentos" pelo Estado quando a economia capitalista é incapaz de assegurar o pleno emprego.

Para introduzir a relação entre economia, moeda e finança, admite-se aqui que as grandes linhas da "macroeconomia keynesiana" são conhecidas ou de acesso relativamente fácil. A introdução da moeda parece inicialmente ser evidente. Todas as atividades e as rendas econômicas são aqui monetárias. Todas as grandezas econômicas têm preços em moeda. Ela não é somente uma unidade de conta, nem um simples fluxo emitido pelo Estado ou, antes, pelo sistema bancário, chefiado por um Banco Central. A moeda é também objeto de uma demanda específica de todos os agentes econômicos, segundo três motivos principais: *transação, precaução* e *incentivo a entesouramento*. Mais adiante se verá que Keynes agrega, para precisar a relação entre moeda e finança, o motivo *especulação*.

Na *Teoria geral*, Keynes abandona a questão do padrão monetário, que ele tinha abordado em seu *Treatise on money* de 1930. Ele tinha então concluído que não havia padrão da moeda equivalente ao metro em platina que serve universalmente de medida de comprimento. Mas ele buscava, para as relações internacionais, um substituto do padrão monetário físico que poderia servir de referência comum a todos os países. Isso poderia ser uma cesta de mercadorias utilizadas por todos os países desenvolvidos. Esta pesquisa correspondia a duas ideias constantes em Keynes: o repúdio ao padrão-ouro, de um lado, fonte de conflito entre países que queriam se apropriar das minas de ouro; e, por outro lado, o temor da supremacia monetária dos Estados Unidos, do qual criticava o egocentrismo nacional e o desejo de grande potência.

Esta pesquisa é abandonada na *Teoria geral*. Ao contrário, a moeda não é somente indispensável, mas tem uma característica única em relação a todas as outras mercadorias (Keynes diz que aqui ele seguiu uma sugestão de Piero Sraffa): "Ela é o único ativo que tem uma taxa de juros monetária em termos dela mesmo"[16] e "essa taxa é sempre positiva". Não existe taxa de juros "real" que asseguraria, por exemplo, o equilíbrio entre investimento e poupança.

Todavia, como se viu mais acima, a emissão de moeda é um fenômeno institucional, do qual, precisa Keynes, o custo é irrisório (uso de papel). Irrisório também é seu custo de conservação. Todos os contratos são redigidos

---

16 *Ibidem*, cap. 14.

em moeda e inclusive os contratos a prazo. O caráter institucional da oferta de moeda permite ao Estado agir sobre o nível da taxa de juros (monetária). Keynes pensa que a política monetária (não quantitativa) poder ser útil, mas que seus efeitos econômicos são fracos ou insuficientes. Isso porque eles se chocam com dois tipos de demanda de moeda que podem ter um caráter patológico: *o incentivo a entesourar* e *a demanda especulativa da moeda*.

Esses comportamentos remetem, todos os dois, à "preferência pela liquidez", e eles afetam o financiamento dos investimentos e as aplicações na Bolsa. Os ricos entesouradores são tornados idênticos por Keynes aos rentistas, que se beneficiam da raridade relativa da moeda de transação fazendo aumentar a taxa de juros monetária. Esse comportamento prejudica os investimentos reais, a demanda de bens reais e o emprego. É por isso que Keynes preconiza, em uma expressão célebre, "a eutanásia dos rentistas".

Quanto aos mercados financeiros, eles também são palco de comportamentos irracionais. Não se trata aqui, como nas análises da racionalidade desses mercados, de indivíduos que podem perturbar a Bolsa por seus maus cálculos e suas antecipações erradas. Na *Teoria geral*, Keynes apresenta a Bolsa, mercado financeiro organizado, como uma instituição particular que é consideravelmente desenvolvida. Esta extensão aumentou a diferença entre a propriedade do capital e sua gestão. Segundo Keynes, isso é, às vezes, positivo para o investimento, mas aumenta a instabilidade do sistema. Cada dia existe no mercado bursátil um encontro de todos os investidores, e esses indivíduos, mesmo quando são profissionais, têm a oportunidade de revisar suas escolhas em função das dos outros. Isso diz respeito a investimentos já feitos e a novas aplicações.

O problema que preocupa Keynes é aquele da capacidade de previsão no longo prazo dos participantes dos mercados financeiros.[17] Ora, a formação das cotações da Bolsa é feita a cada dia por uma valoração que resulta de uma "convenção". É o resultado de comportamentos coletivos animados por fenômenos de psicologia coletiva. Os agentes individuais ignorantes estão na origem da valoração convencional das cotações dos títulos do mercado.

---

17 *Ibidem*, cap. 13.

Então se produzem fortes variações das cotações da Bolsa, nas quais os especuladores profissionais participam, e o valor real dos investimentos é a "caça" de uma psicose coletiva do mercado financeiro.

Aqui Keynes reintroduz a preferência pela liquidez dos títulos bursáteis líquidos: "De todas as máximas da finança ortodoxa, a mais nociva é o fetichismo da liquidez", isto é, a possibilidade de vender rapidamente e sem perda os ativos líquidos detidos. Esta especulação se baseia na psicologia coletiva do mercado. Esses comportamentos irracionais dominam as valorizações bursáteis em detrimento do financiamento dos títulos de empresas que demandam fundos para seus investimentos reais. Aqui a finança de mercado prejudica a economia e o emprego. Não somente por sua instabilidade, mas também por seu fechamento sobre ela mesma, em detrimento de antecipações econômicas de longo prazo referentes aos investimentos e ao emprego.

É necessário, então, preconizar o fechamento dos mercados financeiros especulativos, irracionais, e algumas vezes perigosos, ou é necessário, apesar de tudo, mantê-los? Keynes coloca para ele mesmo a questão sob a forma de um "dilema". E ele a responde. Sim, nesses mercados a especulação provoca "bolhas" irracionais, e ela tem a tendência "de fazer da própria empresa uma bolha". Isso justificaria o fechamento dos mercados financeiros. Mas de outra parte, a liquidez desses mercados pode favorecer a criação de um novo investimento, mesmo se pode também impedi-lo. E a aplicação de fundos monetários em ativos a seus preços correntes vale mais que o entesouramento, totalmente estéril. "A eutanásia dos rentistas", mencionada mais acima, não é acompanhada, então, daquela dos especuladores da finança.

Essa solução é aqui indicada porque a crítica feroz da especulação financeira feita por Keynes é ainda hoje seguidamente retomada, com justa razão. Ao contrário, a saída política proposta por Keynes – conservar os mercados financeiros apesar de suas taras – é raramente mencionada. Sim, Keynes propõe, por uma outra via, "socializar" os investimentos quando a iniciativa privada está debilitada, e ele cita exemplos de investimentos públicos que já existem (infraestrutura, transporte). Mas ele não comenta diretamente a relação que poderia se estabelecer entre "os investimentos socializados" pelo Estado e a manutenção do *laissez-faire* dos mercados financeiros. Aqui se lembra brevemente o estatuto econômico e financeiro da moeda na *Teoria geral*. No capítulo 11 desse livro, seção 3, Keynes escreve que ele agora introduz a moeda em seu *causal nexus* e que isso lhe permite mostrar como as variações da quantidade de moeda fazem seu caminho no sistema econômico, em relação à preferência pela liquidez. Assim, um aumento da quantidade emitida pelo sistema bancário afeta o comportamento de entesouramento. Ela reduz a taxa de juros e favorece o incentivo a investir. A preferência pela liquidez dá assim à moeda o caráter de um ativo, embora se trate de uma *fiat money*, moeda fiduciária de papel.

Keynes não retomou na *Teoria geral* o problema do padrão monetário, deixado sem solução no *Treatise on money*. É o comportamento de preferência pela liquidez que dá à moeda seu valor específico e seu papel ambivalente: indispensável para todas as transações, e perigosa quando ela é entesourada pelos ricos rentistas ou quando ela participa da instabilidade da finança.

Entretanto, esta questão do padrão monetário foi de novo abordada por Keynes durante os anos 1940, na perspectiva de uma reforma internacional que evitaria as tensões sobre as taxas de câmbio dos anos 1930. Ele o fez como especialista reconhecido, mas também como responsável político inglês, quando das negociações sobre o regime monetário que se seguiria ao fim da guerra, conduzidas nos Estados Unidos e sob a égide deste país. Durante a Segunda Guerra Mundial, Keynes havia refletido sobre um novo sistema monetário internacional. Para ele, isso deveria ser uma organização igualitária e consensual, a fim de evitar os enfrentamentos devidos ao regime do padrão-ouro e às desordens nascidas da crise desse último. Keynes elabora um projeto de Banco Central mundial, no qual seriam afiliados todos os bancos centrais dos diferentes países. Ele serviria para regulamentar os créditos e as dívidas resultantes das operações comerciais internacionais. Para fortalecer a autoridade monetária deste Banco Mundial, Keynes propunha que seu papel monetário fosse fundado sobre uma moeda de reserva específica, o *bancor*. Voltemos no tempo para compreender esse projeto de reforma, diferente daquele de 1930.

Como regular as taxas de câmbio das moedas nacionais (*currencies*) em relação a uma taxa de juros internacional de referência para organizar as relações monetárias internacionais se, como Keynes o desejava, o padrão-ouro fosse abandonado?[18] No século XIX, a *city* de Londres e a moeda inglesa tinham um papel dominante para determinar essa taxa de juros, e os outros países deviam segui-la. A situação mudou depois da Primeira Guerra Mundial. Segundo Keynes, depois de 1918, a França e os Estados Unidos tornaram-se os principais credores internacionais; e, depois de uma crise francesa, os Estados Unidos se tornaram ainda mais dominantes, recebendo uma massa de investimentos estrangeiros e mantendo um estoque de ouro considerável. Prosseguindo sua pesquisa sobre um novo padrão internacional, Keynes escrevia no *Treatise* que seria difícil fazer os Estados Unidos aceitá-lo, em razão de suas vantagens atuais e também "porque eles são excessivamente desconfiados quanto à delegação de um de seus poderes a um organismo internacional".

Keynes construiu, apesar de tudo, um padrão que deveria substituir o padrão-ouro, a partir dos preços das mercadorias mais utilizadas no comércio internacional – matérias-primas e bens de consumo de referência, cujos preços seriam fixados internacionalmente. É como se alguém propusesse utilizar, em 2005, um padrão-petróleo, por consenso entre todas as nações.

Nos anos 1940, para preparar o pós-guerra, Keynes propôs uma outra saída para evitar os enfrentamentos monetários e financeiros internacionais. Como mencionado acima, haveria uma moeda internacional comum, o *bancor*, que seria emitida por um banco universal, banco de todos os bancos centrais nacionais. A referências ao ouro está aqui de volta, nas reservas do banco mundial, para dar confiança à nova moeda como padrão internacional e para garantir a credibilidade do novo banco. Contudo, quando das negociações oficiais de Bretton Woods, nos Estados Unidos, o plano de Keynes foi descartado e o projeto norte-americano apresentado

---

18 Keynes, J. M., 1930, cap. 25.

por Harry D. White foi vitorioso. O Fundo Monetário Internacional, estruturado de maneira profundamente desigual, substituiu o Banco universal do projeto keynesiano. Entretanto, o regime de taxas de câmbio fixas entre as grandes moedas nacionais fundadas sobre as reservas de ouro dos bancos centrais foi abandonado em 1971-1973 de maneira unilateral pelos Estados Unidos, em razão da crise do dólar e da diminuição das reservas de ouro norte-americanas para honrar as dívidas externas do país. A contraofensiva dos Estados Unidos foi a instauração de um regime de câmbio flexível, dependente de um mercado internacional de moedas, e ela colocou fim aos acordos de Bretton Woods. Mais adiante se verá (seção 4) que isso sustenta o papel dominante do dólar. Hierarquia monetária e *laissez-faire*, tão fortemente criticados por Keynes, estão de volta depois dos anos 1980.

3. A contribuição teórica de Karl Marx: capital-dinheiro, capital produtivo e finança

Marx (1818-1883) teve como objetivo fazer uma "crítica da economia política" incluindo no campo de sua análise das relações econômicas as estruturas das classes características do capitalismo. Entre o lucro e o salário, não há somente um problema de distribuição, o que havia mostrado Ricardo. Segundo Marx, a parte do produto do trabalho assalariado que é apropriada pelo capital evidencia a exploração dos trabalhadores que criam, com os valores mercantis, uma mais-valia, o lucro.

O capitalismo é concebido por Marx como um modo de produção histórico no qual as posições econômicas dos indivíduos decorrem das classes às quais pertencem e cujos interesses são diferentes (empresários ou financistas) ou opostos (capitalistas e assalariados). Influenciado pela escola clássica, mas testemunha das primeiras revoltas operárias, Marx discute também os escritos de Pierre Joseph Proudhon, de Henri de Saint-Simon e de outros reformadores do capitalismo. Ele constrói uma análise teórica do sistema econômico e social em sua principal obra, *O capital*, cujo primeiro livro aparece em 1867, e os dois livros seguintes depois de seu falecimento, em 1885 e 1894, editados por Friedrich Engels.[19] *O capital*, O Livro i d'*O capital*, publicado quando Marx ainda estava vivo, trata inicialmente da mercadoria e da moeda, e começa por uma constatação: "A riqueza das sociedades capitalistas aparece como uma imensa acumulação de mercadorias." O que importa aqui para nossa análise é a introdução da moeda, envolvida nos mercados de bens vendidos/comprados. Nem troca, nem uso de simples numerário, a moeda é imanente às trocas mercantis que resultam da divisão do entre produtores de bens. A circulação das mercadorias não pode ser feita sem uma moeda socialmente aceita, que tem vários papéis: medida dos valores das mercadorias trocadas, padrão dos preços monetários, meio de circulação das mercadorias, reserva de valor. É também um meio de pagamento para os compromissos diferidos pelo crédito. Marx introduz, contudo, a possibilidade do entesouramento – que difere da preferência pela liquidez de Keynes, pois ela implica um valor objetivo da moeda. Ela não é mais semelhante a uma poupança, fonte de investimento segundo os teóricos dominantes. O entesouramento, suscitado pelo amor ao dinheiro como forma da riqueza e do poder universal, é um comportamento patológico análogo àquele do avaro de Molière.

Contudo, pela acumulação do dinheiro nos poros do comércio e do crédito, se forma um "capital-dinheiro" (*money-capital*) que nasce da circulação social das mercadorias. Essa é a expressão de uma divisão do trabalho regulado pelo comércio e a restrição monetária de acesso aos bens: a moeda, fenômeno social específico, é, ao mesmo tempo, um meio da socialização mercantil do trabalho individual e uma restrição do acesso à remuneração deste trabalho. Em compensação, aqueles que dispõem de um capital-dinheiro inicial podem ter os meios de empregar trabalhadores.

Quanto à moeda nacional pertencente aos diferentes países, ela tem uma denominação particular, libra esterlina ou franco, cuja referência ao padrão-ouro varia segundo os Estados que praticam entre eles o comércio

---

19 Uma nova edição do manuscrito do Livro III e uma revisão geral da publicação das obras de Marx está sendo elaborada. Referente ao volume III d'*O Capital*, ver o texto de Bertram Schefold, 1998. Há várias tradução francesas d'*O Capital*, talvez haja outras, após esse.

internacional. Isso suscita um mercado de câmbio entre moedas, mantido pelos bancos ou operadores especializados. Marx não leva em conta, quando designa o ouro como moeda universal e padrão comum de referência, os fluxos de ouro entre países, que permitem saldar os balanços de pagamentos. A característica específica das taxas de câmbio entre moedas nacionais e a especulação financeira sobre essas taxas, bem conhecidas de Ricardo como financista que tira proveito dos ágios e mais tarde, em outro contexto, de Keynes, quando especulava sobre as taxas de câmbio, não são levadas em conta por Marx. Em uma carta a Engels, dizia que jamais alguém, tendo escrito tanto sobre a moeda como ele, tinha tão pouco dela.

Na segunda seção do Livro I d'*O capital*, capital-dinheiro e capital produtivo são duas formas complementares. Quando o possuidor de dinheiro é um empresário, ele encontra no mercado de trabalho um homem cuja única propriedade é sua própria força de trabalho e que busca emprego em troca de uma remuneração salarial. O trabalho sendo a força da criação do valor, é também a origem do lucro capitalista: o trabalhador ganha o suficiente para comprar os bens necessários a sua manutenção e fornece também um "sobretrabalho" do qual o capitalista tira lucro. Todo esse processo se efetua sobre a base de um contrato. Marx descreveu, no capítulo 24 do Livro I d'*O capital*, a violência da "acumulação primitiva" do capital, no século XVI – pilhagem pelos europeus do ouro e de outros recursos do "Terceiro Mundo" da época, escravidão etc. A expropriação dos pequenos camponeses ingleses foi também uma fonte de convulsões sociais e de repressão legal feroz no primeiro país capitalista, a Grã-Bretanha.

Esta "acumulação primitiva" é também feita com uma outra forma de intervenção do Estado, pela restrição fiscal monetária imposta para financiar suas despesas.

Na França, "financista" designava inicialmente de rico coletor de impostos que agia em benefício do Rei, em oposição ao pobre sapateiro em uma fábula de Jean de La Fontaine. Mesmo na *Enciclopédia* de Denis Diderot (2ª edição, 1778), o termo "finanças" remete àquele de "financistas", não aos arrecadadores gerais, mas aos empregados públicos que coletavam os impostos para o Rei e para o Estado, e que eram detestados por todas as categorias sociais, pobres ou ricas. Em compensação, o financiamento da dívida pública favoreceu o surgimento de especialistas da finança privada e dos rentistas credores dos Estados, sem suscitar o mesmo ressentimento público.

Entretanto, uma vez se tornando o capitalismo o modo de produção dominante, a via política *no interior do país* se desenvolve sob o regime da legalidade e do contrato, e não da rapina e da bandidagem. É agora um mecanismo econômico e financeiro de disciplina social que não supõe, enquanto tal, a violência estatal. A distribuição social das riquezas e das rendas parece ser natural, e cada um deve a ela se adaptar. Marx introduziu a noção de desemprego como formação de um "exército de reserva" de trabalhadores para o capital e inerente ao modo de produção capitalista. Ele distinguiu diferentes estratos sociais, no qual somente o mais baixo está formado de indivíduos não passíveis de socialização e prontos à rapina e à violência, o que mais tarde se chamou, às vezes, de "sub-proletariado". Todavia, se o desemprego, cujo volume varia especialmente com a conjuntura dos negócios, é uma característica do capitalismo desenvolvido: ele é uma forma de violência econômica contra as pessoas, socialmente desvalorizadas pela ausência de um trabalho remunerado, mesmo se há um regime público de seguro desemprego e de informações sobre ofertas de emprego.

No que concerne ao estatuto econômico da finança, Marx o destaca como "sistema de crédito" (incluindo bancos e Bolsas) e indica sua função na *lei geral da acumulação do capital* e na *concorrência entre capitais*.[20] A centralização dos fundos disponíveis por esse sistema financeiro desempenha um papel considerável na realização de grandes tarefas: "O mundo ainda estaria sem o sistema de vias férreas, por exemplo, se tivesse precisado esperar o momento em que os capitais individuais atingissem pela acumulação um volume adequado para estar em condição de se encarregar de tal tarefa. A centralização do capital por meio das sociedades por ações o providenciou".[21]

---

20 Marx, K., 1867c, cap. 25.
21 *Ibidem*, p. 69.

Esta centralização tem também efeitos sobre as mudanças técnicas do capital, que aumenta sua parte "constante" (máquinas e edificações) *em detrimento de sua parte variável* (empregos assalariados). Outra indicação fundamental sobre o papel da finança (do "sistema de crédito") nas modalidades da acumulação do capital "real" é, segundo Marx, "uma arma terrível na concorrência entre capitalistas". Essas indicações, se bem que elas tenham sido pouco desenvolvidas no início d'*O capital*, continuam pertinentes para situar o papel econômico da finança capitalista.

Sobre as operações e as estruturas da finança, Marx deixou indicações em numerosas notas reunidas por Engels que organizou o Livro III d'*O capital*, lançado depois do falecimento de Marx. Nesses textos, a questão recorrente é aquela da dinâmica do capital financeiro em relação ao capital produtivo. A gestão da finança reúne empregados assalariados mais e mais numerosos. Mas mesmo quando eles estão na mais baixa base da hierarquia e mal pagos, seu trabalho se refere a serviços que não são produtores de valor real, e contrastam com o trabalho operário. É também a razão pela qual Marx fala do capital financeiro como "um capital fictício", que não é produto de uma criação real de valor econômico.

Este é especialmente o caso das rendas que são capitalizadas em taxas de juros correntes e que se tornam, assim, uma forma de capital que produz ele mesmo uma renda. Esta prática faz crer que o dinheiro pode criar dinheiro, "como uma pereira produz peras". O processo real da acumulação de capital é completamente ignorado.[22] Enquanto que no capitalismo o juro é uma parte do lucro da produção, seu papel particular no "sistema de crédito" e suas próprias flutuações à alta ou à baixa parecem emancipá-lo de sua ancoragem real. A noção de "capital fictício", empregada por Marx, designa os procedimentos pelos quais as rendas financeiras do capital-dinheiro se formam e se ampliam no "sistema de crédito", independentemente de todo trabalho produtivo. Assim, a taxa de juros, utilizada para capitalizar as rendas futuras esperadas de uma aplicação, não é mais considerada como uma parte do lucro capitalista. Isso suscita a ilusão de que o dinheiro, pelo único

---

22 Marx, K., 1894b, cap. 24.

fato de ser emprestado ou aplicado, pode produzir uma renda ele mesmo, enquanto que resulta somente de um direito de propriedade sobre uma parte do lucro criado pelo sobretrabalho.

Apesar desta distinção entre uma esfera da finança que parece fechada sobre si mesma e aquela do capital de produção, fonte do lucro capitalista, Marx detalha que há "um só capital sob duas formas", uma financeira e outra industrial, entre as quais se reparte o lucro nascido do sobretrabalho produtivo. Ele volta a isso em várias passagens, especialmente estudando o papel dos bancos no *sistema de crédito*. Eles mesmos são relativamente centralizados por sua relação orgânica com o Banco Central do país, o qual determina a taxa de juros oficial do crédito no país e que dispõe de reservas em ouro e de câmbio. Embora "fictício", em relação ao capital de produção, o sistema bancário tem uma função monetária e financeira indispensável na acumulação capitalista. Lá também se manifestam as crises recorrentes, notadamente sob a forma de crises do crédito e de demanda maciça de dinheiro em espécie (*cash*), no lugar de títulos e de depósitos bancários. Em seguida a confiança no sistema de crédito retorna, com a retomada dos negócios.

Segundo Marx, as crises econômicas e financeiras não destroem o sistema capitalista, mesmo quando elas são muito graves. Isso será bem constatado depois da morte de Marx, quando da hiperinflação alemã depois de 1918, ou quando do *crash* de Wall Street nos Estados Unidos, em 1929. Essas crises modificam as intervenções econômicas e políticas dos Estados, no plano interno e internacional, mas não são ocasiões de revoluções sociais destrutivas do capitalismo.

Em uma de suas notas do Livro III d'*O capital*,[23] o editor, Engels, indica que Marx não pode conhecer as mudanças do sistema do fim dos anos 1880-1890: concentração das empresas em cartéis e trustes, concorrência feroz entre países capitalistas pelos mercados, contestação sobre a partilha da África em colônias, fim da supremacia industrial da Inglaterra, em relação com as mudanças tecnológicas consideráveis:

---

23 *Ibidem*, cap. 27, p. 103-4.

A expansão colossal do transporte e da comunicação – linhas marítimas, ferrovias, telégrafo elétrico, canal de Suez – fez de um mercado mundial efetivo uma realidade. O monopólio industrial inicial da Inglaterra foi contestado pela concorrência de várias novas nações industriais.[24]

Esse novo modo de desenvolvimento do capitalismo foi analisado por Rudolf Hilferding, que, em *O capital financeiro* (1910) analisou certas características importantes, a partir da expansão industrial e financeira da Alemanha. Seu livro foi tardiamente traduzido na França (1970)[25] e pouco estudado e discutido.

De maneira geral, a contribuição de Marx sobre a finança capitalista foi pouco utilizada pelas diversas correntes marxistas do século XX. Para resumir o que foi apresentado até aqui, eis algumas proposições:

1. *A importância do papel da moeda*, sob suas diferentes formas e utilizações: privadas, públicas e internacionais. Sem moeda, não há mercados e capital, real ou financeiro. Ela é inseparável do desenvolvimento do capitalismo em grande escala.

2. *O papel econômico da finança*, aqui "sistema de crédito" para a expansão da produção das empresas e para a formação de grandes empresas por fusão e aquisição: esse sistema é "uma arma terrível da concorrência" entre capitalistas e favorece a centralização dos fundos de aplicação para as maiores empresas.

3. *O papel fundamental da exploração do trabalho assalariado* como fonte do lucro capitalista, em relação com a formação de um mercado da força de trabalho. O emprego, indispensável, é acompanhado, contudo, de um "exército de reserva" de trabalhadores, cuja maior parte busca o acesso ao assalariado. Pode haver períodos de "quase pleno emprego", como na França depois da Segunda Guerra Mundial, durante os "Trinta Gloriosos" anos, mas eles são excepcionais. E, no caso de necessidade, a França pôde e pode

---

24 *Ibidem*, cap. 30, p. 151.
25 Hilferding, R., 1910.

ainda extrair forças de trabalho no enorme exército de reserva de seu antigo império colonial.

4. *A instabilidade da acumulação capitalista*, submetida a ciclos da finança e da produção.

5. *A constatação e a crítica da ilusão que a sociedade capitalista é um estado natural* das coisas, onde cada um tenta se adaptar melhor à desigualdade estrutural das rendas e patrimônios. Para Marx, é um modo histórico de produção de riquezas, desigualmente distribuídas entre os indivíduos que fazem parte de diferentes classes sociais. As duas classes principais desse modo de produção são aquelas dos capitalistas e dos trabalhadores assalariados industriais. A lembrança dessas ideias bem conhecidas será mais bem compreendida mais adiante, quando serão mencionadas as concepções individualistas dos "agentes econômicos" e seus meios de enfrentar os riscos que os ameaçam.

Em vista do desenvolvimento considerável da finança depois dos anos 1980 e da nova restrição da "criação de valor para os acionistas", essas ideias de Marx são de uma grande ajuda para decifrar o significado do papel econômico e social da finança nesse início do século XXI. Depois do fim do século XX, os "excessos da finança" e da "criação de valor para os acionistas" são uma das fontes do crescimento das desigualdades entre as classes sociais. Mas se a crítica desta "patologia" se refere ao que poderia ser um papel mais equilibrado das operações financeiras, ela se esforça por definir uma norma somente para a finança. Como diz Marx, há somente um capital, sob duas formas diferentes. A acumulação derivada da concorrência faz com que o capital produtivo, apesar das diferenças ou das contradições secundárias, tenha parte ligada à finança. Ele deve obter todo o lucro possível para se afirmar na concorrência interna e internacional. A regra geral é a compressão dos custos salariais e das despesas da proteção social dos Estados. Que essas exigências capitalistas sejam plenas de contradições é certo, *mas isso não se relaciona com uma regra de equilíbrio do capitalismo ou do papel econômico "normal" da finança*. Esta questão é retomada nos pontos 4 e 5, em relação com a situação contemporânea ao início do século XXI.

4. Finança, economia e internacionalização do capital

Sempre foi difícil incluir uma análise do status e do papel econômico da finança nas teorias econômicas, como se viu na apresentação de algumas dentre elas. No plano histórico, o uso do crédito, seja público, em razão das dívidas dos governos, seja privado, sob a forma da usura, ou de acordos comerciais, é uma prática muito antiga, anterior ao capitalismo. Em compensação, a noção global de finança foi pouco tratada enquanto tal. Ela designa um conjunto de restrições, como a cobrança dos impostos pelos "financistas", nos séculos XVII e XVIII, na França, ou de operações de circulação do dinheiro no mundo dos negócios e de práticos especializados.

No estudo da finança contemporânea, o desenvolvimento de um aparato matemático de cálculo das probabilidades dos rendimentos e dos riscos não é acompanhado de uma discussão de seus pressupostos conceituais. A iniciação à finança se tornou um estudo do funcionamento das operações financeiras, que supõe não somente um vocabulário especializado, mas uma boa formação matemática. Assim as salas de mercados dos bancos tornaram-se um importante esconderijo para os matemáticos. A melhor gestão possível das carteiras de títulos está no centro das análises e dos conselhos aos clientes de bancos e de investidores em títulos de propriedade financeira. A nova técnica de gestão dos "produtos derivados" tornou-se uma referência obrigatória para os operadores financeiros.

De maneira paradoxal, a complexidade técnica da finança caminha ao lado do desenvolvimento midiático da informação financeira cotidiana. Na França, as variações do índice da Bolsa, o "CAC 40", são amplamente divulgadas – a alta dos preços das ações é uma boa nova; ao contrário, sua baixa é preocupante – é um tipo de informação tornada tão natural como a meteorologia, como se as variações cotidianas dos preços dos títulos financeiros dissessem respeito a todas as ações socais. Essas parecem ser consideradas como poupanças e/ou débitos potenciais, assinalados somente pelas estatísticas. A pedagogia não é a única a funcionar. Enquanto a finalidade das técnicas sofisticadas é de ganhar dinheiro ao menor risco e ao menor custo possível para aqueles que dispõem de fundos, não se encontra nenhuma ligação teórica convincente entre moeda e finança, nem entre finança e "economia real". Os elementos da análise, a seguir, se dedicam a isso.

Moeda nacional, padrão monetário e mercados de taxas de câmbio

A moeda contemporânea é fiduciária, é uma "moeda de papel" baseada na confiança do emissor, isto é, o Estado nacional. Ela não é "valor trabalho" que lhe atribuíam Ricardo e Marx no tempo do ouro, referência universal dos padrões monetários nacionais. Seu valor depende hoje de outros fatores, discutidos entre marxistas. Entretanto, a moeda permanece como restrição social de acesso às rendas e às transações sobre o território nacional e o suporte da distribuição das rendas e das fortunas. A finança nela se nutre. Todavia, destaca-se que o mercado internacional do ouro se anima nos períodos conturbados – é o caso depois do início do século XXI, e que é considerado como "um valor refúgio" internacional por aqueles que podem adquiri-lo.

Esta ideia da moeda como um dado social do mundo das mercadorias e das poupanças privadas se opõe a todas as teorias quantitativas da moeda, criticadas por Marx em seu tempo, e notadamente àquela de Friedman, depois da Segunda Guerra Mundial. Segundo este economista, o valor da moeda dependeria da quantidade emitida pelo Estado (o Banco Central) de maneira arbitrária, o que pode acarretar inflação ou deflação dos preços e arruinar a economia. Entre os críticos desta concepção, observamos aqui a ideia de que ela torna impossível a compreensão de como esta quantidade de signos monetários estatais pode se tornar um ativo nos encaixes de transação ou de entesouramento dos agentes econômicos. O uso da moeda é uma restrição econômica de acesso aos mercados, em todos os países contemporâneos e nas trocas internacionais. Entretanto, não existe moeda universal, que emanaria de um Estado mundial e seria o padrão de referência. Viu-se mais acima o fracasso de Keynes, que propunha um Banco mundial emissor de uma moeda de reserva única, o *bancor*. É o dólar dos Estados Unidos que se tornou a moeda internacional de referência, e que é ainda, no início do século XXI. Todos os Bancos Centrais não norte-americanos têm reservas principalmente constituídas em dólares. Às vezes é o caso de compor um padrão feito de uma cesta de várias grandes moedas, dólar e euro especialmente, mas isso não está verdadeiramente na ordem do dia.

A variação cotidiana das taxas de câmbio entre grandes moedas é objeto de uma atividade financeira muito importante. Ela já o era a partir do desenvolvimento do comércio internacional europeu e dos comércios de crédito em diversas praças (Hamburgo, Amsterdã, depois Londres). Mas os fluxos de transação financeira sobre as moedas desenvolveram-se consideravelmente em relação às transações comerciais, e sob o efeito da especulação. Em 2004, o detentor de uma das maiores fortunas norte-americanas, o financista Warren Buffet, tinha apostado durante vários anos na baixa do dólar, especialmente em relação ao euro, o que lhe trouxe ganhos consideráveis. Mas em 2005, ele não viu a alta relativa do dólar chegar e perdeu sua aposta. A especulação não pode sempre ganhar.

A hegemonia internacional atual do dólar está apoiada no poder econômico norte-americano: os maiores bancos mundiais, os mercados financeiros mais importantes, os fundos de aplicação mais desenvolvidos, a regulamentação das operações bursáteis, a generosidade fiscal em relação aos proprietários de ações e outros aspectos institucionais. A taxa de juros do crédito gerado pelo Banco Central americano (FED) tem força, apesar dos limites de sua intervenção: assim ele não pôde frear a formação de uma "bolha financeira" no fim dos anos 1990, e quando ela interveio mediante uma forte alta de sua taxa de juros, no início dos anos 2000, precipitou a baixa dos mercados financeiros americanos, que se difundiu no plano internacional.

Relativamente forte ou fraco em relação às outras grandes moedas internacionais – o euro, o iene japonês, a libra esterlina – de toda maneira, o dólar guarda seu papel de padrão monetário internacional. Assim os preços do mercado do petróleo são formulados em dólares. Outro exemplo: a fraqueza das rendas individuais nos países mais pobres é expressa pelo ganho cotidiano de um ou dois dólares. No plano institucional, as reservas dos bancos centrais estão principalmente constituídas por dólares, sobretudo as dos "países em via de desenvolvimento". A posse de dólares representa um título universal sobre o país mais rico e mais poderoso do capitalismo internacional. Ele é também seguro e acolhedor para as fortunas estrangeiras em caso de turbulências locais (ver o êxodo temporário dos fundos privados aos Estados Unidos, durante os acontecimentos de maio de 1968 na França). Devido ao padrão-dólar, os Estados Unidos são o único país que tem o privilégio de pagar sua dívida externa em sua própria moeda. O aumento considerável desta dívida é financiado pelas aplicações financeiras dos estrangeiros. A dominação monetária e financeira é assim sustentada não pela "poupança do resto do mundo", como se diz frequentemente, mas pelos ricos possuidores de fundos a serem valorizados de maneira mais segura e, às vezes, mais rentável que em seus próprios países. É claro que há fundos norte-americanos que aplicam no estrangeiro e compram ações de sociedade que lhes parecem imediatamente rentáveis. Mais tarde se voltará a esse ponto, que difere do financiamento privilegiado da dívida externa norte-americana.

Os Estados Unidos sustentam a preponderância de sua moeda. Todavia, eles não puderam impedir a criação do euro como moeda regional, da qual, entretanto, a Grã-Bretanha, muito ligada aos Estados Unidos, recusou-se a participar. Em compensação, eles contribuíram para bloquear as veleidades japonesas de criar uma moeda asiática regional. Quanto à ideia de uma moeda comum nos países sul-americanos, ligados por acordos comerciais (o Mercosul), ela fracassou. Ao contrário, "a dolarização" mundial, discutida muito no início dos anos 2000, não está realizada sob a forma prevista por alguns economistas que profetizavam o dólar dos Estados Unidos como moeda única de toda a América, do norte ao sul, e de novos problemas para a Europa e a Ásia.

Quando o dólar permaneceu hegemônico no plano monetário e financeiro, as tensões comerciais entre os países aumentaram. Elas estão em parte refletidas nas crises da Organização Mundial do Comércio (OMC), livre-cambista, que expressam as contradições dos interesses nacionais afetados a títulos diversos pela extensão do livre-cambismo comercial.

O aumento de poder da China na indústria e no comércio internacional modificou o jogo. Em razão do déficit comercial dos Estados Unidos com a China, este país acumula reservas em dólares aplicados em bônus do tesouro norte-americano. Entretanto a taxa de câmbio fixa da moeda chinesa, o yuan, em dólares, é fortemente discutida como um privilégio anormal em relação ao mercado de câmbio. Sob a pressão dos Estados Unidos, a China começou a tornar mais flexível a taxa de câmbio de sua moeda, e a valorizou ligeiramente em relação ao dólar. Mas o yuan não é ainda negociável no mercado internacional de câmbio.

O mercado financeiro de câmbios não parou de aumentar em volume em relação às transações comerciais. É um mercado muito lucrativo para os bancos e para os grandes especuladores financeiros. É também a expressão de um mundo que permanece dividido em nações, apesar da hegemonia econômica e financeira dos Estados Unidos.

Esse mercado financeiro é consideravelmente desenvolvido. Necessário para pagar as transações comerciais internacionais, ele é, por seu volume cotidiano, amplamente superior às suas necessidades. O dólar como padrão internacional é validado por um consenso político entre todos os países capitalistas, desenvolvidos ou emergentes. As flutuações cotidianas no mercado internacional de câmbio, dos "preços" das grandes moedas, umas em relação às outras, e, sobretudo, relativamente ao dólar, decorrem das operações financeiras dos cálculos matemáticos que se praticam nas salas de mercados dos bancos. Grandes lucros e às vezes grandes perdas. Os efeitos econômicos dos preços relativos das moedas são complexos: quando o preço do euro em relação ao dólar foi relativamente elevado, muitas indústrias francesas se queixaram da diminuição das vendas de seus produtos ao estrangeiro. Alguns justificaram dessa forma a deslocamento de sua produção para um país da "zona dólar". Todavia, em 2005, quando o dólar nitidamente subiu em relação ao euro, as deslocalizações prosseguiram. E o déficit comercial francês, que tinha começado em 2004, aumentou, apesar da baixa relativa do euro. É então difícil avaliar os efeitos econômicos das taxas de câmbio das moedas, embora elas certamente tenham, e façam parte da concorrência entre países capitalistas, por exemplo, quando se trata dos preços dos produtos para exportar. Ignora-se ainda como o futuro capitalista vai modificar o jogo monetário atual, no quadro de mudanças futuras.

5. Concorrência econômica e financeira e relações políticas entre Estados

1. Os grandes Estados ocidentais têm entre eles relações complexas. De um lado eles estão ligados por numerosos acordos e convenções, pela participação comum na Otan, sobrevivente militar da guerra fria contra a URSS, e pelas relações entre serviços de informação, aumentados a partir o atentado terrorista a Nova York, em 11 de setembro de 2001. Essas cooperações não impedem divergências políticas, especialmente sobre a invasão do Iraque pelos Estados Unidos, com a sustentação de alguns aliados, em março de 2003. Nem a França nem a Alemanha disso participaram. Às vezes existem escândalos, como aquele da descoberta pela imprensa, em outono de 2005, de transferências secretas de suspeitos das bases norte-americanas situadas na Europa. Escândalo rapidamente sufocado. O mais chocante é a manutenção das bases anorte-mericanas no exterior dos Estados Unidos. Ela é aceita na Alemanha, o país mais importante da Europa do Oeste. Além disso, a extensão dessas bases a novos países da antiga zona soviética ocorre sem nenhuma reação política das instituições europeias. Um consenso frágil sobre a ação norte-americana contra as ameaças do terrorismo internacional?

Certos tipos de bases norte-americanas são mais uma expressão da concorrência econômica e financeira entre países capitalistas, especialmente pelo acesso ao petróleo e ao gás russos que transitam pelos países visados. É necessário também levar em conta a demanda considerável de energia pela China. Daí a abertura, em 2005, de quatro bases norte-americanas na Romênia, à beira do Mar Negro, para vigiar o encaminhamento das reservas energéticas russas em direção a diferentes países. A aceitação dessas bases pela Romênia, país candidato a entrar em 2007 na União Europeia, dá uma ideia da concorrência econômica entre grandes países e de sua busca de zonas de influência imperial. Os Estados Unidos permanecem dominantes, não somente por suas numerosas bases externas, mas também por seu controle dos mares: eles abriram uma base no sul da Sardenha, para vigiar o Mediterrâneo. O acesso aos metais estratégicos, como alumínio, níquel e outros, a vigilância do tráfico marítimo das mercadorias, são ganhos consideráveis.

A União Europeia não diz nada sobre as bases norte-americanas na Europa. É verdade que no plano econômico e financeiro, seus banqueiros, suas grandes empresas comerciais e industriais auferem lucro da entrada dos países do Leste na União (nisso se voltará mais adiante). Além disso, todos os grandes países capitalistas creem que, em um futuro mais ou menos longínquo, a China se torne a maior potência econômica mundial. A expansão da Índia preocupa menos. Isso seria o fim do papel dominante do Ocidente, já colocado em xeque pelo terrorismo islâmico. Talvez essa seja uma das causas da passividade europeia vis-à-vis o papel dominante dos Estados Unidos que defendem seus próprios interesses por todos os meios possíveis, mas com isso, protegeria também todo o Ocidente. Na África, nas quais as diferentes zonas foram, depois de muito tempo, objeto da rivalidade entre potências ocidentais, a China já avança alguns peões para acessar o petróleo do nordeste africano e as zonas africanas de produção de metais industriais.

A concorrência econômica e financeira entre países ocidentais não impede a tolerância política dos europeus vis-à-vis os abusos norte-americanos em matéria de relações internacionais. Ela não é menor nos produtos líderes, como os aviões – a disputa entre os da Boeing e os do consórcio que produzem os Airbus é muito acirrada. A concorrência que opõe numerosos países no comércio de produtos agrícolas é também importante. As subvenções públicas francesas aos agricultores, às dos Estados Unidos aos seus produtores de algodão, são as mais discutidas, mas não as únicas. Encontramos também aqui uma das contradições provocadas pelo livre-câmbio, como a da liberalização do comércio do arroz entre países asiáticos. Longe de desenvolver sentimentos internacionalistas, esse neoliberalismo suscita fortes reações nacionalistas.

2. A concorrência financeira internacional se traduz especialmente pelas compras de ações estrangeiras, ou de bancos, ou pela instalação de filiais bancárias em todos os lugares onde é possível. Ela é *muito menos visível* para a massa de cidadãos do que a concorrência entre os produtos. Quem se comoveu com a compra, por uma sociedade financeira australiana, do local histórico da Bolsa inglesa (LSE, London Stock Exchange)? Ou da formação do Euronext, acordo entre as Bolsas francesa, portuguesa, belga e holandesa, cuja sede está em Amsterdã? Todavia, quando os russos refutaram a abertura de filiais de bancos estrangeiros na Rússia, pois elas não são "de direito russo", os analistas acharam isso pouco conveniente, sobretudo quando no mesmo momento a Rússia solicita sua adesão à OMC.

Grandes bancos multinacionais propuseram também seus serviços a ricos países muçulmanos, sempre respeitando as proibições religiosas deles. Em novembro de 2005, um grande banco internacional de origem britânica, Barclays Capital, participou financeiramente da compra pelo emirado de Dubai de uma companhia britânica de transporte marítimo. O grande banco francês, BNP Paribas, tem um posto avançado no Bahrein. O norte-americano Citicorp foi autorizado, em setembro de 2005, a abrir uma sucursal no Kuwait. Essas informações[26] esclarecem que existe uma fonte de fundos consideráveis e que os bancos ocidentais respeitam os preceitos religiosos cuja interpretação pode variar aqui e lá. Da mesma fonte se sabe que na Grã-Bretanha um "Bank of Britain islâmico" foi aberto em 2004 e que seu capital foi subscrito por investimentos do Golfo Pérsico. A corrida ao dinheiro da finança não tem fronteira. Concorrência e centralização financeira caminham juntas. Todavia, certos investimentos financeiros são mais diretamente pragmáticos do que outros, no plano econômico. Assim, um banco alemão, Dresdner Bank, comprou um terço do Gazprobank, controlado pelo monopólio russo de gás na Rússia por 800 bilhões de dólares. Quanto ao acesso ao alumínio e ao níquel,

---

26 *Le Monde*, 8 de dezembro de 2005.

grupos alemães e canadenses enfrentam com sucesso os grupos franceses nas antigas zonas de influência da França.

Mais acima se viu que a hegemonia internacional do dólar está fortalecida pela potência financeira norte-americana: os maiores bancos mundiais, os mercados financeiros mais importantes, os fundos de aplicação mais desenvolvidos, a regulamentação atenta das operações bursáteis, a generosidade fiscal em direção aos proprietários de ações e outros trunfos institucionais. A política monetária norte-americana tem também uma influência financeira internacional. A taxa de juros do crédito de curto prazo, administrada pelo Banco Central, se impõe, apesar dos limites de sua intervenção e seus erros. Mas o presidente do FED é ainda considerado um guru mundial. Contudo, o mais influente deles, Alan Greenspan, que o dirigiu de 1987 até o início de 2006, é hoje muito criticado,[27] especialmente por ter deixado o crédito para as despesas de consumo aumentar por muito tempo e pela alta dos preços dos imóveis. Assim se desfaz a reputação dos gurus.

A partir do fim dos anos 1990, e depois da retomada bursátil de 2003, as taxas de juros de longo prazo, que se referem aos preços das obrigações privadas e públicas, estão relativamente baixas. Também estão as dos Bancos Centrais, para o curto prazo. Isso indica que a inflação dos preços, contrária aos interesses financeiros, como havia dito Ricardo, está relativamente fraca, apesar da forte alta dos preços do petróleo que se repercute sobre o consumo da gasolina. A inflação é, além disso, medida, nos Estados Unidos, sem considerar o preço da energia. É o consumo das famílias em produtos e serviços que conta, e ele está forte, sem que isso provoque uma alta dos preços. Graças aos produtos baratos vindos da China? À disciplina dos salários? Para os observadores, o importante é que a demanda permanece firme, sem alta dos preços correntes. O forte aumento dos preços das moradias, de caráter patrimonial, também não é mais uma fonte de inflação. O sobre-endividamento das famílias que compram sua moradia a crédito pode moderar seu consumo e os preços dos produtos. Em 2005, a situação interna norte-americana está boa para a finança. O afluxo de capitais estrangeiros

---

27 *The Economist*, 14 de janeiro de 2006.

para financiar o déficit externo dos Estados Unidos prossegue. A sequência ainda não está escrita.

3. Nos países ocidentais, um outro tipo de especulação financeira se desenvolve, especialmente quando as Bolsas são menos atraentes, e ela sobrevive à retomada dessas. É *o caso do desenvolvimento das aquisições imobiliárias e fundiárias* para investir em patrimônio sólido. As pessoas menos ricas compram a crédito, o que, na Grã-Bretanha, por exemplo, tem beneficiado muito os bancos, mas isso afetou o consumo das famílias pesadamente endividadas. É um dos aspectos da redução das atividades, sem crise da "bolha imobiliária", da qual alguns temem a explosão violenta. O risco financeiro foi transferido para as despesas das famílias menos ricas.

O fim da pausa conjuntural da expansão da finança, em 2003 e 2004, não suprimiu a especulação imobiliária, favorecida pela manutenção da fraqueza da taxa de juros de longo prazo. Nisso os bancos se beneficiaram amplamente, e também os especuladores individuais ou grupos de agências especializadas. Não somente nas grandes cidades, mas também sobre terrenos bem situados para o turismo, há construção de bases náuticas ou de golfes. Mesmo os residentes de classe média podem estar nisso envolvidos. Mas a especulação fundiária afeta sobretudo os mais pobres e contribui para o aumento das desigualdades sociais. É um dos aspectos mais danosos, no plano social, dos lucros financeiros realizados sobre a aquisição de terrenos e sobre a urbanização rentável.

Isso não é novo. Em Paris, ao longo dos anos 1970, o governo de direita não quis só apagar os traços das revoltas de maio de 1968. Ele tinha necessidade de fazer de Paris uma cidade elegante e calma, atrativa para a burguesia e para o turismo. Então Paris foi em parte esvaziada de seus habitantes modestos. A especulação fundiária agravou-se em 2004-2005. No Quartier Latin, livrarias são substituídas por butiques de vestuário ou por restaurantes *fast food*. Um sucesso para esse bairro universitário histórico da "cidade luz". Uma butique de móveis ingleses foi substituída por uma agência imobiliária, o mesmo aconteceu com uma outra que imprimia e fazia fotocópias. Depois de 2004, a especulação imobiliária voltou fortemente, e os preços das moradias reformadas aumentaram bastante. É porque Paris deve permanecer uma cidade atrativa e segura, já que na Europa ela está em concorrência com Londres, Viena, Veneza, Barcelona e outras ainda? Nos Estados Unidos e na Grã-Bretanha, o endividamento das famílias para comprar sua moradia fez temer "uma bolha imobiliária", cuja explosão poderia ser devastadora. Na Grã-Bretanha, a bolha se esvaziou no verão de 2005, sem drama, mas afetando, para baixo, o consumo das famílias endividadas. Essa redução da demanda interna parece ter tido consequências negativas sobre o crescimento econômico, que caiu brutalmente em 2005. O modelo econômico britânico, do qual muitos políticos conservadores, na França especialmente, elogiavam as virtudes, está menos na moda. Contudo, nos Estados Unidos, o endividamento para as aquisições imobiliárias permanece muito elevado e parece cada vez mais preocupante que as rendas dos assalariados endividados não aumente. Sobre esse ponto, todos os observadores fazem a mesma constatação.

4. A retomada dos mercados financeiros e a do crescimento dos Estados Unidos, em 2003-2005, tiveram características particulares. Aqui se mencionam apenas duas. De uma parte, ela é acompanhada de consideráveis aquisições e fusões de empresas e bancos, no plano interno e internacional. Os bancos especializados nessas fusões e aquisições de empresas obtêm lucros financeiros consideráveis. Em 2005, as operações de fusões e aquisições mobilizaram 2.703 bilhões de dólares, sem considerar os mercados bursáteis.[28] Um banco de negócios norte-americano é o número um nas recomendações sobre o assunto, mas outros também têm lucrado com isso. Quanto aos assalariados das novas empresas gigantes, eles frequentemente ignoram a sorte que lhes espera.

A pressão mais forte da concorrência mundializada desempenha um grande papel nesta centralização econômica e financeira do capital inerente ao "sistema de crédito", do qual falou Marx. Quanto à concentração das Bolsas, propriedades de acionistas, ela se faz especialmente na Europa Ocidental.

---

28 *Conjuntura*, BNP *Paribas*, nº 10, dezembro de 2005.

Entretanto, a concorrência fiscal entre Estados para atrair as fortunas importantes se intensifica, mesmo entre participantes da União Europeia. Assim, franceses endinheirados partem para a Bélgica, onde o fisco sobre as altas rendas seria menos pesado do que na França. Outros transferem uma parte de sua fortuna para a Grã-Bretanha. Isso explica em parte as reformas do governo francês para modificar a tributação sobre as altas rendas no orçamento de 2006. O novo governo alemão (2005) faz o mesmo, aumentando a alíquota sobre o valor adicionado, a TVA, e diminuindo a do imposto sobre os lucros. Os estados integrantes da União Europeia não querem a harmonização das tributações nacionais, que se originam de sua soberania.

Esta concorrência fiscal entre estados associados difere de sua tolerância geral em relação "aos paraísos fiscais", admitidos por todas grandes potências ocidentais. O movimento de contestação contra eles, que se tinha desenvolvido em alguns países europeus no fim dos anos 1990, não obtiveram resultados. Tudo se passa como se esses paraísos fiscais fossem parte do sistema capitalista atual. Nos Estados Unidos se diz que isso "dá oxigênio" às empresas em relação às múltiplas restrições inerentes ao papel dos Estados.

Todavia os mercados financeiros são instáveis, o que afeta as empresas cujo financiamento bursátil é privilegiado em um momento dado. Assim, no fim dos anos 1990, a euforia pela nova tecnologia da informática havia suscitado uma bolha bursátil, nos Estados Unidos, e a alta da taxa de juros do Banco Central precipitou uma crise bursátil que se difundiu nos mercados financeiros internacionais. Uma estagnação do crescimento econômico e uma alta do desemprego afetaram as economias capitalistas desenvolvidas. A retomada econômica no fim do ano 2003 e sobretudo em 2004, assim como a nova expansão das Bolsas, foi às vezes qualificadas, nos Estados Unidos e em outros lugares, de "retomada sem emprego". Em compensação, os acionistas das grandes sociedades foram mimados em todo o mundo: aumento dos dividendos e recompra de suas próprias ações pelas empresas para manter a cotação. Os fundos implicados nessa recompra de ações pelas 300 maiores empresas da Wall Street, haviam atingido, em 2004, 197 bilhões de dólares e, em 2005, 315 bilhões de dólares.[29] Aqui, os lucros das grandes empresas e a finança bursátil caminham juntos.

As finanças públicas dos grandes estados capitalistas

Os Bancos Centrais nacionais fazem parte das instituições financeiras públicas, mesmo quando eles são "independentes" do Estado. Sendo o "emprestador de última instância" dos bancos privados, pela condução de sua taxa de juros afetam o preço do crédito bancário nacional. O papel do Banco Central dos Estados Unidos, já mencionado acima, é particularmente importante no plano interno e internacional. A finança receia a inflação monetária, que deprecia o valor dos títulos. A partir da retomada das Bolsas em 2003, as taxas de juros permaneceram pouco elevadas, até o início de 2006.

Todavia, convém também introduzir o papel financeiro das finanças públicas nacionais. Às vezes se confunde o neoliberalismo com a retirada do papel do Estado no financiamento das despesas públicas. É verdade que o orçamento dos Estados e seu modo de financiamento, por impostos ou dívida, foram constantemente fonte de discussões entre escolas econômicas e orientações políticas. Para os economistas clássicos, seria necessário fazer cuidadosamente uma triagem das despesas incomprimíveis do Estado, como as da defesa do território, por oposição àquelas que poderiam ser parasitárias (despesas de mordomia de dirigentes, por exemplo). Seria necessário também remeter aos agentes econômicos locais a gestão de certas infraestruturas públicas, por exemplo, a manutenção das canalizações de água e gás.

Todos os grandes Estados capitalistas contemporâneos têm, em 2006, déficits orçamentários elevados. As dívidas públicas aumentaram a partir do fim dos anos 1990. Não somente no Japão e na Itália, mas também nos Estados Unidos, nos quais as despesas militares não cessam de aumentar desde 2003. Na Europa Ocidental, países conhecidos como a França e a

---

29 *Le Figaro*, 13 de janeiro de 2006.

Alemanha têm uma dívida superior à norma de 60% do Produto Interno Bruto (PIB) dos tratados europeus. Mesmo na Grã-Bretanha, o déficit público aumentou. Além disso, em dezembro de 2005, uma má notícia financeira atingiu os fundos de pensão desse país, considerado, entretanto, como um dos modelos anglo-saxônicos de gestão da mão de obra e da finança neoliberais: uma crise dos fundos de pensão britânicos, cujo déficit global seria de 55 bilhões de euros. Quem vai pagar a fatura? Nos Estados Unidos, uma parte do problema provém das consideráveis reduções dos encargos fiscais sobre as rendas mais elevadas, uma política que os governos francês e alemão vislumbram adotar. Isso se explica em parte pela concorrência fiscal entre países capitalistas para conservar ou para atrair as "famílias" mais ricas. Quanto aos "paraísos fiscais", supõe-se que dá um fôlego às grandes empresas e nenhum país os questionam.

Para a finança, as dívidas públicas geram uma renda aos subscritores das obrigações do Estado. Na França, o volume acumulado de juros da dívida soma, em 2005, ao redor de 40 bilhões de euros, enquanto que os títulos públicos são muito seguros e as taxas de juros são relativamente pouco elevadas. Um maná para os rentistas! Quanto às finanças do Tesouro público francês, depois de alguns anos, ela é colocada nos mercados financeiros por intermediários privados credenciados.[30] Os neoliberais, que demandam uma redução das despesas públicas visando essencialmente os encargos sociais assim como a quantidade de "privilégios" dos funcionários públicos, não explicam porque existem custos orçamentários politicamente incomprimíveis, apesar das reformas e das privatizações das empresas e dos serviços públicos.

Contudo, afora as despesas de segurança, militares e policiais, a discussão do orçamento prevista para 2006 na França foi ainda muito mais tensa do que nos anos anteriores. Quais despesas reduzir para limitar o aumento da dívida pública? A possibilidade de aumentar as receitas através da alíquota sobre o valor adicionado, a TVA, descartada de início, seria considerada, assim que a Alemanha viesse a resolver sobre isso, para compensar uma redução

---

30 *Le Figaro*, 31 de janeiro de 2005.

dos impostos sobre o capital. Na França, a privatização das sociedades das rodovias foi frutífera, mas não suficiente. A abertura ao capital privado do Gás da França e da Eletricidade da França, empresas estatais, também não trouxe muito benefício.

As despesas de educação, que estiveram frequentemente em primeiro lugar no orçamento público francês, são difíceis de comprimir, mas as do ensino primário e secundário devem hoje acompanhar a redução dos gastos com as universidades, a exemplo da pesquisa científica e de uma diminuição das vagas para professores. A expansão do ensino privado, para onde uma parte das classes médias envia suas crianças, é espetacular, mas é em parte subvencionada pelo Estado. As despesas públicas de saúde e a assistência social são descentralizadas tanto quanto possível, e os benefícios do seguro desemprego foram reduzidos e submetidos a novas condições. Descentraliza-se o máximo possível. Mas não é possível se desonerar financeiramente de todas as despesas sociais, transferindo-as para as regiões ou para as coletividades locais. Os resultados negativos inevitáveis retornam para o orçamento do Estado. O adiamento na idade para a aposentadoria dos funcionários públicos não evita a necessidade do Estado de garantir um fundo para essas aposentadorias. Quanto às subvenções das atividades econômicas consideradas como decisivas, tais como a agricultura ou o que sobrou dela, não se pode suprimir. Mesmo se para isso for necessário confrontar-se com a repartição das despesas do orçamento europeu.

Dizer que "a França vive acima de seus meios", embora seja um país rico, não tem nenhum sentido. Nesse caso, é uma justificativa para prosseguir a privatização de toda ou parte das empresas públicas, vender às sociedades privadas as sociedades públicas de estradas, embora lucrativas, diminuir uma parte dos custos do desemprego, descentralizar a Renda Mínima de Inserção (RMI), privatizar os equipamentos portuários, esperando a realização de outros projetos relativos à SNF. Os equipamentos coletivos franceses, cuja qualidade foi apreciada por muito tempo pelos franceses e pelos estrangeiros, estão na mira. É mais perceptível que as privatizações dos bancos realizadas pelos governos socialistas nos anos 1980.

A dramatização da imprensa a respeito dos encargos da dívida pública francesa foi extraordinária, em dezembro de 2005: "A França está arruinada" – é sem dúvida para atribuir a culpa à massa dos cidadãos e os dissuadir de demandarem créditos públicos para a escola, para a formação, a pesquisa científica, as universidades. Essa catástrofe orçamentária foi até retransmitida por uma empresa norte-americana que classifica os países segundo o "risco país", declarando que se nada for feito para sanear as finanças públicas francesas seria necessário baixar a classificação do crédito da França. Uma intervenção inesperada, mais política do que financeira, nos parece. É difícil prever quais inovações e contrarreformas podem emergir da combinação entre imperativos de economias orçamentárias e compromissos políticos, em 2006 e 2007.

Uma reforma fiscal foi, contudo, preparada para 2006, e votada pela maioria da direita da Assembleia Nacional, para diminuir os impostos sobre os ricos, a fim de que suas fortunas permaneçam na França e sejam investidas especialmente em ações bursáteis. Para reduzir as despesas que não agregam nada, considera-se fechar centros culturais franceses no estrangeiro. Diminui-se o número de postos de professores titulares previsto pelo orçamento de 2006. Uma lei permite enviar os jovens para estágio desde os 14 anos, o que suprime a obrigação de escolaridade até os 16 anos. Em resumo, assim já está integrado, no plano orçamentário e legal, o agravamento da divisão cultural e social entre jovens privilegiados e desfavorecidos.

As medidas já votadas ou em preparação não poderão, contudo, suprimir o déficit público. O primeiro lugar das despesas orçamentárias, na França, será, em 2006, o da dívida, enquanto que ainda recentemente era a "educação"; não para as universidades, nem para a pesquisa científica, mas para as crianças, do maternal aos liceus e colégios. A educação é um aspecto importante do consenso político na França, o mesmo acontecendo em relação à rede de creches, segundo uma tradição favorável à natalidade, e é uma ajuda para as mulheres que trabalham. O Estado não pode economizar muito nisso, como ele faz em detrimento da formação profissional, do ensino superior e da pesquisa.

O segundo lugar das despesas "incomprimíveis" é aquele das "despesas de segurança". Refere-se não somente à defesa dos territórios franceses, mas de múltiplas obrigações de manutenção da ordem internacional no quadro da Otan, das missões da ONU na África, da vigilância atômica etc. Há também a vigilância das fronteiras, e sem nenhuma dúvida, as tarefas motivadas pela defesa do Ocidente contra as ameaças terroristas. A isso se soma a política contra a imigração oriunda dos países pobres. Essas rubricas orçamentárias consideráveis são sem dúvida incomprimíveis, assim como da polícia interna. Enfim, como se viu mais acima, o déficit financeiro dos orçamentos sociais, benefícios do seguro-desemprego ou da saúde, só pode ser parcialmente transferido para as regiões e para as comunidades, apesar dos esforços de descentralização dos encargos financeiros do Estado.

Os Estados Unidos tiveram também dificuldades orçamentárias públicas, especialmente em razão de suas consideráveis despesas militares, que incluem suas bases externas. A guerra do Iraque é muito cara. Mas a forte redução dos impostos sobre os ricos não é colocada em questão. A transferência dos encargos sociais para as famílias de baixa renda e os pobres é difícil de ser feita no plano político e financeiro. O governo Bush propôs, contudo, reduzir o considerável déficit dos fundos públicos que garantem as aposentadorias, substituindo-os pela abertura de contas individuais de poupança assalariada investidas nos mercados financeiros. Diante da reprovação geral, esta ideia foi deixada em suspenso, em razão dos compromissos eleitorais de 2006. Pela mesma razão, será necessário também esperar para retomar a proposta de suprimir a assistência médica gratuita aos pobres, o Medicaid, muito dispendiosa para o Estado.

Quanto ao considerável déficit dos Estados Unidos, ele é, de tempos em tempos, objeto de preocupação, quando seu financiamento pelos capitais externos se esgota. Mas isso não dura. Grosso modo, ele é admitido pela finança internacional tal como o padrão-dólar. Os Estados Unidos permanecem "a primeira potência econômica mundial" e o país mais seguro para o capital financeiro. Pragmática, a China coloca em bônus do Tesouro norte-americano uma parte dos dólares que lhe trazem seus excedentes comerciais com os Estados Unidos. Esse circuito não está ao alcance de um país europeu, como a França. Mas seu futuro não é previsível. Se a China diversifica suas reservas de câmbio, e se ela desenvolve seu próprio setor de operações financeiras, isso afetará, talvez, as relações financeiras internacionais e a dominação atual do dólar.

A expansão capitalista nos grandes "países emergentes": algumas contradições da internacionalização do capital

Um dos problemas da internacionalização capitalista é conservar o controle, pelas multinacionais ocidentais, das tecnologias de ponta que elas colocam em operação. Mas a concorrência pelos mercados externos enfraquece esse monopólio. Assim, o contrato assinado entre a França e a China, em dezembro de 2005, parece implicar transferências de tecnologia mais importantes que aquelas que os países capitalistas desenvolvidos desejariam. Da mesma maneira, a venda de aviões franceses Airbus para a China é acompanhada de um projeto de construir na China uma fábrica desse tipo de aviões. Outra proposta francesa: a construção de centrais atômicas modernas, para contribuir para a produção de energia, da qual a China tem uma necessidade considerável. É bom para obter fundos para o caixa do Estado francês e recuperar a balança do comércio externo, tornada deficitária. Todavia, um tal acordo pode enfraquecer o controle das empresas francesas.

Mas as grandes empresas privadas ocidentais que investem na China, ou na Índia, contribuem amplamente para a transferência de técnicas e para a formação ou a utilização de especialistas nesses países. Nos anos 1980, viu-se a expansão dos "países ateliê" como a Coreia do Sul, Taiwan e outros "dragões" asiáticos, onde empresas subcontratadas trabalhavam por conta de empresas multinacionais norte-americanas, que exportavam empregos industriais mais dispendiosos nos Estados Unidos que nesses países.

A situação se modifica com a emergência da potência chinesa, e em breve da Índia. A combinação ocidental de deslocamento industrial e financeira, assim como a liberalização comercial favorável às grandes empresas e aos bancos ocidentais, contribuiu também para modificação dos países asiáticos. É, sobretudo, "a acumulação primitiva" do capital desenvolvida pelo gigante chinês que mudou o jogo, até que chegue a hora da Índia. Enquanto a pobreza permanece maciça nesses países, especialmente no campo, onde a expropriação dos camponeses é brutal e os salários operários são muito baixos, se constitui, na China, uma burguesia para a qual as grandes cadeias de magazines ocidentais abrem filiais.

Por isso, a formação de quadros e de técnicos é um imperativo econômico e político. O presidente dos Estados Unidos propôs à Índia, em 2005, uma transferência de novas técnicas atômicas; para usos pacíficos, bem entendido, embora a Índia possua bomba atômica e não queira assinar o tratado internacional de não proliferação. Na China, o patrão da Microsoft, Bill Gates, propôs abrir um centro de formação e de pesquisa sobre informática. Uma maneira de tomar a dianteira sobre seus concorrentes ocidentais, mas também de reforçar a potência chinesa vis-à-vis a do Ocidente.

A concorrência entre grandes países capitalistas, da qual se viu mais acima certos aspectos financeiros, aumentou consideravelmente pela abertura comercial e pelo acesso às fontes de energia, principalmente o petróleo e o gás. É necessário hoje levar em conta também o sucesso e as necessidades da China, tornada, a partir da classificação dos países pelas estatísticas de seu PIB, a quinta, até mesmo a quarta grande potência econômica mundial. Ela faz medo, mas o jogo da concorrência é admitido como um dado incontornável do capitalismo internacional contemporâneo. O princípio dessa classificação de países, pela comparação de estatísticas dos produtos internos brutos, é, além disso, uma expressão da persistência das nações na mundialização atual e da necessidade de comparar suas performances econômicas. É uma indicação cujo alcance depende da confiabilidade das estatísticas do PIB. Ela é importante, mas é preciso se considerar também os dados que nela não figuram, e que se referem principalmente à finança. Sabe-se, entretanto, que na França, por exemplo, as empresas chinesas começaram a comprar empresas francesas, e vão prosseguir suas aquisições. Isso supõe importantes fundos financeiros e adaptação aos procedimentos da finança sobre as aquisições e fusões de empresas.

A potência da economia chinesa aumentou ao mesmo tempo que se efetuou a retomada da concentração e da centralização capitalista ocidental: fusões e aquisições de empresas, no país ou no exterior, que trazem aos bancos mandatários dessas operações lucros consideráveis. Fusões e aquisições de bancos ou de fundos internacionais de investimentos. A finança e a economia capitalista caminham, então, juntas. Isso se produz nos países capitalistas desenvolvidos, entre eles, e em todo o mundo. O terceiro banco internacional, HSBC (Grã-Bretanha) abre filiais ou sucursais em todo o canto onde isso é possível. E mesmo na China continental, onde o sucesso ocorre pouco a pouco. A China toma novas medidas para desenvolver sua força financeira, seus bancos e seu acesso aos mercados financeiros internacionais.

As iniciativas privadas, como a da multinacional norte-americana Dell na Ásia, de início em Singapura, e depois na China continental, se desenvolvem. Uma empresa multinacional chinesa de microeletrônica, Lenovo, depois de estar aliada à IBM (Estados Unidos), fez o mesmo com a Dell, e suas atividades industriais na China se ampliam. Os lucros são importantes, a cotação bursátil da Dell é boa. O aumento de poder da China preocupa, mas não a ponto de negligenciar as vantagens econômicas atuais, especialmente a pressão sobre a redução dos salários ocidentais.

A internacionalização comercial do capitalismo impõe o desenvolvimento dos transportes. Mesmo se as transações pelo comércio eletrônico aumentam, ocorre o momento inevitável da entrega dos produtos. Os transportes e o controle das vias terrestres, marítimas, e hoje das aéreas, foram sempre um elemento essencial do desenvolvimento internacional do capitalismo e da concorrência entre países. A expansão considerável do transporte marítimo das mercadorias importadas da Ásia para o Ocidente é acompanhada de riscos elevados, e as vias marítimas estão sob controle internacional, principalmente do norte-americano.

Entretanto, uma das oportunidades principais da concorrência entre países capitalistas, antigos ou novos, tornou-se aquela do acesso às fontes de energia. Nos anos 1970, os Estados Unidos dominavam o acesso ao petróleo em razão de suas relações privilegiadas com a Arábia Saudita, o que não impediu o aumento do preço em dólar do petróleo, ao qual se atribui a crise e a inflação dos países capitalistas. Alguns até temiam que os países petroleiros árabes estivessem então em condições de trabalho para comprar os países ocidentais...

O capitalismo internacional tem novos problemas, que são a face escura de seu sucesso como único regime econômico e financeiro atualmente existente. A maior potência mundial do início dos anos 2000, os Estados Unidos, continua a reinar, mas ela tem mais dificuldade para impor uma visão consensual da política internacional. É especialmente o caso dos acordos internacionais no domínio da agricultura, que se referem à soberania do espaço do território nacional, à alimentação ou ao vestuário mínimo de bilhões de seres humanos. Mas há outros exemplos.

O termo *imperialismo*, financeiro e militar, não é utilizado aqui. Ele está presente em numerosos textos de autores marxistas, a partir do início do século XX, às vezes com significados diferentes. Alguns desses autores, como o americano Harry Magdoff, em *Imperialism without colonies*,[31] destacam aspectos novos característicos dos Estados Unidos: militarização, repressão interna, aumento das desigualdades, papel desenvolvido da finança. Essas seriam as práticas do imperialismo norte-americano contemporâneo. Esta questão demanda novas análises das políticas e das estruturas estatais, diferentes daquelas que foram abordadas neste ensaio sobre a finança.

6. Os trabalhadores assalariados, agentes essenciais da economia capitalista

Marx mostrou que o assalariamento está na origem da formação de um excedente de valor em relação às necessidades de sua própria reprodução. Esse excedente é a origem do lucro do empresário capitalista, que deve também contemplar a remuneração de seus credores ou de seus acionistas.

---

[31] Magdoff, H., 2003.

A prática capitalista busca comprimir os custos salariais o mais possível, e para isso ela é em parte ajudada pela existência de um "exército de reserva". Ele é fundamentalmente desigual.

Na concorrência desenfreada que se tornou mundial, a disciplina dos salários aparece como um imperativo econômico. Ela é também um argumento para seduzir os acionistas das empresas para a perspectiva de lucros elevados dos quais uma ampla parte lhe retornará. E, como se indicou mais acima, isso implica também que sejam impostas fortes restrições aos assalariados: moderação dos salários, produtividade, redução de um certo número de benefícios – quando eles existem.

Um dos aspectos maiores desse tratamento disciplinar é a ameaça de deslocamento de uma parte dos empregos dos países desenvolvidos aos países emergentes, onde os salários são baixos e os direitos ainda inexistentes. Isso não é novo, e algumas vezes, nos anos 1970 ou 1980, escândalos se manifestaram de forma viva, especialmente sobre a utilização de meninas na indústria têxtil deslocada em países pobres. Mas as dimensões desse processo de deslocamento de empregos industriais aumentaram consideravelmente, como se um mercado internacional de trabalho tivesse se formado. Os empregos nos serviços começam também a ser deslocados. As variações cíclicas da economia não explicam tudo. Assim, nos Estados Unidos, entre 2001 e 2003, três milhões de empregos líquidos foram suprimidos. Com a retomada, entre 2004 e 2005, 2 milhões de empregos foram criados sem pressões sobre a hora de trabalho, o que permitiu às empresas aumentar seus lucros.[32] Talvez a situação vá evoluir, especialmente sob efeito das demandas sindicais e de outros fatores políticos, como a nova campanha dos eleitos do partido democrata por um aumento do salário mínimo, congelado há vários anos.

A ameaça de exportação de empregos contribui, nos países capitalistas, para um novo tipo de mobilidade do mercado de trabalho, incluindo uma parte do estrato superior dos assalariados. É uma nova forma de "exército de reserva", constituído pelos assalariados por tempo parcial ou a contratos de

---

32 *Le Figaro*, 13 de janeiro de 2006.

tempo limitado. Ela desenvolve a "fluidez" do mercado de trabalho, reforma frequentemente demandada na França, que está sendo implantada pouco a pouco, e é reputada como forma de limitar o número de desempregados, os custos salariais e os do seguro desemprego. Isso aumentaria também a divisão entre os assalariados, os quais têm diversos tipos de contratos de trabalho. O papel dos sindicatos, já enfraquecido pelas novas práticas capitalistas, seria muito afetado. De outro lado, a legislação trabalhista francesa está colocada em xeque em favor dos empregadores. Assim, uma decisão judicial autorizou, em janeiro de 2006, as empresas a demitirem para prevenir dificuldades econômicas, e não quando elas têm problemas financeiros reais.

Há uma outra forma de divisão entre os trabalhadores. Ela também não é nova. Assim, na base da escala dos assalariados, encontram-se, desde sempre, nos Estados Unidos, os trabalhadores negros norte-americanos. Na França, os trabalhadores imigrantes franceses, vindos das antigas colônias da África do Norte substituíram os europeus nas minas de carvão, até seu fechamento. Alguns vêm ainda, a cada ano, fazer a colheita das frutas ou outras tarefas desagradáveis e mal pagas.

Mas o problema cada vez mais abordado pelos dirigentes europeus é o do aumento dos imigrantes vindos de países pobres para tentar sua chance nos países ricos. Tornados indesejáveis, e não fazendo parte do "exército de reserva" do capitalismo, eles enfrentam uma repressão crescente, por vezes mortal. Além disso, na França, as crianças dos imigrantes franceses ou naturalizados, quando têm idade para trabalhar, ficam submetidas a uma discriminação em razão de sua origem e da pobreza da periferia onde elas habitam. No futuro, a seleção dos melhores imigrantes estrangeiros para a economia francesa será feita segundo cotas a serem implantadas. Esse projeto faz com que as associações de solidariedade reajam, mas os sindicatos são mais prudentes. "A internacionalização proletária" resiste dificilmente ao jogo atual do capitalismo. Isso não é devido ao novo individualismo, como é dito, às vezes. É porque a sociedade capitalista rica tornou-se muito mais dura para todos os assalariados.

Apesar de seu pertencimento comum a uma classe social explorada, a concorrência pelos empregos é um fator de divisão e de pressão sobre os salários, os benefícios sociais e o tempo de trabalho, da mesma forma que sobre os contratos de trabalho, cuja parte crescente é a tempo determinado. Isso também não é novo. Mas a pressão sobre os assalariados aumentou consideravelmente com a expansão da concorrência capitalista internacional econômica e financeira.

Nessas condições, "o novo capitalismo" funciona com a insegurança e a concorrência pelos empregos, salvo para os funcionários públicos, mas esses parecem ter hoje privilégios muito dispendiosos para o orçamento público francês. Certos trabalhadores podem ser menos afetados, como aqueles que anteriormente se chamavam "a aristocracia operária", mas mesmo eles não estão mais ao abrigo de um brutal fechamento de sua fábrica devido à "reestruturação". Acontece o mesmo, às vezes, com os técnicos ou pesquisadores especializados, como mostrou, em 2005, a ameaça de fechamento ou supressão maciça de empregos do centro de pesquisa tecnológica francês, dependente de uma multinacional norte-americana.

Como podem se proteger os assalariados atingidos pelo crescimento dos riscos que ameaçam seus empregos, suas rendas e seus bens? Várias versões do individualismo patrimonial circularam especialmente depois do fim dos anos 1990. Apesar de suas diferenças, elas compartilham da ideia de que convém completar as garantias legais dos direitos sociais por uma garantia patrimonial individual, de caráter contratual, como a atribuição de ações das empresas. Os argumentos diferem, mas todos se referem ao destino dos indivíduos, que têm que se adaptar às mudanças das sociedades ou ao "capitalismo do amanhã".[33]

Muitos desses autores se referem às modificações demográficas dos assalariados nas sociedades capitalistas maduras: queda da natalidade, aumento da expectativa de vida após a aposentadoria, globalização econômica e financeira, e efeitos sociais de todas essas mudanças. As regras do jogo se transformaram. Assim é inevitável que os salários aumentem menos que

---

33 Aglietta, M., 1998.

antes, desde os anos 1980. Em compensação, aumentar os lucros e os dividendos permite enfrentar o choque da concorrência. As rendas dos assalariados devem se adaptar a esta nova situação. Dever-se-ia então aumentar a poupança salarial e aplicá-la nos títulos financeiros. Contudo, na França, em 2000, havia fortes diferenças de comportamento entre os assalariados: assim a poupança salarial era muito mais importante entre os empregados do que entre os operários. E ela estava, principalmente, aplicada em seguro de vida e em complementação de aposentadoria. Conviria modificar esta situação e favorecer o acesso às ações das empresas. Segundo o filósofo francês François Ewald, "o salário não é mais o meio normal de distribuir os resultados das empresas". A participação financeira dos agentes econômicos individuais poderia ser a solução moderna?

Uma outra visão insistiu sobre o desenvolvimento da "capitalismo" tendo em vista os sucessos do crescimento norte-americano, nitidamente mais importante do que aqueles dos países europeus. Constatava que "o capitalismo do amanhã" teria a plena participação financeira de todos, especialmente na França, onde o acionista "de massa" estava relativamente pouco desenvolvido em relação ao dos Estados Unidos. De 1998 a 2000, na França, o governo socialista da época desejava o desenvolvimento dos fundos de pensão. Um dos argumentos era que esses fundos estrangeiros, assim como outros, assumiam um lugar muito importante na Bolsa francesa.

Essas ideias foram apaixonadamente discutidas, na França, na central sindical CGT. Como evitar o perigo da concorrência entre novos direitos patrimoniais e o sistema de solidariedade social? Como se reunir para lutar contra a degradação dos salários? E para enfrentar outros riscos: divisão entre os assalariados da empresa, risco de drenagem da poupança salarial em direção aos mercados financeiros cada vez mais poderosos, colocados em concorrência com a poupança popular das Caixas de Poupança? Aumento dos riscos de desigualdades das aposentadorias administradas pelas companhias de seguro. Em resumo, o acesso individual dos trabalhadores a uma parte, de longe muito modesta, da finança, não pode substituir a alta de seus salários e a manutenção dos benefícios sociais.

Existe uma versão norte-americana desses problemas que é interessante de conhecer. Um economista professor da Universidade de Yale, Robert Shiller, publicou na revista *The Economist*[34] um artigo sobre a "gestão do risco para as massas", que teria se tornado possível pela nova tecnologia financeira. Shiller pensa que, nos próximos dez anos, "acontecerá mudança rápida do status econômico dos indivíduos" devido à enorme expansão das técnicas de produção – com a utilização crescente de robôs – e nos serviços, por exemplo, substituindo as secretárias por processos informatizados. Combinado com "o reino mundial da finança no curso do século XXI", esta nova história torna necessário o desenvolvimento de uma nova forma de proteção para as massas ameaçadas por essas reviravoltas: "Talvez o resultado mais importante nos dez próximos anos será o ritmo rápido da mudança de status econômico dos indivíduos."

Os perdedores serão os operários e o pequeno contribuinte, e as desigualdades, que não pararam de aumentar desde os anos 1980, tornar-se-ão ainda maiores. O que é uma má notícia, escreve o autor.

Em compensação, segundo Shiller, há uma boa notícia. Os riscos aumentados, que afetarão principalmente os indivíduos mais modestos, poderão ser muito melhor cobertos pelas novas tecnologias financeiras de proteção contra os riscos.

No momento (2003), são os grandes negócios e os grandes patrimônios que utilizam os serviços dos bancos especializados na gestão dos riscos financeiros. Mas esta atividade poderá ser ampliada para a cobertura do risco de perda de empregos e para as estimativas do valor das moradias individuais já pagas ou compradas a crédito, e cujos preços de mercado variam. Já existem alguns exemplos dessas práticas de seguro imobiliário em Nova York e na Grã-Bretanha.

O autor termina seu artigo dizendo que isso não garante o futuro contra o risco considerável do aumento das desigualdades, mas que é necessário tentar esta gestão financeira nova de riscos antes do que nada fazer para as massas de indivíduos desfavorecidos e, com esses últimos, "a nova ordem

---

34 *The Economist*, 22 de março de 2003.

financeira mundial" do século XXI seria como o deus romano Janus, de duas faces: de riscos consideráveis para os empregos e rendas individuais, sobre a face que ameaça, mas, em compensação, sobre a face amável e simpática, uma possibilidade de cobrir esses riscos pela gestão das finanças através dos bancos e das sociedades dotadas de novas técnicas de gestão, combinando elementos financeiros e seguros, como fazem os bancos e os financistas que se protegem contra as flutuações das taxas de câmbio das moedas. Seria necessário criar contratos de gestão de risco, aplicáveis a todo trabalhador individual, com a ajuda de especialistas da finança, dos sindicatos e dos fundos de pensão. Isso trataria especialmente do risco da renda e dos preços dos imóveis. Um seguro individual contra o risco do desemprego seria também necessário.

Segundo o autor, esse dispositivo certamente é muito difícil de ser colocado em prática, mas permitiria enfrentar os perigos que ameaçam os empregos, as rendas e as moradias dos indivíduos situados na base da escala social, na perspectiva inevitável da "nova ordem financeira mundial" no século XXI.

Não se trata aqui do "capitalismo patrimonial" estendido a todas as administrações domésticas ou de transformar os assalariados em acionistas, que foi mencionado mais acima. O texto de Shiller se preocupa com a diminuição dos empregos acessíveis aos trabalhadores, dentro do setor industrial e em certos tipos de serviços, sem falar, contudo, do *outsourcing*, a exportação desses empregos para onde eles são mais baratos. Ele propõe atenuar o choque que vem.

Contudo, o paliativo proposto é uma cobertura financeira contratual que insere o indivíduo no mundo perigoso da melhor forma possível. Como se ele fizesse parte de uma coleção de indivíduos desfavorecidos para quem um dispositivo financeiro privado poderia se tornar a nova relação social de recurso contra o qual ele é vítima. Uma concepção sinistra das relações sociais dominadas pelo risco individual, que somente pode ser enfrentada graças a contratos financeiros que permitiram limitar a quebradeira. Mas como pode ser objeto de análise uma proteção dos assalariados junto às instituições financeiras que estão, elas mesmas, no centro dos males que lhes são infringidos?

O que é aqui discutido não é o aumento das desigualdades com que se preocupa, com razão, Shiller, e sim os status econômicos e sociais diferentes dos indivíduos. Segundo as classes sociais às quais eles pertencem e a posição dessas classes na produção e na distribuição do produto nacional, o acesso a uma parte dos ativos financeiros decorre de uma distinção fundamental. A finança participa ativamente dos deslocamentos das empresas e das fusões nacionais e internacionais. E mesmo se os assalariados disso participam na medida de seus poucos recursos (algumas ações da empresa ou um seguro à moda de Shiller), ela continua sendo esta arma terrível da concorrência capitalista e da centralização dos capitais de que falava Marx. Ela contribui para a internacionalização do mercado capitalista do trabalho, que favorece a concorrência entre trabalhadores e enfraquece a solidariedades de classe entre eles. O risco do desemprego, apesar da mobilidade aumentada dos assalariados, é o mais preocupante, pois coloca em questão o pertencimento "normal" a uma comunidade onde "cada um ganha sua vida".

É chocante ler que o salário não é mais o meio normal de distribuição dos resultados das empresas, segundo Ewald, ou que o indivíduo assalariado não será mais um agente econômico integral, segundo Shiller. Apesar da pressão sobre os regimes sociais e sobre os contratos salariais, não se vê como o patronato poderia existir sem os assalariados. Graças a uma distribuição dos resultados das empresas por ações ou títulos de crédito? Isso não tem sentido. Outra fonte de forte surpresa: a estabilidade que isso implicaria para a finança, enquanto as flutuações dos preços dos ativos e os riscos de crises são recorrentes. Enfim, se como Marx tinha indicado, a finança é uma forma particular do capital; sua função não diz respeito diretamente à contratação e à remuneração dos trabalhadores assalariados, cuja tarefa é a de fornecer produtos e serviços a seus empregadores.

Mesmo sem adotar concepções marxistas ou adotar o "miserabilismo", não é possível ignorar a degradação do status social dos assalariados mais vulneráveis, nesse início do século XXI, e o crescimento das desigualdades entre suas rendas, as dos cadres e as dos ricos. Certos assalariados podem conduzir uma contraofensiva, em razão de sua situação local estratégica e de sua união sindical. É, às vezes, o caso dos transportes urbanos, nacionais e mesmo internacionais. Ou o dos portuários europeus, contra a abertura de sua atividade a uma concorrência que jogaria seus salários para baixo. As resistências aos fechamentos de empresas devido ao deslocamento são também muitas vezes fortes. Mas, colocada à parte as indústrias estratégicas, como a construção aeronáutica (greve de 2005 na Boeing), é difícil levantar a situação de greves salariais vitoriosas contra as novas condições nacionais e internacionais de exploração do trabalho dos assalariados, e da resistência coletiva deles, no plano nacional e internacional.

As desigualdades sociais não aumentam unicamente devido às novas tecnologias, especialmente pelo uso do computador e da Internet. Muitas tarefas manuais foram automatizadas. O velho sonho do robô que substitui o trabalhador ressurge, depois de uma primeira aparição nos anos 1970, nos escritos do sociólogo Serge Mallet. Alimentação e vigilância das máquinas: mesma qualidade do produto final e menos empregos produtivos nos países capitalistas desenvolvidos. Contudo, os operários e os empregados não desaparecem.

A crítica da ideologia liberal e da mundialização capitalista sem fronteiras não acabou. Mas ela mobilizou menos em 2005 do que no fim dos anos 1990. O neoliberalismo não implica a retração dos Estados, resumidos à defesa e à segurança de seus territórios. A corrida mundial aos lucros capitalistas e aos rendimentos financeiros atinge violentamente os trabalhadores, operários e empregados, como se o mercado de trabalho fosse internacionalizado. Certos economistas até disseram que, graças aos salários chineses muito baixos, os salários norte-americanos não puderam aumentar e criar inflação nos preços ao consumidor. O setor da construção permanece localmente próspero, empregando trabalhadores imigrantes menos caros. A importação de mercadorias baratas vindas dos "países emergentes", a exportação dos empregos em direção aos países do leste europeu, à China e à Índia, deprecia o papel dos trabalhadores ocidentais.

Mesmo nos países onde há idealmente uma mobilidade, com contratos por tempo determinado ou com pessoal temporário, segundo o modelo anglo-saxão proposto à França, os trabalhadores, mesmo qualificados, e os empregados são pouco a pouco atingidos por essa evolução. É necessário, contudo, levar em conta o início do protesto dos trabalhadores chineses contra seus salários muito baixos e suas condições de trabalho. O governo chinês começará a se preocupar com isso.

Constatando a redução dos empregos industriais "pouco qualificados" nos Estados Unidos, um artigo da *The Economist* sugeria que isso era inevitável e que era necessário se especializar exclusivamente, no Ocidente, no desenvolvimento de empregos mais qualificados e criadores de novas tecnologias. É uma ideia que inspira também a tentativa de impor cotas para selecionar os imigrantes nos países ocidentais: aceitar-se-ia legalmente somente as pessoas qualificadas, ou estudantes em via de qualificação. No caso norte-americano mencionado pela *The Economist*, a subestimativa da rapidez com que os chineses, indianos e outros povos assimilam as inovações técnicas é de longe chocante.

Os países do leste europeu são também espaços de deslocamento do emprego, ou portadores de mão de obra menos cara que nos países da Europa continental mais desenvolvida, e inclusive na Escandinávia. Nessa circunstância, o poder econômico da finança em relação à produção de valor real pelo trabalho industrial assalariado foi muito discutido. A crítica da "criação do valor pelos acionistas" circulou nos movimentos de protestos contra os fechamentos de fábricas ocidentais, que evoluíam de maneira favorável, mas que não rendiam muito a seus proprietários, e cujos empregos locais são suprimidos. Esse processo é inerente ao capitalismo. Mas está consideravelmente acentuado com a ampliação mundial do capitalismo: desenvolvimento de maiores empresas e bancos multinacionais; lutas pelos mercados; pelo acesso às matérias primas e às fontes de energia; crescimento considerável da concorrência, expansão do capitalismo nos países gigantes como a Índia e a China.

O controle de populações pelos governos conservadores autoritários, nos Estados Unidos e na Grã-Bretanha, partidários do neoliberalismo, modificou o jogo internacional de acordo com as necessidades do capital. Repressão às greves, orientação em direção os investimentos mais rentáveis, liberalização da finança e do comércio. Eliminação de todos os "complôs" que ameaçavam enfraquecer os dirigentes dos países petrolíferos. Presente suplementar: o colapso da URSS e a emancipação dos países do leste europeu que pertenciam à zona soviética. Sob formas diversas, o leste europeu adotou uma parte do modelo anglo-saxão. Seu "modelo social" está em crise.

Nos Estados Unidos se fala frequentemente do modelo Wal-Mart de gestão dos empregos. Wal-Mart é a primeira empresa norte-americana e mundial do comércio de varejo. Sua ambição é de se desenvolver em todos os lugares, e ela se insere tanto na China como nos estados escandinavos europeus. Em suas lojas se encontra de tudo, a preço muito menos elevado do que em outras. Contudo, toda tentativa de sindicalização das pessoas acarreta demissão imediata. O mesmo acontece em relação a toda ação julgada inadequada ou conversa durante o serviço. Os salários são baixos. A rotatividade dos empregos é elevada. Nenhum recurso legal contra os atentados aos direitos dos empregados teve sucesso nos Estados Unidos.

A disciplina de ferro imposta pela Wal-Mart a seu pessoal é, às vezes, criticada mesmo pelos conservadores. Mas o sucesso comercial está lá, assim como os lucros e a expansão internacional. Wal-Mart diz que os consumidores lhe são muito favoráveis. Seus acionistas também o são. Parece que esse modo de gestão salarial, embora caricatural, também seja um modelo de gestão do "novo capitalismo". As modalidades de exploração dos trabalhadores se endureceram, na França, por exemplo. Pressões pelo aumento da duração da jornada do trabalho, sobre os salários e sobre os benefícios sociais, são, sem dúvida, favorecidas pelo desemprego. Mas, diferentemente do que acontece na Wal-Mart, a ameaça de fechamentos de empresas é também muito forte. Mesmo se a França tenha ainda direitos trabalhistas (apesar de sua redução) e sindicatos relativamente mais ativos do que em outras partes, a situação dos trabalhadores, em particular aquela dos jovens e dos imigrados, está muito deteriorada.

Falta de moradias sociais,[35] fechamento de clínicas, colégios subequipados, insuficiência de transporte; as periferias pobres estão particularmente em desvantagem em relação às grandes cidades vizinhas ou às periferias residenciais. Mesmo em Paris há bolsões de pobreza importantes. Os imigrantes com baixos salários e os parisienses menos dotados foram expulsos pela renovação de Paris nos anos 1970. Mas nos diferentes bairros restam moradias insalubres, muito pequenas para famílias. Não se trata de maneira nenhuma de apresentar uma visão miserável da sorte de uma parte dos franceses e dos imigrantes. Mas assim como em Paris, as periferias ricas diferem totalmente daquelas que são pobres e mal equipadas, não esquecendo que mesmo se a França permanece no pelotão de frente dos países mais desenvolvidos, ela também tem bolsões de pobreza e dificuldades para reduzi-la mediante escola, moradia social, formação de jovens e acesso ao emprego.

Uma maneira nova de tratar a emigração dos pobres se espalha nos países ocidentais. Na Europa, eram os riscos de naufrágio ou de expulsão, sobretudo na Espanha, que eram conhecidos. Na Itália, aqueles que chegavam a desembarcar no sul eram confinados em campos imundos, antes de serem expulsos. O governo socialista espanhol, depois de ter regularizado mais de 700 mil imigrantes utilizados na agricultura, decidiu fechar sua fronteira ao sul, mediante a edificação de uma cerca de arame, murada em seguida, e a princípio intransponível. Mas a grande novidade é a edificação de um muro norte-americano, para tornar impossível a passagem ilegal na fronteira do México e dos Estados Unidos, até então muito vigiada por uma polícia militarizada especial. O sinal está claro: é necessário melhor controlar a imigração dos pobres no interesse dos Estados Unidos. Não é do México, entretanto, que partiram os atentados terroristas de setembro de 2001.

---

35 Na França, a administração publica constrói e administra imóveis, os quais são colocadas à disposição da população de renda baixa, mediante aluguel reduzido e sujeito a teto (N. do T.).

A combinação capitalista da produção e da finança internacionalizada tem efeitos políticos certos. Em 2005, o capital se reforçou mediante um novo aumento das fusões e aquisições. Esta evolução suscitou um reformismo retrógrado dos Estados mais ricos, o qual parece ter se tornado o modelo dominante no início do século XXI. Não é somente a finança que tomou o poder: é o capital industrial, o comercial e o financeiro. As alianças e as contradições entre Estados são testemunha disso. Existem contínuas medidas propostas ou colocadas em prática para acentuar essa evolução.

A grande questão é aquela das alternativas ao rolo compressor do capitalismo atual. Não individuais, mas políticas, e favoráveis à maioria daqueles sofredores no sistema internacional atual. É uma situação ainda mais difícil devido à queda da URSS e da evolução favorável ao capitalismo na China ou no Vietnã, que liquidaram a ideologia socialista e comunista. O renascimento de nacionalismos autoritários é também muito perigoso.

No fim dos anos 1990, se desenvolveu um movimento internacional de protesto contra os defeitos e as injustiças da nova mundialização. Seus participantes eram considerados como "altermundialistas" contra o neoliberalismo, a "mercantilização" generalizada, as práticas do Fundo Monetário Internacional vis-à-vis os países pobres e endividados. Uma das reformas demandadas era a instauração de uma taxa sobre os lucros das operações de câmbio dos bancos, e cuja arrecadação iria para os países pobres. Esta "taxa Tobin", nome do economista norte-americano, prêmio Nobel de economia que, com sua equipe, tinha proposto sua instauração, foi muito discutida na Europa e em certos países da América Latina, algumas vezes com parlamentares e diversos personagens oficiais. A discussão e a proposta desapareceram com a crise bursátil do início do século XXI, e o novo jogo econômico e financeiro a partir de 2003. Quanto à crítica do Fundo Monetário Internacional, mais de direita do que de esquerda, e às proposições de reformá-lo ou mesmo de suprimi-lo, elas não estão mais na ordem do dia. As condições da retomada e da ampliação mundial do capitalismo alterou o jogo.

A finança é um instrumento capitalista terrível nesse início do século XXI. Mas não se pode atribuir a seus "excessos" o papel principal nos sofrimentos contemporâneos. Ela é uma forma de *dinheiro do capital*, da qual as empresas hoje têm particularmente necessidade para se imporem na concorrência econômica mundial. É exatamente "esta arma terrível da concorrência", que falava Marx em relação ao papel do "sistema de crédito" na acumulação do capital. Criticar os excessos atuais da finança, que são reais, deveria estar associado ao questionamento do capitalismo internacional e aos perigos que ele reúne para a sociedade. As políticas "neoliberais" não são somente as de "todo mercado". Elas sustentam ativamente os interesses dos capitalistas e dos ricos de seus territórios e participam, de maneira contraditória, na manutenção da "ordem mundial" que não lesará seus interesses nacionais. Consenso sistêmico e contradições entre nações: uma combinação perigosa.

E amanhã?

Não se trata somente da finança, apesar de seu papel mundial considerável. Estagnação industrial relativa dos países capitalistas desenvolvidos? Crises financeiras que irão acontecer? Enfretamentos internacionais múltiplos? A previsão é difícil. Uma alternativa para as classes sociais mais expostas aos riscos do capitalismo contemporâneo também faz falta. Falta um projeto de mudança anticapitalista, que seria sustentado pelas opiniões e ações dos trabalhadores e dos reformadores engajados. Não somente contra o neoliberalismo e contra a finança, mas contra as deteriorações sociais da dominação do capital. O reformismo de Keynes, que se levanta contra o desemprego e a negligência dos ricos e dos financistas e que preconizava a "socialização dos investimentos" não inspira os programas atuais dos partidos de esquerda. Quanto à utopia comunista de Marx, a taça está longe dos lábios, mas o seu sabor não desapareceu.

A proeminência da finança no seio do "capital em geral", o capital fictício e o movimento contemporâneo de mundialização do capital

François Chesnais[1]

No início do século XXI, dois grandes fenômenos dominam a economia mundial. O primeiro é a multiplicação de índices sugerindo que, desta vez, com a entrada da China na Organização Mundial do Comércio (omc), entramos realmente na fase do capitalismo na qual "a tendência para formar um mercado mundial" começa a se materializar verdadeiramente, fase sobre a qual Marx escreveu há 150 anos dizendo que derivava "diretamente da noção de capital".[2] Ao final de um processo político, ainda inacabado, mas já muito avançado, de liberalização e de desregulamentação do investimento direto no estrangeiro, de transações comerciais e de fluxos financeiros, impostos simultaneamente numa escala sem precedente, o mercado mundial se apresenta de maneira efetiva como não sendo "somente a conexão entre o mercado interno de todos os outros, os quais seriam mercados externos, mas como o mercado interno de todos os países".[3] O segundo fenômeno diz respeito ao montante extraordinariamente elevado de títulos (ações e obrigações) que se apresentam aos olhos dos que os detêm (diretamente ou por intermédio de um gestor) como um "capital", um direito permanente de receber fluxos de rendas regulares que vêm da partilha dos resultados de uma

---

1   François Chesnais é professor emérito da Universidade Paris xiii Villetaneuse, membro do Conselho Científico da attac e redator-chefe da revista *Carré Rouge*. É autor de *La mondialisation du capital* e coordenador de *La finance mondialisée, racines sociales et politiques, configuration, conséquences.*

2   Marx, K., 1857, p. 364-5.

3   *Ibidem*, p. 229.

riqueza em relação à qual não importa saber quem a produziu e como ela foi produzida. A isso vem se somar o número e a importância das medidas políticas e financeiras implementadas pelos mais importantes Estados do mundo, não só para permitir que esta ilusão perdure, mas para fazer dos títulos a contrapartida de formas originais de endividamento das empresas e das famílias e também para fazer dos Estados Unidos um dos pilares de um "regime de crescimento" interno, que serve de meio de comunicação para o conjunto da economia mundial.

Este capítulo se interroga sobre o que Marx, mas igualmente Rudolf Hilferding – autor maldito frequentemente citado, mas amplamente desconhecido – escreveram sobre o tema do "capital portador de juro" e do "capital financeiro", que pode ajudar a analisar esses aspectos da economia contemporânea. Aqui se defende a ideia que os economistas marxistas poderiam, de forma útil, dar pleno desenvolvimento a duas categorias econômicas insuficientemente trabalhadas. A primeira é aquela do "capital em geral", apresentada pela primeira vez nos *Grundrisse*.[4] Fortalecido pela liberdade de movimento que ele recuperou em escala planetária e submetido às exigências de rentabilidade impostas pela nova forma de acionistas nascida dos fundos de pensão e de aplicação financeira (os *mutual funds*), o capital afirma hoje, a um grau jamais atingido antes, os atributos que o fazem um "valor em processo", uma força impessoal voltada exclusivamente para sua autovalorização e sua autorreprodução. Esses atributos são autorizados *conjuntamente* pela proeminência de uma forma determinada de capital, aquela que se valoriza segundo o ciclo D – D', sobre as outras formas de capital, e pela liberalização imposta sobre os três planos que acabaram de ser lembrados. Esses atributos incluem a extrema mobilidade dos fluxos de capitais de aplicação e a imensa flexibilidade nas operações de valorização do capital industrial, a indiferença quanto à destinação social do investimento ou da aplicação ou quanto a suas consequências etc. A exploração forçada do proletariado em escala planetária é por sua vez a face escondida e a condição da valorização e reprodução desse capital que tende para um grau de abstração sempre

---

4   Marx, K., 1857, p. 412.

mais elevado. Hoje, esse capital "se opõe como um poder autônomo em relação à força de trabalho viva",[5] de forma tanto mais eficaz quanto maior o grau atingido na liberalização dos investimentos e nas trocas, e quanto mais os resultados atingidos pelas tecnologias de informação e comunicação permitem doravante às empresas colocarem os trabalhadores diretamente em concorrência em escala planetária. É, de maneira tendencial, o salário dos trabalhadores chineses que serve de referência para a fixação dos salários em qualquer lugar no mundo.[6] Mas a valorização desse capital – "poder autônomo" – se alimenta também de numerosos mecanismos de "espoliação" dos trabalhadores diretos e da apropriação de um sobreproduto criado em condições sociais que não a da produção da mais-valia.[7]

A segunda categoria proposta por Marx, cujo pleno desenvolvimento é necessário oferecer agora, é aquela do "capital fictício". Esse termo designa os títulos que foram emitidos no momento dos empréstimos em dinheiro a entidades públicas ou a empresas ou como expressão da participação dos primeiros participantes no financiamento do capital de uma empresa. Para seus detentores, esses títulos, ações e obrigações, representam um "capital" do qual eles esperam um rendimento regular sob a forma de juros e dividendos (uma "capitalização") e que eles desejam poder vender em um espaço de tempo muito curto, seja em caso de necessidade de dinheiro, seja para o aplicar de maneira ainda mais rentável. Entretanto, no momento em que eles são vistos sob o ângulo do movimento do capital entendido como capital produtivo de valor e de mais-valia, esses títulos não são capital. No melhor dos casos, são a "lembrança" de um investimento feito há muito tempo. No momento de *crashs* e outras crises de mercado financeiro, esse caráter fictício dos títulos se revela e se desvaloriza às custas de seus detentores. Mas anteriormente esses títulos podem ter servido de fundamento a operações que somente fizeram a ficção ampliar. Eles puderam ser contabilizados como ativo no balanço dos bancos, utilizados por uma empresa como meio para "pagar" a compra

---

5 *Ibidem*, p. 415.
6 Chesnais, F., 2006.
7 Harvey, D., 2003.

de uma outra no quadro de uma fusão, ou no caso de particulares, colocados como caução para fim de empréstimos.

O que é necessário se entender por "finança"? Aqui o termo serve para designar simultaneamente as instituições especializadas na centralização do dinheiro "inativo" em busca de colocação em empréstimos ou em títulos, isto é, os fundos de pensão e de aplicação coletiva ou *mutual funds*, as grandes empresas de seguro e os maiores bancos, e as estruturas institucionais. Na primeira linha encontram-se os mercados de títulos, garantindo a "liquidez" das aplicações que permitem valorizar o dinheiro que se tornou capital sob forma de juros, de dividendos e de ganhos na Bolsa. A finança assim compreendida é a forma do "capital portador de juro" tomada na fase atual do capitalismo, estudada por Marx em um estágio inicial de sua centralização – aquele que ele diz que está em situação "de exterioridade em relação à produção". Ela deve sua força econômica particular e seu poder social muito forte aos meios que permitiram aos investidores de se imiscuir na gestão das empresas e de pesar sobre a orientação econômica da maioria dos Estados. A finança é a primeira beneficiária da liberalização e da desregulamentação, não somente dos fluxos financeiros, mas do conjunto dos fluxos ligados ao ciclo completo de valorização do capital. Ela obteve a criação de condições de mobilidade planetária completa dos fluxos financeiros necessários para a valorização do capital de empréstimo e de aplicação, assim como um grau muito elevado de liberdade de investimento, de (des)investimento e de transferência de lucros dos grupos industriais. Ao mesmo tempo, ela pode impor às empresas as normas a serem respeitadas em matéria de rentabilidade e, então, o grau de exploração da força de trabalho vivo que elas devem atingir. Voltada inteiramente em direção à apropriação sob todas as formas, a finança desconhece constantemente a realidade da economia real. Ela é "insaciável" por natureza. Esta insaciabilidade é acentuada ainda pelos mecanismos internos da concorrência na esfera financeira que são portadores de formas de instabilidade específicas. A reconstituição de uma acumulação de títulos, de capital fictício, foi seguida do reaparecimento de crises financeiras, cuja gravidade dos efeitos se viu nos anos 1990. Houve multiplicações de artifícios que por sua vez acentuaram as dimensões fictícias dos títulos e aumentaram a probabilidade que a ficção seja desnudada. Assim se teve o Long Term Capital Management em 1998, e a Enron e World Com em 2002. O "pior" foi evitado cada vez, graças ao grau elevado de sustentação que os mercados de títulos se beneficiaram da parte dos bancos centrais, especialmente o FED, assim como dos governos, os Estados Unidos na frente.

Este é o campo de uma pesquisa em curso da qual este capítulo é um momento. Nele, sobretudo, se encontrará os prolegômenos teóricos. Eles compreendem o exame de uma parte importante da teoria de Marx que foi praticamente abandonada, a saber: os treze capítulos da quinta seção do Livro III d'*O capital*. Eles incluem também a releitura do livro de Rudolf Hilferding, *O capital financeiro*, que trata de diversos aspectos da "formação da propriedade capitalista fora do processo de produção".[8] O texto aqui apresentado contempla, então, o que se tornou muito raro, e que é geralmente preciso evitar, isto é, longas citações e seu comentário. Para Hilferding, as causas do desconhecimento de seu livro são diretamente políticas. Elas serão lembradas mais adiante. Para Marx, não se pode explicar a coisa de forma tão simples. Com exceção de certas passagens relativas aos bancos e à moeda de crédito ou ainda os parágrafos sobre as sociedades por ações, a quinta seção é aquela que os economistas inspirados em Marx menos utilizaram.[9] O tipo de notas e as dificuldades de leitura não podem explicar tudo, ainda mais que o desconhecimento se estende a umas cem páginas do capital portador de juro no anexo ao volume III das "Teorias da mais-valia".[10] Seria pelo fato de a análise enfatizar o "capital-propriedade"? Ou porque a figura do "capitalista passivo", que quer obter juros e dividendos tão regularmente quanto ele colhe peras de sua pereira, é contraditória com a imagem de um capitalismo que, a despeito de todas suas taras, desenvolve as forças produtivas? Ou ainda, porque os mecanismos de alienação social, logo o fetichismo

---

8 Hilferding, R., 1910.
9 O único marxista que começou a fazer justiça à quinta seção do Livro III é Harvey, D., 1982, cap. 9 e 10.
10 Marx, K., 1862.

da mercadoria, recebem com o movimento D – D', o reforço desse impregnado e devastador "dinheiro produzindo dinheiro"?

A reticência dos economistas marxistas de extrair inspiração desta parte d'*O capital* [11] não é mais justificada na fase atual do capitalismo. A importância assumida pela centralização e a valorização de uma poupança ou de somas de dinheiro que devem ao mesmo tempo participar da partilha do valor e da mais-valia, e permanecer "líquida" e servir ficticiamente de "capital", significa que a teoria atualizada do "capital portador de juro" não pode mais ser excluída da análise do movimento contemporâneo da acumulação e da reprodução do capital. Nós veremos como Marx começa a qualificar a hegemonia do capital industrial no seio do capital como um todo e a anunciar a possibilidade da proeminência passar para as mãos da finança. Uma outra contribuição importante de páginas pouco lidas é a teoria da "exterioridade em relação à produção" do capital portador de juro. No momento em que Marx coloca os elementos, a finança estava ainda no primeiro estágio de sua evolução. Hoje nós estamos confrontados à materialização, numa vasta escala, de processos que Marx somente tinha pressentido. O trabalho prossegue por uma primeira releitura do livro de Hilferding que desenvolve, antes de John Maynard Keynes, uma teoria da bolsa e da liquidez. Encontra-se, assim, nele, o começo de uma teoria da acumulação em escala mundial impulsionada pela primeira forma de interconexão entre as firmas e a forma dominante da finança da época que são os bancos. A seção seguinte lembra as etapas da nova acumulação do capital fictício e examina as encarnações institucionais atuais do capital portador de juro, o lugar que eles ocupam no interior do capital tomado como um todo e os mecanismos de controle que eles introduzem na atividade dos administradores. Em *O capital,* Marx escreve (ele fez por diversas vezes com palavras diferentes) que "a produção capitalista tende, sem cessar, a ultrapassar os limites que lhe são imanentes, mas ela chega a isso somente empregando os meios, que novamente,

---

[11] O livro de Louis Gill, 1996, escapa a essa observação, sem que ele dê, no entanto, o alcance que nós concedemos aqui à teoria do capital portador de juro.

e a uma escala mais imponente, erguem diante dela as mesmas barreiras"[12].
Inspirando-se nesta reflexão metodológica, apresenta-se, para terminar, alguns elementos relativos às contradições que aparecem no funcionamento de um capitalismo liberalizado e mundializado no quadro do qual as formas de valorização D – D' dominam e têm uma grande liberdade de ação.

1. A teoria marxiana do capital portador de juro e do capital fictício

O campo da teoria da finança em Marx é aquele da conversão do dinheiro em capital, sob a forma particular de um capital dito "portador de juro". Esse se valoriza permanecendo externo ao processo de criação e de apropriação da mais-valia na produção. Com a superação de um teto em seu crescimento "o capital que porta juros" se apresenta como "o capital-propriedade face ao capital-função".[13] Os dezesseis capítulos da quinta seção do Livro III d'*O capital* (isto é, as 270 páginas que formam o tomo 7 da edição de *Éditions sociales*), assim como as cem páginas sobre as mesmas questões em *Teorias sobre a mais-valia* (que atraíram ainda menos comentários que os capítulos d'*O capital*) fazem parte dos desenvolvimentos de Marx sobre os quais os comentadores da língua francesa são os menos atrasados. A leitura de uma teoria da finança em Marx que pode servir de fio condutor para a análise do capitalismo contemporâneo praticamente jamais foi feita; sendo as únicas exceções dois autores da língua inglesa, o marxiano David Harvey[14] e o regulacionista

---

12 Marx, K., 1894a, p. 263.
13 Marx, K., 1894b, p. 44.
14 Harvey, D., 1982. O objetivo que Harvey fixa é (ver p. 283) o de estabelecer uma distinção, ou seja, uma clara oposição, entre a visão do "capital financeiro" como um processo de circulação de um tipo específico de capital (a palavra valorização me parece mais apropriada do que circulação, F. C.) que é aquela de Marx, à visão de Hilferding e mais amplamente de Lênin, do "capital financeiro" como um "bloco de poder" interno à burguesia.

Robert Guttmann.[15] O realizado sobre os textos de Marx pelos autores deste livro do Seminário marxista, aqui apresentado, é o primeiro em seu gênero em francês. É verdade que esses textos[16] não são fáceis de início. Os dois longos mergulhos na teoria do capital-dinheiro na "forma moderna", que Marx tinha sob os olhos na Inglaterra nos anos 1860 e 1870 (a expressão é dele), têm frequentemente a forma de notas e de rascunhos, comportando simultaneamente repetições (às vezes quase palavra por palavra) ou de reformulações muito próximas de certas ideias. Mas também afirmações que exigem serem reconciliadas, tornadas completamente compatíveis entre elas. A edição que Engels fez contemplou escolhas de apresentação que lhe são próprias. Esta situação não é única. Ela vale também para outras partes do Livro III, mesmo se Engels parece ter tido menos sucesso com a quinta seção.[17] Mas enquanto que para outras partes a ausência de texto plenamente desenvolvido não desencorajou os comentários, para os capítulos relacionados ao capital portador de juro e a finança este elemento atuou plenamente.

A acumulação do dinheiro e sua conversão em capital de empréstimo, portador de juro

O campo da teoria da finança em Marx é então aquele da conversão do dinheiro em capital. Esta conversão já foi objeto no capítulo IV do Livro I d'*O capital* sob a forma da transformação do possuidor do dinheiro individual, "homem do dinheiro", em capitalista industrial. Na quinta seção

---

15 Guttmann, R., 1994. Entre todos os economistas contemporâneos é ele que usa, de longe, de maneira mais avançada as análises marxianas sobre o capital portador de juro e o capital fictício.

16 De Marx (N. do T.).

17 Michael Krätke, um dos principais coordenadores da nova coleção das obras completas de Marx e Engels (Mega) em fase de publicação, estudou os manuscritos de Marx que Engels utilizou. Esses teriam a aparência de um "canteiro de obras intelectual" de notas onde Marx se coloca muitas questões, diversas delas deixadas sem resposta. Ver Krätke, M., 2000.

do Livro III, o possuidor do dinheiro pode operar a conversão do dinheiro em capital como prestamista e assumir assim o status de "capitalista passivo". Na sua formulação mais geral, a teoria é aquela do "capital emprestado enquanto massa de dinheiro que se conserva e que cresce, que [....] volta a seu ponto de partida e pode sempre recomeçar o mesmo processo".[18] Para utilizar a terminologia contemporânea, é então a teoria de um capital de empréstimo ou, mais amplamente, de aplicação financeira. A formação desse capital resulta de formas específicas de centralização que Marx chama "acumulação de capital-dinheiro propriamente dita". Ela conduz em seguida a uma "acumulação" de "capital fictício", que ele designa também em certas passagens como uma "acumulação financeira".

Na quinta seção do Livro III, a análise do crédito é, quando não apoiada na teoria do "capital de empréstimo enquanto massa de dinheiro", ao menos ligada a ela de maneira indissolúvel. No plano da centralização das somas suscetíveis de serem valorizadas pelo empréstimo, a atividade dos banqueiros é aquela das instituições financeiras, exercendo a atividade dos "investidores" atuais. A "gerência do capital portador de juro", que Marx diz que é "o outro aspecto do sistema de crédito", é uma das funções dos banqueiros:

> [A] profissão do banqueiro consiste, desse ponto de vista, em concentrar entre suas mãos massas importantes de capital-dinheiro destinadas a empréstimo, de maneira que são os banqueiros quem, no lugar do prestamista individual, enfrentam, enquanto representantes de todos os prestamistas de dinheiro, o capitalista industrial e o comerciante. [...] O capital de empréstimo que os banqueiros dispõe lhe chega de diversas maneiras. Primeiro, como eles são os tesoureiros dos capitalistas industriais, eles concentram o capital-dinheiro que cada produtor e comerciante detêm como fundo de reserva ou que reflui para ele sob forma de pagamento. Esses fundos se convertem assim em capital-dinheiro para empréstimo. [...] [Em seguida] seu capital de

---

18 Marx, K., 1894b, p. 13.

> empréstimo se constitui a partir de depósitos dos capitalistas que lhes [aos banqueiros] deixam o cuidado de emprestar.[19]

Marx detalha:

> [Desde] o momento em que os bancos pagam juros sobre os depósitos, toda a poupança monetária e todo o dinheiro momentaneamente desocupado de todas as classes ali serão depositados. Pequenas somas, em que cada uma isoladamente é incapaz de atuar como capital-dinheiro, são reunidas em massas importantes, constituindo assim uma potência financeira. Esse efeito particular do sistema bancário que consiste em reunir pequenas somas deve ser diferenciado de seu papel de intermediário [...]. Enfim, os rendimentos cujo consumo é gradual são igualmente depositados nos bancos.[20]

Por seu lado, a valorização das "massas de dinheiro", assim centralizadas em empréstimos e em aplicações, abre a via ao que Marx chama de "a acumulação de capital-dinheiro propriamente dito" em oposição à "acumulação verdadeira do capital".[21] Essa conhece um salto qualitativo assim que os bancos, depois de ter operado esta centralização, expandem o sistema de crédito:

> [Todo] capital parece se desdobrar, e até triplicar em certos lugares, graças às diversas formas em que um mesmo capital, ou simplesmente um mesmo crédito, aparece em

---

19 *Ibidem*, p. 66-7.

20 *Ibidem*.

21 Ver mais abaixo.

mãos diferentes, sob diferentes formas. A maior parte desse "capital-dinheiro" é puramente fictícia.[22]

O "capital em geral" e o lugar respectivo do capital industrial e do capital-dinheiro

Este aparecimento do dinheiro "vadio", sob uma forma maciça, pronto a ou desejoso de se valorizar sob a forma de empréstimo ou de aplicação em ações, vê o nascimento de uma tensão interna no movimento do capital que Marx pressentiu sem imaginar a amplitude que ela atingiria no século XX e hoje no século XXI. Em uma passagem igualmente pouco comentada, ele escreve que "o capital industrial é o único modo de existência do capital no qual sua função não consiste somente em apropriação, mas igualmente em criação de mais-valia [...] de sobreproduto", de modo que é necessário que "as outras variedades de capital [...] se subordinem a ele", fazendo a constatação seguinte alguns parágrafos adiante:

> [O] aspecto dinheiro do valor é sua forma independente e tangível, a forma de circulação D – D´, cujo ponto de partida e o ponto final são dinheiro real, exprime de modo mais tangível a ideia de "fazer dinheiro", princípio motor da produção capitalista. O processo de produção aparece somente como um intermediário inevitável, um mal necessário para fazer dinheiro.[23]

Com o recuo da história, se vê que o reforço das instituições, que encarnam um segmento das classes possuidoras e uma fração do capital dispostas a abraçar esta "ideia", era inerente às relações sociais de produção enquanto relações de distribuição e que o processo devia necessariamente

---

22 Marx, K., 1894b, p. 132.
23 Marx, K., 1885, p. 54.

ser alimentado também pelos refluxos em direção à valorização financeira de capitais que não encontrassem uma taxa de lucro satisfatória para investir na produção, devido aos limites internos à acumulação. O que subsiste na quinta seção do Livro III, da "subordinação pelo capital industrial do capital-dinheiro" (termos do Livro III), é o elemento chave que Marx detalha a propósito do crédito bancário, mas que vale para toda "massa de dinheiro" aplicada com vista a um rendimento sob a forma de juros e de dividendos, considerando que, "em geral, no sistema de crédito moderno, o capital produtor de juros está adaptado às condições da produção capitalista".[24]

O papel reconhecido muito cedo por Marx aos bancos é mais importante do que é geralmente dito. Desde sua redação do capítulo do capital nos *Grundrisse*, Marx fez o seguinte destaque:

> O *capital em geral* é, certo, contrariamente aos capitais particulares, 1º *uma simples abstração*; mas não é uma abstração ordinária; ela representa a *differentia specifica* do capital em oposição a todas as outras formas da riqueza ou modos de desenvolvimento da produção (social). Suas características gerais se encontram em cada capital; elas fazem de cada soma de valores um capital.[25]

E algumas linhas mais adiante, adiciona: "Assim, o capital tem uma *forma geral* se bem que ele pertença a capitalistas particulares: *sob essa forma elementar*, o capital se acumula nos bancos ou é distribuído por eles [...]".[26]

Esta abstração tem uma história; ela deve ser entendida enquanto processo. Na medida em que o "possuidor do dinheiro" do qual "a apropriação sempre crescente da riqueza abstrata é o único motivo determinante de suas operações", o que "funciona como capitalista, ou, se quiser, como capital

---

24 Marx, K., 1894b, p. 268.
25 Marx, K., 1857, p. 412.
26 *Ibidem*, p. 412 (sublinhado no original).

personificado, dotado de consciência e de vontade",[27] cessou de ser o capitalista individual e é abrigado nas instituições financeiras, bancárias e depois não bancárias, viu o reforço do "movimento incessante do ganho sempre renovado", "[a] tendência absoluta ao enriquecimento" contida na abstração do "capital em geral". Encarregadas de se situar no plano "da forma de circulação D – D', na qual o ponto de partida e o ponto final são o dinheiro real", essas organizações e suas administradoras empurram a seu máximo de desenvolvimento tudo o que está contido na categoria de dinheiro que se transforma em capital, como força dirigida para a expropriação e a exploração. É de sua abstração que o capital puxa para si a fluidez e a mobilidade que lhe permite se mover de modo planetário.

De forma complementar, é na "circulação do dinheiro como capital enquanto fim em si", que jaz a indiferença total do D às condições concretas nas quais a valorização se efetua como os sofrimentos sociais ou as destruições ecológicas que ele pode provocar. Enfim, quanto mais a forma D – D' torna-se predominante, mais o fetichismo, as representações fantasmagóricas das fontes da riqueza se apossam da sociedade.

O capital de empréstimo vive da mais-valia e representa uma "mercadoria sui generis"

O comentário do capítulo XXI do Livro III pode agora ser prosseguido:

> Na produção capitalista, é possível converter dinheiro em capital (aqui nós consideramos dinheiro como expressão autônoma de uma soma de valor [...]). Por essa conversão ele se torna, de um valor dado que ele era, em um valor que cresce [...]. Ele produz lucro, quer dizer, que ele permite aos capitalistas extorquir dos operários uma certa quantidade de trabalho não pago, de sobreproduto e de mais-valia, e de apropriar-se deles.[28]

---

27 Marx, K., 1867a, p. 157.
28 Marx, K., 1894b, p. 7-8.

Este crescimento tem como veículo o juro, que é "o apelo particular pela parte do lucro que o capitalista ativo deve pagar ao proprietário do capital, no lugar de o colocar em seu bolso". Esta definição é desprovida de toda ambiguidade. Nas *Teorias da mais-valia*, encontram-se formulações muito próximas desta, onde se pode selecionar o seguinte:

> O *juro* é, então, nada mais do que uma parte do lucro (por seu lado, ele mesmo nada mais é do que *mais-valia*, de trabalho não pago) que o capitalista industrial paga ao proprietário do capital que não é seu, com a ajuda do qual ele "trabalha" exclusivamente ou em parte. É uma parte do lucro – da mais-valia – que, fixada enquanto categoria particular é separada do lucro total sob uma denominação particular; separação que não remete absolutamente à origem do lucro, mas somente ao *modo como ele é pago* ou como ele é apropriado.[29]

A fonte da "remuneração" do dinheiro tornado capital é então a mais-valia, o trabalho não pago extorquido dos trabalhadores. O juro deriva da partilha do lucro. Sua existência está ancorada na produção e na comercialização bem sucedida. Como se viu nas crises econômicas, seu pagamento está subordinado à efetividade do encerramento do ciclo do capital pelos capitalistas devedores do empréstimo, isto é, da capacidade deles extorquirem a mais-valia, e do movimento contraditório do capital lhes permitir realizar esta mais-valia no mercado.

Segue este enunciado teórico novo, pouco ou não desenvolvido nas partes anteriores d'*O capital*, a saber, a aquisição pelo dinheiro, nas condições sociais de um capitalismo firmemente enraizado, mais que seu valor de uso próprio enquanto dinheiro (as três funções da moeda), de um "novo valor de uso" (uma nova função), aquela de funcionar como capital:

---

29 Marx, K., 1862, p. 556-7 (sublinhado no original).

Seu valor de uso consiste, então, precisamente no lucro que ele produz, uma vez transformado em capital. Nessa qualidade de capital potencial, de instrumento de produção de lucro, o dinheiro torna-se mercadoria, mas uma mercadoria de uma espécie particular. Dito de outra forma, que é a mesma coisa, o capital enquanto tal torna-se mercadoria.[30]

A natureza muito particular desta "mercadoria *sui generis*"[31] se atém especialmente naquilo que é decisivo em seu uso, e que sua cessão é temporária. Ela não tem como base a venda, mas o empréstimo.[32] É o que Marx expõe, particularmente numa passagem onde opõe o capital em seu "movimento real" àquele que se reveste, quando ele quer se valorizar fora da produção como capital de empréstimo, como portador de juro:

> No movimento real, o capital não existe enquanto capital no processo de circulação, mas somente no processo de produção, no processo de exploração da força de trabalho.
> O mesmo não ocorre com o capital portador de juro, o que lhe dá justamente o seu caráter particular. Um possuidor de dinheiro que quer fazê-lo frutificar como capital que produz juros, cede-o a um terceiro, lança-o assim na circulação e o converte em mercadoria *como capital*. O dinheiro [...] será de imediato cedido como capital para um terceiro, como um valor que possui o valor de uso de produzir mais-valia, lucro [...]. O dinheiro, então, só se distancia dele por um tempo e só passa temporariamente das mãos de seu proprietário para as do capitalista ativo; então, ele não é dado em pagamento, nem vendido, mas somente emprestado; ele é cedido sob

---

30 Marx, K., 1894b, p. 8.
31 *Ibidem*, p. 33.
32 No livro de Jean Bénard, 1952, no qual aparece – coisa que merece ser assinalada em vista do momento em que o livro foi escrito – uma seção curta do capítulo sobre o capital de empréstimo, em que esse ponto é destacado.

condição: 1º que ele retorne ao ao seu ponto de partida ao final de certo prazo; e, 2º que ele reflua como capital realizado, quer dizer, como capital cujo valor de uso, que consiste na produção de mais-valia, tenha se manifestado.[33]

O proprietário do capital de empréstimo não se desfaz, então, jamais da propriedade de seu capital. Ele permanece o proprietário durante o tempo em que esse capital funciona como capital nas mãos de outros. Ele não espera somente que seu capital volte para ele, mas ainda que ele retorne enquanto capital, enquanto valor conservado e aumentado. Esse capital aumentado poderá então ser utilizado para uma outra operação de empréstimo, para uma operação industrial ou para uma outra finalidade. Assim é anunciada a exigência de liquidez que somente pode ser assegurada pelos mercados secundários de títulos, que Hilferding será o primeiro a teorizar do lado do marxismo.

A partilha quantitativa do lucro entre juros e lucro da empresa

Os capítulos XXII e XXIII tratam da partilha do lucro entre o juro e o lucro da empresa. O "lucro da empresa" é uma noção que Marx introduziu somente no Livro III d'*O capital,* numa oposição ao juro. É um tipo de remuneração que recompensa a atividade do "capitalista ativo", daquele que corre "riscos" à Frank Knight,[34] ou que "inova" à Joseph Schumpeter. Mas o "lucro da empresa" é também o que lhe resta por "empreender", isto é, por investir, com toda liberdade, uma vez que o "capitalista passivo", cujos reflexos usurários jamais desaparecem totalmente, tomou o seu "devido". É por isso que eu vejo aí igualmente o início do que nós chamamos hoje de "lucro retido", a parte que não é distribuída sob a forma de juro ou de dividendos.

---

33 Marx, K., 1894b, p. 12 (sublinhado no original).
34 Ver Knight, F. H., 1921.

Para Marx, não há taxa "natural" de juros e nem mecanismo econômico regulando as variações da taxa de juros e fixando uma taxa média de juros, embora reconheça uma taxa média de lucro e um salário médio. Dois fatores determinam o nível da taxa de juros. O primeiro é o estado da conjuntura: durante as crises econômicas, os "capitalistas passivos" que são prestamistas de dinheiro em tempos normais, cessam de fazê-lo. O outro fator, que atua de maneira mais contínua, é o estado das relações que se estabelecem no "mercado de capital" entre esses que Marx nomeia tanto "capitalistas financeiros" e "capitalistas produtivos", quanto "capitalistas passivos" e "capitalistas ativos". Essas relações são tais que, enquanto o juro deriva da partilha do lucro e depende, então, da produção e da realização bem sucedida de uma massa de mais-valia, a aparência das coisas é exatamente inversa. Com efeito, "pela oposição ao juros que o capitalista ativo deve pagar ao prestamista sobre o lucro bruto, a sobra do lucro que lhe cabe [...] assume a forma de lucro de empresa".[35] Esta "inversão" tem várias causas. Uma primeira deriva do fato de que enquanto a taxa de lucro médio não é perceptível aos capitalistas individuais, que conhecem somente sua própria taxa de lucro: a todo momento existe somente uma taxa de juros fixada pelo mercado para cada categoria dada de empréstimo. Segue-se que o juro parece vir em primeiro e o lucro da empresa é somente uma sobra cujo nível é imposto aos capitalistas desejosos de emprestar. Um outro fator que reforça a aparência "de autonomia" do qual o juro parece usufruir, é a generalização das técnicas de capitalização e de cálculo dos juros que um volume de dinheiro pode render se ele for emprestado:

> O juro se consolida a tal ponto que ele não se apresenta como uma divisão do lucro bruto [...] só existindo ocasionalmente, quer dizer, quando um industrial põe em ação o capital de outro. Mesmo quando ele faz frutificar seu próprio capital, seu lucro se divide em juro e lucro da empresa.[36]

---

35 Marx, K., 1894b, p. 19 (sublinhado por nós).
36 *Ibidem*, p. 41.

A partilha quantitativa entre juro e lucro de empresa é conformada também pelas relações internas à classe capitalista que são apresentadas por Marx como sendo mais favoráveis aos prestamistas. O peso desses aumenta à medida que cresce o papel dos bancos enquanto agente de centralização e da concentração de dinheiro que quer se valorizar pelo empréstimo ou pela compra de títulos. No anexo das *Teorias da mais-valia*, Marx tinha já destacado:

> [Com] o desenvolvimento da grande indústria, o capital financeiro, tal como ele aparece no mercado, é cada vez menos representado pelo capitalista individual, proprietário de tal ou qual *parcela* [fragmento] do capital que se encontra no mercado, mas ao contrário, se concentra, se organiza e se apresenta de modo que difere totalmente da produção real enquanto controle dos banqueiros representando o capital. [Este aqui] se apresenta como capital suscetível de ser emprestado *em massa*, concentrado em um pequeno número de reservatórios.[37]

Em *O Capital*, Marx salienta de novo a mesma ideia?

> [O] capital-dinheiro [...] é cada vez menos representado pelo capitalista individual, [...] mas sempre encontra-se aí mais como uma massa organizada e concentrada, aplicada, diferente da produção real, sob o controle dos banqueiros.[38]

O qualitativo de "representante do capital" ou "representante do capital social" aplicado aos bancos não é anódino. Não somente aumenta sua

---

37 Marx, K., 1862, p. 550 (sublinhado no original).
38 Marx, K., 1894b, p. 34.

importância e também a legitimidade social do capital de empréstimo, mas parece igualmente atenuar singularmente a primazia do capital industrial. Como ele expressa uma relação de força, o nível da taxa de juros é necessariamente indeterminado. O capitalista que toma emprestado cede uma parte do lucro total, mas "uma parte somente e não tudo". Inversamente, é "impossível que o conjunto do lucro fique com o capitalista que empresta".[39] A taxa de juro se situa então em algum lugar entre dois polos, um máximo que seria o conjunto do lucro, que é puramente hipotético, pois nenhum capitalista ativo tomaria emprestado, e um mínimo, zero, igualmente impossível, pois então nenhum capitalista passivo emprestaria.

As dimensões qualitativas da distinção entre juros e lucro da empresa

Marx está, sobretudo, interessado na diferença qualitativa entre o juro e o lucro da empresa:

> [Nós] deveremos partir da hipótese que o capitalista financeiro e o capitalista produtivo se enfrentam efetivamente, não somente como pessoas juridicamente distintas, mas também como indivíduos desempenhando papéis muito diferentes no processo de produção.[40]

E ele precisa mais adiante que:

> Aquilo que faz frutificar o capital, mesmo sendo ele o proprietário, representa duas pessoas: aquela que possui e aquela que utiliza o capital; [...] [*Este*] se divide em *propriedade* de capital externo ao processo de produção

---

39 *Ibidem*, p. 21.
40 *Ibidem*, p. 38.

que, como tal, rende juros, e o capital engajado no processo de produção, que produz o lucro da empresa como capital em movimento.[41]

O tema da exterioridade à produção enquanto expressão da forte diferenciação entre lucro e juro, isto é, de sua relação ao menos parcialmente antagônica, é retomada várias vezes por Marx: "Do ponto de vista *qualitativo*, o juro é mais-valia produzida pela simples posse do capital, que o capital enquanto tal produz, se bem que o seu possuidor permaneça fora do processo de reprodução; o juro é então produzido por um capital subtraído de seu processo".[42]

Outros termos servem também para Marx expressar a dimensão qualitativa de oposição. A mais conhecida é a distinção entre o capital-propriedade e o capital-função. Essa começa a emergir desde que o capital de empréstimo torna-se importante; a oposição do capital trabalho ao trabalho assalariado se encontra "apagada na forma de juro":

> [O] capital que porta juro não se opõe, enquanto tal, ao assalariado, mas ao capital ativo; o capitalista que empresta tem seu negócio diretamente com o capitalista ativo no processo de reprodução e de nenhuma maneira com o trabalho assalariado que se encontra, justamente, despossuído dos meios de produção sobre a base da produção capitalista. O capital portador de juro é o capital-*propriedade* frente ao capital-*função*.[43]

No capítulo XXII, Marx ironiza o esforço ideológico feito para tentar ocultar esta realidade:

---

41   *Ibidem*, p. 41.
42   *Ibidem*, p. 42.
43   *Ibidem*, p. 44.

A exp̷ção do trab... produtivo custa um esforço, quer o capitalista cumpra ele mesmo ou que outros o façam em seu nome. Contrariamente ao juro, o lucro empresarial apresenta-se a ele [...] mais como a conclusão de suas funções de não possuidor, de... *trabalhador*. Em sua cabeça se formará, necessariamente, a ideia de que seu lucro empresarial – longe de se opor [...] ao trabalho assalariado e de ser somente trabalho de outro não pago – identifica-se muito mais com uma *remuneração de trabalho* ou de supervisão [...].[44]

Mais adiante, no mesmo capítulo, Marx, ao citar Andrew Ure, utiliza o nome "*manager*", cujo destino se conhece depois. Para ele, trata-se de uma função fácil de preencher, como mostra a gestão operária das cooperativas:

> A produção capitalista chegou ao estágio no qual o trabalho da alta administração, inteiramente separada da propriedade do capital, marcha para as ruas. Tornou-se, então, inútil que esse trabalho de direção seja exercido pelo próprio capitalista. [...] As empresas cooperativas demonstram que o capitalista, como funcionário da produção, tornou-se tão supérfluo quanto ele mesmo [...] considera inútil o grande proprietário fundiário.[45]

Um dos efeitos e características das sociedades por ações é levar ao extremo esta "transformação do capitalista realmente ativo em um simples dirigente e administrador de capital de outros, e dos proprietários de capital em simples proprietários, em simples capitalistas financeiros".[46] Um outro é fazer desaparecer o lucro da empresa, que é englobado de alguma forma na remuneração do capital portador de juro, recebido sob a forma de dividendos.

---

44 *Ibidem*, p. 45 (sublinhado no original).
45 *Ibidem*, p. 51.
46 *Ibidem*.

Marx faz dos dividendos uma subdivisão do juro, sendo essa forma genéricamente da renda recebida por todo capital à procura de se investir financeiramente:

> Mesmo se os dividendos que eles [os capitalistas financeiros] recebem incluem o juro e o lucro de empresa, quer dizer, o lucro total (pois o pró-labore dos dirigentes é ou deveria ser um simples salário ou uma espécie particular de trabalho especializado, cujo preço é regulado no mercado de trabalho como para qualquer outro), esse lucro total só será recebido sob a forma de juro, quer dizer, como simples remuneração pela propriedade do capital que é, assim, completamente separado de sua função no processo real de reprodução [...]. Nas sociedades por ações, a função é separada da propriedade do capital; portanto, o trabalho é, ele também, totalmente separado da posse dos meios de produção e do sobretrabalho.[47]

No momento em que, escreve Marx, "o lucro toma aqui puramente a forma de juro, tais empreendimentos permanecem possíveis se eles recebem simplesmente o juro", e se pergunta se isso não poderia ser uma das "razões que impedem a queda geral da taxa de lucro, porque essas empresas nas quais o capital constante é imenso em relação ao capital variável não interferem necessariamente na equalização da taxa geral de lucro".[48]

---

47 *Ibidem*, p. 102.

48 *Ibidem*, p. 103. Ver também o último ponto, muito curto, do capítulo xv do Livro III que trata das causas que se contrapõem à lei da tendência à queda na taxa de lucro, onde Marx se pergunta sobre o papel possível do aumento do capital por ações (Marx, K., 1894a, p. 252-3).

O movimento D – D' e o fetichismo do capital portador de juro

O dinheiro em massa transformado em capital de empréstimo, portador de juros, descreve o movimento D – D', melhor conhecido sob o nome de "ciclo abreviado do capital". Esse movimento expressa ao mesmo tempo a essência do dinheiro que se torna capital de aplicação depois de ser tornado "forma independente e tangível do valor" e a quintessência do fetichismo que assola o modo de produção capitalista. A forma D – D' expressa "a ideia 'fazer dinheiro', [que é o] principal motor da produção capitalista". Por consequência: "Com o capital portador de juro, a relação capitalista atinge a sua forma mais exteriorizada, a mais fetichizada. Nós temos aqui D – D', dinheiro produzindo dinheiro, um valor se valorizando ele mesmo, sem nenhum processo [de produção] que sirva de mediação entre os dois extremos".[49]

A forma D – D' impele a seu paroxismo, um fetichismo profundo que não é somente inerente ao dinheiro que se valoriza em massa, mas ao capitalismo enquanto tal, como modo de produção e como sistema de dominação social. Essa passagem do capítulo XXIV, frequentemente citada isoladamente, prolonga a teoria do fetichismo, exposta por Marx muito cedo no Livro I d'*O capital*, cujas relações de produção capitalistas são atingidas e, portanto, a sociedade burguesa (a "sociedade de mercado") inteira. Ela teve pouco eco entre os economistas marxistas ou marxianos por razões que derivaram tanto do positivismo provindo da instrumentação política de Marx em suas diversas variantes, como do "economicismo" que atravessa o campo da economia enquanto disciplina acadêmica.[50]

A base do fetichismo se encontra na troca no mercado e no valor enquanto valor de troca, cujo efeito é dar a "uma relação social determinada

---

49 Marx, K., 1894b, p. 55.
50 Então, é nos filósofos marxistas que se encontra o reconhecimento mais avançado da importância da teoria do fetichismo e da reificação nela consubstanciada. O *locus classicus* da teoria do fetichismo e da reificação nela consubstanciada é a obra maior de Georg Luckács, *História e consciência de classe* (1960).

entre os homens [...] a forma fantástica de uma relação das coisas entre elas".[51] A partir dessa base se desenvolve um processo paralelo de reificação das relações sociais, de confusão entre as relações sociais e seus suportes materiais e, sobretudo, como escreve Alain Bihr, de "personificação dessas relações reificadas"; "[isso] conduz a metamorfosear e a metaforizar essas mesmas coisas em poderes sobre-humanos, capazes de existir por eles mesmos, de se autoadministrar, tornando-se objeto de um verdadeiro culto da parte dos homens, com o que todo culto implica de projeção fantasmagórica e de investimento libidinal de sua parte".[52]

O dinheiro centralizado, e tornado capital de empréstimo, possui esses atributos ao grau mais elevado:

> O capital parece ser a fonte misteriosa criando dela mesmo o juro, o seu próprio crescimento. O *objeto* (dinheiro, mercadoria, valor), simplesmente enquanto tal, já é capital e o capital aparece como simples objeto. O resultado de todo o processo de reprodução é então uma propriedade retornando naturalmente a um objeto; é o negócio do proprietário de dinheiro, quer dizer, da mercadoria sob sua forma sempre mutável, de saber se ele quer gastar como dinheiro ou alugar como capital. É, então, no capital portador de juro que esse fetiche automático é claramente liberado: valor que se valoriza por si mesmo, dinheiro gerando dinheiro; sob essa forma ele não traz mais as marcas de sua origem. [...] O dinheiro adquire assim a propriedade de criar valor, de render juros, tudo assim tão naturalmente como a pereira produz peras.[53]

E Marx insiste:

---

51 Marx, K., 1867a, p. 85.
52 Bihr, A., 2001, p. 117.
53 Marx, K, 1894b, p. 56.

Ao mesmo tempo que o juro é somente uma parte do lucro, isto é, da mais-valia que o capitalista ativo extrai do operário, agora o juro se apresenta, inversamente, como o fruto propriamente dito do capital, como a coisa primeira; o lucro, ao contrário, que assume então a forma de lucro da empresa aparece como um simples acessório e adicional, que se acrescenta no curso do processo de reprodução. Aqui, a forma fetichizada do capital e a representação do fetiche capitalista atingem sua perfeição. D – D' representa a forma vazia de conteúdo do capital, a inversão e a materialização das relações de produção elevadas à potência máxima: a forma produtora de juro, a forma simples do capital onde ele é a condição prévia de seu próprio processo de reprodução; a capacidade do dinheiro ou da mercadoria de fazer frutificar seu próprio valor, independentemente da reprodução – é a mistificação capitalista em sua forma mais brutal.[54]

O capital fictício

A noção de capital fictício concretiza a análise do fetichismo inerente ao capital portador de juro ou de aplicação financeira mais geral. Aquilo que parece, aos olhos do portador de títulos, ser para ele "capital", "seu capital", deve ser analisado como sendo uma pura ficção do ponto de vista do movimento do capital entendido como reprodução do capital produtivo. A noção recebeu mais atenção que outras partes da quinta seção do Livro III. O papel dos bancos e do crédito foi bem estudado pelos teóricos marxistas e a teoria do capital fictício recebeu um espaço um pouco maior do que outros aspectos da teoria do capital portador de juro.

No curso de suas operações, os bancos criam formas determinadas de capital fictício, especialmente com o crédito para fins de investimento. Paralelamente, o capital próprio dos bancos é amplamente composto de títulos jurídicos sobre uma produção futura que são, no melhor dos casos,

---

54 *Ibidem.*

duplicatas fictícias de um capital real. No Livro III, os bancos são estudados ao mesmo tempo como instituições financeiras que centralizam "o dinheiro em massa" e como fornecedores de crédito. Mesmo se os dois papéis tornam-se hoje mais estreitamente imbricados, é importante respeitar essa distinção. No plano teórico, é necessário separar as operações de criação de crédito daquelas que tratam do processo de valorização pelos bancos das somas de dinheiro "ocioso" (a palavra empregada por Keynes é justificada pois, de outra forma, este dinheiro seria entesourado), cuja existência resulta largamente das relações de produção enquanto relações de repartição e cujo montante aumenta na medida que engrossa o número de pessoas que tem o status econômico de "capitalistas passivos", que buscam participar da partilha da mais-valia.

É possível apreender o alcance desta distinção restituindo-a na história econômica e social dos últimos sessenta anos. A finança administrada dos bancos nacionalizados, trabalhando de mãos dadas com o Commissariat Général du Plan,[55] criou capital fictício do primeiro tipo e desempenhou o papel de auxiliar indispensável da acumulação do capital real (infraestruturas e meios de produção). Esse tipo de crédito bancário a médio prazo é o único que Schumpeter considera legítimo e que ocupa um lugar na sua teoria inicial do desenvolvimento capitalista de longo prazo, construída a partir do empreendedor e da inovação.[56] Em oposição, a finança liberalizada

---

55 Órgão francês criado em 1946 com a função de elaborar uma planificação econômica nacional. Deixou de existir em 2006 (N. do R.).

56 Schumpeter, J., 1935. A teoria do crédito e a dos juros está entre aquelas nas quais ele não se distanciou de Marx: "O crédito abre ao empreendedor o acesso à corrente econômica de bens, antes que ele tenha adquirido normalmente o direito de aí colher. Temporariamente, esse direito é substituído por uma ficção" (p. 376), ou "o processo (do ciclo de inovação) não deixa nenhum lugar para o juro. Por esta razão, é preciso que o juro decorra do lucro. [...] A onda de evolução devolve ao capitalista uma parte do lucro. O juro atua sobre o lucro como um imposto" (p. 473). A posição normativa de Schumpeter é de que não há lugar na evolução para uma acumulação financeira independente, situada exteriormente à produção: "A concessão de um crédito atua como uma ordem

consolidada depois de 1978-80, criou ativos financeiros ("produtos financeiros" no jargão atual) que aparecem aos olhos de seus portadores como sendo "seu capital", enquanto que se trata de pretensões sobre uma produção futura. Seu grau de efetividade depende tanto do sucesso da apropriação da mais-valia como do bom humor dos "mercados". Sua natureza econômica é aquela de uma punção sobre a mais-valia, fator de possível bloqueio da acumulação real.

Uma leitura atenta de Marx mostra que ele faz esta distinção destacando o entrelaçamento crescente entre os dois processos. Isso pode me ser contestado, pois nos capítulos onde o objeto é o crédito e o capital fictício em suas diferentes dimensões o texto proposto por Engels torna-se particularmente caótico. Mas Robert Guttman fez uma leitura atenta que o conduz igualmente a distinguir bem essa diferença. De um lado, ele destaca sem ambiguidade que "a criação de crédito *ex nihilo* é em si uma fonte de capital fictício e a razão pela qual a moeda de crédito não tem valor intrínseco". De outro, ele procede a uma análise da "dominação do capital fictício" no que se refere à configuração específica do capitalismo que resulta do pleno ressurgimento de instituições que possuem títulos aos quais ele deu anteriormente o nome de capital fictício.[57] Na terminologia defendida por Gutmann:

> A integração da finança e da indústria por via do crédito portador de juro dá origem ao "capital financeiro", enquanto que "as transações das instituições financeiras engendram sua forma específica própria de capital. [...] Marx explicou que essas atividades servem de fundamento ao que ele chama de capital fictício. O conceito designa todos os ativos financeiros cujo valor repousa sobre a capitalização de um fluxo de rendas futuros, que não têm nenhuma contrapartida dada à economia nacional para submeter-se aos propósitos do empreendedor (enquanto ele seja) fideicomisso das forças produtivas" (p. 377).

[57] Guttmann, R., 1994, p. 294-302. A citação encontra-se na página 299. O termo "crédito *ex nihilo*" provém de Schumpeter.

no capital industrial efetivo. Partindo desta definição, Marx identificou várias formas de capital "fictício", que tornaram-se todas bases da economia de portfólio contemporânea.[58]

O crédito bancário como capital fictício e o capital fictício nos ativos dos bancos

Sob a forma de adiantamentos aos industriais, os bancos criam meios de financiamento que desempenham o papel de capital sem o ser. Trata-se então de uma forma de capital fictício. Esse fato pode parecer retirar do conceito sua força. Se os bancos, auxiliares indispensáveis das empresas, e então agentes do crescimento das forças produtivas, criam capital fictício permanentemente e seu próprio capital está amplamente composto de créditos e de títulos, então a formação de um capital fictício pode ser reduzida ao rol de efeito negativo, sem dúvida desagradável, de uma função central indispensável. O capital fictício de origem bancária é um grande ingrediente das crises financeiras. A convergência entre o sistema de crédito e "o dinheiro centralizado em massa" permite ao capital "se desdobrar". Ela dá um impulso formidável ao que Marx chama de "a acumulação de capital-dinheiro propriamente dita" em oposição à "acumulação verdadeira de capital",[59] antes de criar as condições da explosão das crises financeiras.

---

58 *Ibidem*, p. 41.

59 O que há sobre esse ponto em seu texto, com um caráter verdadeiramente de esboço, Marx se coloca diversas questões. *Primeiro*: "Em que medida ela é ou não é o sinal [...] de uma reprodução em escala ampliada? O que se chama de pletora de capital, expressão utilizada somente para referir-se ao capital produtor de juro, portanto, do capital-dinheiro, não seria ela somente um modo particular de expressar a superprodução industrial, ou ela se constitui, paralelamente a esta, um fenômeno particular?". *E segundo*: "Em que medida a escassez de dinheiro, quer dizer, a falta de capital de empréstimo, traduz uma falta de capital verdadeiro (capital-mercadoria e capital-produtivo)? Em que medida

A exposição de Marx sobre a atividade dos bancos comporta a distinção clássica feita pelos economistas e especialistas em bancos, entre o crédito comercial e o crédito bancário. A exposição do crédito comercial está fragmentada, o essencial se encontra no capítulo xxx.[60] Esse capítulo é típico das dificuldades a que se confronta o leitor. Com efeito, sob o título "capital-dinheiro e capital real", o texto começa por interrogações gerais sobre as relações entre "a acumulação do capital-dinheiro e a acumulação verdadeira do capital". Segue uma passagem muito longa (a segunda da quinta seção) relativa ao caráter de capital fictício dos títulos de propriedade sobre as empresas e à miragem de sua cotação na Bolsa, acompanhada de destaques sobre o fato de que esses títulos "representam uma parte considerável do capital do banqueiro", o qual é, então, em boa parte fictício.

Em seguida vem uma observação muito importante sobre o fato de que "os fundos do Estado, como as ações e outros títulos, são esferas de investimento para o capital passível de ser emprestado, pelo capital destinado a tornar-se produtor de juros. Essas são formas de empréstimos desse capital. Mas elas não são, elas mesmas, o capital de empréstimo" e, em todo caso, não esse "que o industrial ou o comerciante necessita quando ele quer descontar letras de câmbio ou efetuar um empréstimo", a saber, "dinheiro". Na sequência do capítulo, diz Marx, é da "acumulação desse *capital de empréstimo* que se trata".[61] A palavra acumulação pode surpreender, pois é o crédito, este "dinheiro novo", que vai procurar o industrial; crédito que é, então, necessário distinguir das operações nas "esferas de investimento pelo capital portador de juro". É uma forma do que ele chama de "acumulação financeira".

No caso do crédito comercial, as operações se efetuam entre capitalistas (em diferentes pontos do sistema produtivo ou entre industriais e negociantes de matéria-primas, e vendedores de mercadorias acabadas). Os banqueiros intervêm somente porque as letras de câmbio são levados a eles

---

    ela coincide, por outro lado, com uma escassez de dinheiro em si, uma penúria de meios de circulação?" (Marx, K., 1894b, p. 138).

60 A partir da página 41.

61 Marx, K., 1894b, p. 140 (sublinhado no original).

para serem descontadas. Então, "a esse crédito comercial (o crédito comercial *stricto sensu*), vem agora de somar o crédito monetário propriamente dito [...]. No desconto, o adiantamento é somente nominal".[62]

Dito de outra forma, o industrial se beneficia de uma ficção: graças ao desconto, ele vê a conversão em dinheiro (e, então, para ele novo capital) de mercadorias contendo a mais-valia antes que o comerciante as tenha efetivamente vendido. Marx se apressa em lembrar que esta ficção, criada e sustentada pelo sistema de crédito, persiste somente enquanto a conclusão do ciclo de valorização se completa para a maioria das empresas. A ficção é fortemente afetada no momento da crise econômica. Sendo curta a duração da vida jurídica dos contratos (frequentemente de três meses) e sendo seu volume pequeno, o desconto não comporta a criação de uma ficção de grande amplitude.

O mesmo não acontece para o que Marx chama de "crédito do banqueiro", isto é, o empréstimo de uma soma em bloco ou a abertura de uma linha de crédito concedido a um industrial com vista a um investimento e feito por um período de médio prazo. Aqui se tem realmente um crescimento fictício do capital que o industrial dispõe, pois ele pode completar seu capital próprio graças ao crédito. Mas há mais, pois esta criação de capital fictício repousa sobre a posse do banqueiro de um capital que lhe é também amplamente fictício.

É necessário, então, chegar à análise do caráter fictício do próprio capital bancário. Aqui não há dificuldades ligadas aos textos como tais. A exposição de Marx se encontra no capítulo XXIX, cujo título "Componentes do capital bancário" corresponde aqui exatamente a seu conteúdo:

> O capital bancário se compõe: 1. de dinheiro em espécie, ouro ou notas; 2. de títulos. Esses [...] nós podemos dividi-los em títulos comerciais, letras de câmbio, que circulam, vencem periodicamente e cujo desconto constitui a atividade

---

62 *Ibidem*, p. 146.

propriamente dita do banqueiro; e títulos públicos: títulos do Estado, bonus do Tesouro, ações de toda natureza [...].[63]

O caráter fictício desses diferentes tipos de títulos vai ser tratado nos pontos 3 e 4. Mas a parte do capital composto de dinheiro, em ouro ou em notas, que é registrada no balanço dos bancos sob a forma de depósitos feitos pelos clientes, é também amplamente fictícia.

> Com exceção do fundo de reserva, que se contrai ou se expande segundo as necessidades de circulação real, esses depósitos se encontram na realidade sempre entre as mãos, em parte com capitalistas industriais e comerciantes [...], de outra parte, entre as mãos dos negociantes de títulos (cotados na Bolsa), ou do governo (no caso de bônus do Tesouro e de novos empréstimos).

E prossegue algumas linhas adiante:

> À medida em que se desenvolve o capital produtor de juros e o sistema de crédito, todo capital parece se duplicar, e até mesmo triplicar, graças aos diversos modos em que um mesmo capital ou simplesmente um mesmo crédito, aparece em diferentes mãos, sob diferentes formas. A maior parte desse "capital-dinheiro" é puramente fictícia. Com exceção dos fundos de reserva, todos os depósitos são somente créditos sobre o banqueiro, que não existem realmente em depósito. Na medida em que eles são empregados nos casos de transferência, eles funcionam como capital para o banqueiro, quando estes os emprestam. Os banqueiros liquidam entre eles

---

63 *Ibidem*, p. 126.

suas atribuições recíprocas sobre depósitos que não existem, compensando esses créditos deduzindo-os uns dos outros.[64]

Não é somente a maior parte do capital-dinheiro registrada no balanço dos bancos que é fictícia, mas também os títulos, "espécie de riqueza imaginária que não constitui somente uma parte muito importante da fortuna dos particulares [mas] também uma porção notável do capital dos banqueiros".[65]

Natureza fictícia das obrigações e das ações, e ficção da valorização bursátil

A análise da natureza fictícia dos títulos da dívida pública é feita em duas passagens, no capítulo XXIX e no capítulo XXX. Marx começa por situar a questão no quadro da análise do fetichismo do movimento D – D', miragem própria do capital portador de juro:

> A forma do capital portador de juro implica que todo rendimento-dinheiro determinado e regular aparece como juros de um capital, quer esse rendimento provenha ou não de um capital. De princípio, se transforma o dinheiro embolsado em juros e, quando se tem os juros, encontra-se em seguida o capital que o produziu.[66]

Depois vem uma passagem que coloca, ao mesmo tempo, a necessidade da liquidez dos títulos para que eles tenham os atributos de um "capital" para aqueles que os detêm e a ficção completa desta aparência do ponto de vista do movimento da reprodução do capital produtivo. "O Estado deve pagar

---

64 *Ibidem*, p. 132-3.
65 *Ibidem*, p. 140.
66 *Ibidem*, p. 127.

cada ano a seus credores uma certa soma de juros pelo capital emprestado". Mas, enquanto não chega o vencimento, "o credor não pode realizar seu empréstimo; ele somente pode vender seu crédito, o título de propriedade que lhe dá suporte. O próprio capital foi digerido, gasto pelo Estado. Ele não existe mais". E Marx desenvolve as duas ideias:

> O que o credor do Estado possui é: 1. uma obrigação do Estado, digamos de 100 libras esterlinas; 2. esta obrigação lhe dá direito à uma certa soma, digamos 5 libras ou 5%, sobre as receitas anuais do Estado, ou seja do produto anual dos impostos; 3. ele pode vender esse título de 100 libras, segundo sua vontade, a outras pessoas [...]. Ora, em todos esses casos, o capital que, aos olhos das pessoas, produz um resultado (juro), aqui o pagamento do Estado, permanece um capital fictício, ilusório. Não somente porque a soma emprestada ao Estado não existe mais, mas ainda porque ela jamais foi destinada a ser dispendida enquanto capital, a ser investida, e que é somente seu investiento enquanto capital que poderia fazer dela um valor suscetível de se conservar por si mesmo. Para o credor inicial A, a parte dos impostos anuais que lhe cabe representa o juro de seu capital, da mesma maneira que o usurário recebe uma parte dos bens de seu cliente pródigo e, portanto, nem em um caso nem no outro, a soma de dinheiro foi emprestada como capital.[67]

A ficção repousa então sobre a possibilidade que é dada ao detentor dos títulos de os vender e de exercer assim o que Keynes chamará de preferência pela liquidez:

> A possibilidade de vender seu crédito junto ao Estado representa para A o direito de recuperar o seu principal. Para B

---

67 *Ibidem*, p. 127.

[*para quem A revende o seu título*], de seu ponto de vista privado, ele aplicou o seu dinheiro sob forma de capital produtor de juro. Objetivamente, ele simplesmente ocupou o lugar de A e comprou o crédito que o primeiro tinha junto ao Estado. Pode haver tantas transações quanto se queira: o capital da dívida pública não se torna com isso menos fictício e, a partir do momento em que os títulos se tornarem invendáveis, a ficção se dissiparia (e se veria que isso não é capital).[68]

A possibilidade de negociar os títulos da dívida pública facilita "o desenvolvimento de uma classe de credores do Estado que estão autorizados a retirar para eles certas somas sobre o volume dos impostos".[69] Seu peso social pode mesmo se consolidar, com tudo o que "a acumulação de direitos, de títulos jurídicos sobre a produção futura" pode implicar em termos de efeitos sobre a acumulação real e a polarização da riqueza.

O caráter de capital fictício em títulos de propriedade sobre as empresas é tratado nos mesmos capítulos. Na época de Marx, trata-se quase exclusivamente de ações de empresas de ferrovias, de minas de carvão, de companhias de navegação. Essas ações "representam um capital real: aquele que foi investido e que funciona nessas empresas":

[Esse] capital não existe duas vezes, uma vez como valor-capital dos títulos de propriedade, das ações, e a segunda enquanto capital realmente investido [...]. Ele só existe sob essa última forma, e a ação é só um título de propriedade que dá direito a participação proporcional, à mais-valia que esse capital vai permitir realizar. Que A venda o seu título a B e B para C [...] não muda em nada a natureza das coisas [...] C converteu seu capital em um

---

68 *Ibidem*, p. 127-8.
69 *Ibidem*, p. 138.

simples título de propriedade que dá direito à mais-valia que se espera do capital por ações.[70]

> Assim, a natureza das ações é aquela de simples duplicata:
>
> Mas esses títulos se transformam, eles também, em duplicata do capital real, em pedaços de papel, como se o certificado de um carregamento pudesse ter o mesmo valor do carregamento, e ao mesmo tempo que ele. [...] O capital real existe ao lado deles e não muda absolutamente de mãos, [enquanto] essas duplicatas passam de uma mão para outra. Eles se metamorfoseiam em formas do capital produtor de juro, não somente porque eles asseguram certas receitas, mas também porque os vendendo pode-se conseguir que eles sejam reembolsados em valor-capital.[71]

Por isso são necessários os mercados especializados, as Bolsas, onde os títulos de propriedade podem ser vendidos. Sua existência é indispensável para a constituição de sociedades por ações. Com efeito, as ações são "títulos sobre o capital real". Mas elas "estabelecem somente direitos sobre uma fração da mais-valia que ele [o capital real] vai expropriar". "Mas [os títulos] não permitem dispor dela. Ela não pode ser retirada". Somente o mercado bursátil permite ao investidor financeiro recuperar seu capital-dinheiro, para o aplicar de outra forma ou para gastar. A Bolsa reforça ainda a dimensão fictícia das ações pelo fato das oscilações dos preços dos títulos, que podem render a seus possuidores ganhos bursáteis. O "valor-capital" dos títulos negociáveis é de qualquer forma duplamente fictício, podem "aumentar ou

---

70 *Ibidem*, p. 129.
71 *Ibidem*, p. 139.

diminuir completamente independente do movimento do valor do capital real, sobre o qual seus detentores têm um direito".[72]

Uma das consequências do desenvolvimento do mercado bursátil é acelerar o processo de centralização e concentração do capital e também de criar "atalhos" para o acesso à propriedade dos meios de produção.

> Ganhos e perdas na sequência da flutuação de preços desses títulos, assim como a sua centralização entre as mãos dos reis das ferrovias etc., serão – assim o quer a natureza das coisas – de mais a mais o resultado da especulação, que aparece no lugar e posição do trabalho como o modo original de adquirir capital e que substitui assim a violência direta.[73]

O capital fictício, as crises financeiras e o peso da "acumulação de direitos"

A natureza fictícia dos títulos que os torna invendáveis em momentos determinados, o caráter especulativo do mercado bursátil e a multiplicação de créditos decorrente das transações interbancárias são, então, fatores que carregam neles mesmos os germes das crises do sistema de crédito: "Na crise se vê manifestar esta reivindicação: a totalidade das letras de câmbio, dos títulos, das mercadorias, deve poder ser, de um só golpe e simultaneamente, conversível em dinheiro bancário e todo esse dinheiro, por sua vez, em ouro".[74]

O entrelaçamento entre os movimentos dos preços de mercado de títulos, assim como entre os créditos dos bancos e seus engajamentos, explica o medo do sistema bancário: "O medo que o sistema bancário moderno sofre frente à saída de ouro [forma assumida pelas corridas aos bancos no

---

72 *Ibidem*, as duas citações estão na página 139.

73 *Ibidem*, p. 140.

74 *Ibidem*, p. 234.

século XIX] ultrapassa tudo que o sistema monetário [anterior], para quem o metal precioso era a única e verdadeira riqueza, jamais pôde imaginar".[75]

Essas citações são suficientes para mostrar, como Suzanne de Brunhoff bem diz a esse propósito, que se Marx não quis fazer uma teoria geral das crises de crédito e ainda menos se tornar um "conjunturista",[76] é unicamente porque seus objetivos teóricos eram outros. De maneira complementar, pode-se também dizer que a teoria das crises financeiras esboçadas por Marx – enquanto crises onde se combinam queda brusca do valor (fictício) dos títulos e a contração brutal do crédito, sob o efeito das dificuldades bancárias e do entrelaçamento das dívidas e dos créditos – não é própria da análise marxiana ou marxista. Ela anuncia a teoria das crises dos melhores teóricos keynesianos nesses domínios, em particular Hyman Minsky.[77] Aquele que compreendeu a natureza do capital fictício dos títulos e o entrelaçamento das dívidas e dos créditos, não tem também nenhuma dificuldade para compreender a "fragilidade sistêmica" que a finança de mercado é atingida, sobretudo quando é mundializada.[78]

A originalidade da teoria marxiana do capital portador de juro se encontra em outro lugar. Ela se situa especialmente na análise que é própria da natureza dos ativos financeiros e do poder social das classes e dos segmentos sociais que dela se beneficiam. Ainda que esses ativos sejam fictícios, podem exercer uma pressão com todo seu peso sobre a sociedade pelo fato de constituir uma "acumulação de direitos, de títulos jurídicos sobre uma produção futura.[79] É sobre esse plano que Marx desenvolve ideias que pouca gente foi capaz de incorporar como herança teórica de sua parte, a

---

75 *Ibidem*, p. 118.

76 Brunhoff, S., 1976, p. 162 e seguintes.

77 Ver entre os numerososs de Minsky, H., 1980, 1982. O parentesco entre Marx e Minsky é feito por Wolfson, M., 1994. Em revanche, ele passou sob o silêncio ou foi ignorado por Kindleberger, C., 1978.

78 Para o conceito de "fragilidade sistêmica" ver meu capítulo sobre as crises financeiras em Chesnais, F., 1996.

79 Marx, K., 1894b, p. 131.

saber, os elementos de uma teoria do "poder da finança" entendida como a forma mais fetichizada, mas também a mais feroz, do "poder autônomo do valor". Marx salientou que a política monetária seguida então de crises econômicas era inteiramente conduzida "para garantir a existência mítica e autônoma deste valor que encarna o dinheiro. [...] Assim é necessário, para salvar alguns milhões de dinheiro, sacrificar milhões de mercadorias".[80] No início do século XXI, são as condições elementares da existência de bilhões de mulheres, homens e crianças que são sacrificadas cotidianamente, assim como os próprios fundamentos da reprodução da vida sobre o planeta estão ameaçados, para que os valores bursáteis continuem a satisfazer os apetites das encarnações contemporâneas do "entesourador", esse cujo voto religioso é o de ver "o juro aumenta[r] enquanto ele dorme ou está acordado, esteja ele em casa ou em viagem, de dia e de noite".[81]

2. Uma releitura inicial de Hilferding

Hilferding é o primeiro teórico, depois de Marx, a estar verdadeiramente ligado à análise da finança e permanece praticamente sozinho. Seu trabalho é, entretanto, amplamente desconhecido. Suas posições políticas no período histórico crítico da revolução de Outubro e da fundação da III Internacional também.[82] Seria a social-democracia, na qual ele participava, que teria a tarefa de fazer conhecer o trabalho de Hilferding. Mas ele abandonou a crítica teórica do sistema capitalista, tão rápida e tão completamente, que não podia cumprir essa tarefa.

---

80 *Ibidem*, p. 177.

81 *Ibidem*, p. 57.

82 Ver a introdução à edição francesa d'*O capital financeiro*, escrita por Yvon Bourdet. Hilferding votou contra a guerra, mas se pronunciou, mais tarde, contra a adesão à III Internacional. Ele foi Ministro das Finanças por duas vezes nos governos social-democratas da Áustria, em 1923 e novamente em 1928-1929.

Hilferding foi, então, conhecido, sobretudo, mediante citações feitas n'*O Imperialismo*.[83] A imensa maioria daqueles, marxistas ou não marxistas, militantes que pertencem em geral a frações às vezes hostis, que são interessados pela noção de capital financeiro, não leram Hilferding, mas somente Vladimir Lênin (por sua vez, às vezes simplesmente balbuciados por eles). Então, antes de tudo, eles conhecem a definição de capital financeiro dada por este aqui: "concentração da produção com, como consequência, os monopólios, fusão ou a interpenetração dos bancos com a indústria".[84]

O termo "interpenetração" não é utilizado por Hilferding, assim como a expressão imprecisa de "oligarquia financeira" que aparece de forma frequente no livro de Lênin e que nós utilizamos em geral de maneira vaga. A passagem de seu livro que se aproxima mais é aquela onde Hilferding escreve: "O capital financeiro significa de fato a unificação do capital. Os setores, antes distintos, do capital industrial, comercial e bancário, estão doravante sob o controle da alta finança, onde os magnatas da indústria e dos bancos estão estreitamente associados".[85]

Mas ele propõe uma outra definição, jamais citada, que prolonga e desenvolve os elementos presentes em Marx: "[Em razão da] poderosa força de concentração do capital financeiro [....] todas as formas parciais de capital se unem. O capital financeiro aparece como capital-dinheiro e possui de fato a forma de movimento $D - D'$; [...] a forma mais geral e a mais material do movimento do capital".[86] Esse é um dos pontos que fazem d'*O capital financeiro* um verdadeiro marco na teoria marxista da finança; uma daquelas que me parecem mais cruciais.

---

83 Lênin, V., 1916.
84 *Ibidem*, cap. III, segundo parágrafo após a citação.
85 Hilferding, R., 1910, p. 407.
86 *Ibidem*, p. 329.

Uma comparação sintética da teoria da finança em Hilferding e em Marx

Nesta seção, não se vai discutir o livro de Hilferding em sua totalidade, mas somente os aspectos que tratam diretamente de nosso propósito.[87] É útil ver onde Hilferding retoma posições estabelecidas por Marx, onde ele lhe dá um verdadeiro desenvolvimento e onde, ao contrário, ele as ignora. Uma síntese rápida dos principais pontos da análise feita mais acima pode ajudar.

1. Para Marx, assim que o modo de produção capitalista estabeleceu seu pleno propósito, todo o dinheiro, enquanto expressão autônoma de uma soma de valor, adquire o caráter de capital potencial. Esta potencialidade é o resultado da implantação profunda das relações de produção capitalistas e, com elas, da formação de uma classe de indivíduos – aqueles que formam o proletariado – obrigados a vender sua força de trabalho e de efetuar um sobretrabalho não pago dando lugar à mais-valia. Na época em que Hilferding escreve, isso está assentado. Seu trabalho parte da constatação que existem massas muito importantes de dinheiro "mobilizáveis como capital", de dezenas de milhares de pessoas afortunadas desejando "fazer frutificar" seu dinheiro sem se tornar capitalistas ativos, assim que as relações sociais de produção lhe permitam fazer.

2. Em Marx, a acumulação de somas ociosas com característica de capital potencial pelos indivíduos que não têm intenção de se tornar industriais, mas que querem ver seu dinheiro crescer, cria, no interior da sociedade capitalista, a necessidade de mecanismos e de instituições capazes de permitir aos possuidores de dinheiro de participar da partilha da mais-valia. São os bancos que aí respondem por uma dupla atividade: de centralização de somas ociosas e de sua colocação à disposição dos capitalistas industriais

---

87 Por conseguinte, a teoria da concentração de Hilferding, sua teoria do controle das empresas "em cascata" a partir de uma participação em uma empresa dominante ou sua teoria dos preços em situação de cartel não são examinadas aqui. Sweezy, P., 1946, se interessou por elas e a utilizou muito bem.

por meio de empréstimos. O empréstimo de somas reunidas, que buscam se valorizar, é conceitualmente distinto do crédito bancário, mesmo se os dois tendem a estar estreitamente imbricados. "Pequenas somas, incapazes isoladamente de agir como capital-dinheiro", podem ser unidas e ajudar a constituir "uma força financeira". A posição dos bancos, já que esses são instituições que repartem as somas emprestáveis e que concedem o crédito enquanto "representantes do capital social", isto é, o capital como um todo, sai reforçada. Aqui Hilferding atualiza a análise e em seguida a desenvolve:

> [Graças aos bancos,] [para] o conjunto da classe capitalista, o dinheiro não permanece inativo: se alguma parte é imobilizada como tesouro, o crédito o transforma imediatamente em capital-dinheiro ativo em um outro processo de circulação. Assim se reduzem, para toda a classe, as dimensões do capital dinheiro para adiantar.[88]

Mais adiante:

> [O banco] exerce, enfim, uma terceira função ao reunir, sob a forma de dinheiro, a renda de todas as outras classes e colocando-a à disposição da classe capitalista enquanto capital-dinheiro. Os capitalistas vão, então, afluir em direção a eles, além de seu próprio capital-dinheiro, [...] o dinheiro imobilizado de todos outros segmentos sociais.[89]

Hilferding faz, em seguida, duas contribuições sobre as quais se voltará mais adiante. De início, ele apresenta uma análise do papel desempenhado pelas sociedades por ações na centralização e na valorização do dinheiro "inativo", ou o que ele chama de "mobilização" do "capital potencial". Em

---

88 *Ibidem*, p. 137.
89 *Ibidem*, p. 139.

seguida, ele enuncia uma teoria da Bolsa bastante avançada, que não existe em Marx. Ele mostra a maneira como os bancos, assim como as sociedades por ações, têm necessidade de serem secundados por uma instituição que garanta a liquidez dos títulos.

3. No Livro III d'*O capital*, a figura do "capitalista" apresentada no Livro I como um único personagem "tipo ideal", aquele para o qual "acumular, acumular, é a lei e os profetas", se divide em dois. Marx fornece duas representações da cisão. A primeira opõe o "capitalista ativo" que vem partilhar da mais valia sem interferir diretamente em sua extração. A segunda, que surge com a constituição das sociedades por ações, opõe os "proprietários do capital" de um lado, e os "administradores" ou "*managers*" de outro. As duas representações estão presentes em Hilferding sem serem desenvolvidas. Hilferding introduz na análise atores capitalistas ainda não presentes em Marx, a saber, as grandes empresas que resultam do processo de concentração, ao mesmo tempo sós e aliadas entre elas. Entretanto, não há nele uma teoria dos "*managers*".

4. Em Marx, o capital portador de juro está em posição "de exterioridade em relação à produção". Em sentido restrito, isso não é o caso em Hilferding. Frequentemente se diz dele que é um autor que valoriza o papel que os bancos desempenham nas empresas nas quais têm interesse. Consideradas somente como "parceiras" das empresas, esta visão dos bancos é correta. Assim, quando os bancos adiantam capital-dinheiro sob a forma de crédito para a compra de capital fixo, Hilferding destaca que eles respeitam os prazos indispensáveis da imobilização do capital constante e que eles "participam da sorte das empresas".[90] Mas essa constatação ocorre junto com uma caracterização muito severa de seu papel social.

Os bancos são os agentes ativos da concentração do capital e da cartelização da economia. Confrontados, por eles mesmos, aos efeitos da tendência de queda da taxa de lucro, enquanto acionistas das empresas, a resposta dos bancos é de multiplicar "o esforço com vista a criar monopólios". Assim, as tendências do capital bancário coincidem com aquelas do capital

---

90 *Ibidem*, p. 140.

industrial que visa a eliminação da concorrência".[91] Os sobrelucros dos ramos cartelizados somente aumentam os obstáculos à equalização da taxa de lucro e, dessa forma, do movimento do capital em direção aos ramos onde o desenvolvimento seria necessário. Sobre um plano ainda mais geral:

> [Os bancos] tornam-se os fundadores e finalmente os patrões da indústria, das quais eles extraem os lucros [...], tal como anteriormente o velho usurário, com seu juro, a renda do trabalho do camponês e a renda do senhor. O hegeliano poderia falar da negação da negação: o capital bancário seria a negação do capital usurário e ele mesmo, por sua vez, é negado pelo capital financeiro. Este último é a síntese do capital usurário e do capital bancário e se apropria, a um nível infinitamente mais elevado do desenvolvimento econômico, dos frutos da produção social.[92]

5. Hilferding faz um uso limitado da teoria do fetichismo da forma D – D'. A teoria do fetichismo somente se subentende verdadeiramente numa única passagem onde é anunciada a proximidade de D – D' com a abstração dos modelos matemáticos:

> Na Bolsa, a propriedade capitalista aparece na sua forma pura, enquanto título de renda, na qual a relação de exploração, a apropriação do sobretrabalho, é transformada automaticamente. A propriedade cessa de se expressar como uma relação de produção determinada e torna-se um título de renda, que aparece como se fosse independente de uma atividade, seja ela qual for. Ela é separada de toda relação com a produção, com o valor de uso. O valor de cada propriedade parece determinado somente pela renda, relação puramente

---

91 *Ibidem*, p. 271.
92 *Ibidem*, p. 319.

quantitativa. *O número é tudo e a coisa não é nada. Somente o número é real e como o real não é um número, o que os liga, de um a outro, tem um caráter mais místico do que a fé dos pitagoristas.* Toda propriedade é capital e não propriedade; as dívidas são, como demonstra cada empréstimo do Estado, também capital, e todo capital é igual e se encarna nos pedaços de papel impresso, que sobem e descem na Bolsa. A verdadeira formação do valor é um fenômeno que escapa inteiramente à ação dos proprietários e que determina de uma maneira completamente misteriosa a sua propriedade.[93]

Afora isso, Hilferding faz uma apresentação bastante plana do capital fictício e propõe uma teoria da criação do crédito na qual estão excluídos os elementos relevantes da "duplicação, da triplicação dos créditos" destacados por Marx.[94]

As sociedades por ações e as funções preenchidas pela Bolsa

Hilferding aborda as sociedades por ações e a Bolsa como um todo, em dois capítulos estreitamente interligados. Ele começa por anunciar a distinção de Marx entre capital propriedade e capital função antes de enfrentar a análise do primeiro aspecto, a saber: "a liberação do capital industrial do ponto de vista da função do empreendedor industrial. Essa mudança de função dá ao capital investido na sociedade por ações pelo capitalista a função de puro capital-dinheiro".[95] Há várias diferenças entre a aplicação sob a forma de empréstimos e em ações. No segundo caso, a remuneração da aplicação é indeterminada, o "juro para o capital-dinheiro colocado à disposição sob a forma de ação não é fixado de antemão, ele existe somente como um

---

93 *Ibidem*, p. 219 (sublinhado por nós).

94 Isso provavelmente está relacionado aos erros de Hilferding sobre a teoria do dinheiro, salientados por Suzanne de Brunhoff.

95 *Ibidem*, p. 161.

direito sobre o lucro de uma empresa determinada".[96] Em seguida, antes que o acionista não usufrua da posse de um puro capital-dinheiro e possa, se ele quiser, tornar-se simples emprestador de dinheiro:

> Para que o acionista torne-se emprestador de dinheiro, é necessário que ele possa, a qualquer momento, retomar o capital-dinheiro que ele emprestou. Mas seu capital se apresenta como [...] fixado na empresa. [...] O dinheiro foi cedido e serviu para a compra de máquinas, de matérias primas, para o pagamento dos operários etc., em resumo, ele se transformou de capital-dinheiro em capital produtivo [...] para executar seu movimento circular enquanto capital industrial. Uma vez tendo cedido esse capital, o acionista não pode mais retomá-lo. Ele não tem mais nenhum direito sobre ele, somente a uma parte determinada da renda.[97]

Isso é um obstáculo que deve absolutamente ser retirado. Para que o capital investido numa sociedade por ações possua a função de puro capital-dinheiro, é necessário que o acionista seja "capaz de retomar, a qualquer momento, seu capital por meio da venda de ações". Se este é o caso, então, "ele se encontra na mesma situação que o capitalista emprestador de dinheiro". A possibilidade de venda é fornecida por um mercado especial, a Bolsa. Ela "concede ao capital-ações, o qual torna-se, a partir deste momento, 'realizável' pelo acionista individual, o caráter de capital-dinheiro".[98]

A generalização das sociedades por ações conduz a

> uma transformação e ao mesmo tempo a uma duplicação do direito de propriedade. A propriedade sobre os meios de produção passa de pessoas privadas para uma sociedade

---

96 *Ibidem*, p. 162.
97 *Ibidem*, p. 163.
98 *Ibidem*, p. 164.

jurídica, que é formada [...] do conjunto dessas pessoas privadas, mas na qual cada uma delas [...] não tem mais o direito de propriedade sobre seu bem.[99]

Na sociedade por ação, "sua propriedade, que significava antes um direito de disposição real, ilimitado, sobre os meios de produção [...] é agora transformada em um simples título de renda e seu direito de dispor sobre a produção lhe foi retirado".[100] A liquidez dos títulos assegurada pela Bolsa tem por função tornar esse problema geral. O mercado de ações concede "ao capitalista a possibilidade de retirar, a qualquer momento, seu capital investido, sob a forma de dinheiro, e de o transferir para outros domínios.[101] Mais adiante, Hilferding detalha:

> Mediante a função da Bolsa que consiste em dar ao capital industrial o caráter de capital-dinheiro, pela transformação em capital fictício, para o capitalista individual, a importância do mercado é essencial, pois o caráter de capital-dinheiro depende completamente de que as ações e obrigações possam ser verdadeiramente vendidas a qualquer momento e sem muita perda de valor.[102]

Por pouco que se perceba uma "lei interna do capitalismo", que se manifesta sob a forma de "necessidade de colocar todos os valores existentes na sociedade como capital a serviço da classe capitalista", isso "impele à mobilização do capital e, por isso, a sua estimativa como simples capital portador

---

99 *Ibidem*, p. 206.
100 *Ibidem*, p. 206.
101 *Ibidem*, p. 206.
102 *Ibidem*, p. 210. A formulação mais forte do início do parágrafo provém da tradução francesa.

de juro, a função da Bolsa é tornar possível esta mobilização".[103] É necessário, então, reconhecer a Hilferding o mérito de ser o primeiro economista marxista, ou simplesmente o economista, a ter buscado situar a Bolsa e a liquidez oferecida pelo mercado de ações, no movimento do capital.

A outra função da Bolsa é oferecer uma aparência de solução aos obstáculos à ação efetiva da tendência à equalização da taxa de lucro.

> Isso se choca cada vez mais com a impossibilidade crescente de retirar o capital produtivo de um ramo de produção, no qual a principal parte é formada de capital fixo. O movimento real da equalização ocorre somente lentamente, progressivamente e de uma maneira aproximativa, principalmente pela aplicação da mais-valia nas esferas com taxa de lucro elevada e a renúncia a novas aplicações naquelas onde a taxa de lucro está baixa. A taxa de juro, inversamente à taxa de lucro, está a todo momento dada, é igual ou geral. A igualdade de todo capital [...] somente encontra sua expressão adequada na generalidade e na igualdadde da taxa de juro.[104]

Assim "o maior dividendo e a valorização mais elevada das ações" pode "mostra[r] a via ao capital que busca investir".[105] Mas isso tem pouco efeito, de maneira que "a tendência à equalização da taxa de lucro se choca com certos obstáculos que aumentam na medida do desenvolvimento do capitalismo".[106] Há, finalmente, o papel desempenhado pela Bolsa enquanto acelerador do movimento "de formação de propriedade capitalista fora do processo de

---

103 *Ibidem*, p. 207-8.
104 *Ibidem*, p. 206-7.
105 *Ibidem*, p. 267.
106 *Ibidem*, p. 268.

produção". Ela é o teatro de um "processo de concentração da propriedade independentemente do processo de concentração na indústria".[107]

A Bolsa preenche funções indispensáveis à mobilização do capital, mas ela não compete com os bancos por sua posição dominante; uma razão maior é o fato de suas intervenções dependerem das trocas e do nível das cotações. O mercado dos títulos e frequentemente os "negócios bursáteis" são objeto de uma intensa rivalidade entre os bancos e a Bolsa. Isso é um estímulo à concentração bancária, mas Hilferding estima que na concorrência nos mercados de capital fictício, os bancos ganham porque são melhor informados.[108] A atividade da Bolsa sobre todos esses planos inclui a criação maciça de capital fictício, cuja natureza não é compreendida por aqueles que o detêm:

> A ação é [...] um título de renda, título de crédito sobre uma produção futura, bônus de renda. Pelo fato dessa renda ser capitalizada e constituir o preço da ação, um segundo capital parece existir nos preços das ações. Mas ele é puramente fictício. O que existe verdadeiramente é somente o capital industrial e seu lucro. Isso não impede que esse capital fictício exista sob a forma contábil e seja mencionado como "capital ações".[109]

Adicionalmente, esse capital fictício parece ter a capacidade de aumentar em função da alta dos preços dos títulos. A ficção torna-se dupla pela seguinte razão:

> As compras e vendas das ações não são compras e vendas de um capital, mas compras e vendas de títulos de rendas; as oscilações

---

107 *Ibidem*, p. 209.
108 *Ibidem*, p. 218.
109 *Ibidem*, p. 165.

de seus preços não afetam em nada o capital industrial que funciona verdadeiramente, do qual elas representam a renda e não o valor. O preço não depende somente da renda, mas da taxa de juro na qual eles são capitalizados. Mais esse último, em seu movimento, é completamente independente do destino do capital industrial individual.[110]

A exportação de capitais sob a forma de investimentos diretos no estrangeiro

Resta falar do lugar dado por Hilferding à expansão externa do capital concentrado, no coração do qual se encontra o capital-dinheiro sob a forma dominante da época. É nele que se encontra o primeiro enunciado da ligação entre a finança e a internacionalização do capital. Ele precisa que por "exportação de capital" é necessário entender "a exportação de valor destinado a produzir mais-valia no estrangeiro":

> Somente se pode falar de exportação de capital quando o capital que atua no estrangeiro permanece à disposição do país de origem e quando os capitalistas da metrópole podem dispor da mais-valia produzida por esse capital. Ele cria, então, um registro na "balança das contas" [externas], sendo que a mais-valia aumenta a cada ano a renda nacional.[111]

São os investimentos diretos que são objeto de atenção, mais do que aqueles de portfólio. Segue a ligação entre os investimento diretos e a taxa de lucro:

---

110 *Ibidem*, p. 166.
111 *Ibidem*, p. 425-6.

A condição dessas exportações de capital [e sua força motriz mais fundamental] é a diferença de taxas de lucro: elas são os meios da equalização das taxas de lucro nacionais. O nível de lucro depende da composição orgânica do capital; por consequência, do nível do desenvolvimento capitalista. Quanto mais é adiantado, mais a taxa de lucro é baixa.[112]

Há também motivos específicos que impelem as empresas a produzir mais-valia no estrangeiro. Escrevendo em um contexto de protecionismo alfandegário muito acentuado, no qual o jogo do livre comércio como mecanismo que poderia ajudar a compensar a baixa na taxa de lucro se encontrava fortemente bloqueado, Hilferding vê uma forma particular de exportação de capital, a saber "a instalação de fábricas no estrangeiro", como sendo uma resposta dada pelas empresas para tentar atenuar os seus efeitos. De um lado, a criação de filiais no estrangeiro é a melhor maneira de compensar o protecionismo alfandegário; de outro, é uma maneira de se beneficiar de contextos em que a taxa de lucro é superior àquela em seu país. Um "setor industrial ameaçado pelo protecionismo de países estrangeiros" vira a arma contra eles "transferindo uma parte de sua produção para o estrangeiro". Estando os outros países suscetíveis de fazerem o mesmo, estamos na presença de um fator que "dessa forma contribui para a transformação do capitalismo no mundo e para a internacionalização do capital.[113]

Os bancos estão no coração do movimento de exportação de capital em razão de seu papel na tomada de decisão das empresas, mas eles também participam por conta própria. A exportação de capital pode ser feita sob duas formas: "enquanto capital portador de juro ou enquanto produtor de lucro. Enquanto criador de lucro, ele pode funcionar como capital industrial, comercial ou bancário". Os bancos recorrem aos dois métodos. Eles exportam capital que porta juro para se beneficiar do fato de que:

---

112 *Ibidem*, p. 426-7.
113 *Ibidem*, p. 424.

[A taxa de juro] é muito mais elevada nos países com fraco desenvolvimento capitalista, sem organização bancária e de crédito, do que nos países capitalistas avançados, ao que se soma o fato de o juro contemplar, ainda na maior parte do tempo, partes do salário e do benefício do empreendedor. A taxa de juro elevada é um incentivo direto à exportação de capital de empréstimo.[114]

Mas o capital bancário se implanta também diretamente:

[U]m grande banco alemão funda uma sucursal no estrangeiro; esta lança um empréstimo cujo produto é empregado na implantação de um estabelecimento elétrico; esse é confiado à empresa de produção de material elétrico com a qual o banco está ligado em seu país de origem. Ou o processo se simplifica ainda: a sucursal em questão funda no estrangeiro uma empresa industrial, emite ações nos país de origem e confia o abastecimento às empresas com as quais o banco principal está ligado. O processo se completa em escala mais ampla, desde que os empréstimos dos Estados estrangeiros sejam empregados na compra de materiais industriais. É a união estreita do capital bancário e do capital industrial que favorece esse desenvolvimento das exportações de capital.[115]

Enfim, Hilferding traz para a cena o caso de investimentos diretos manufatureiros nos países com nível de desenvolvimento fraco, coloniais ou semicoloniais:

---

114 *Ibidem*, p. 427.
115 *Ibidem*, p. 426.

O benefíco do empreendedor é mais elevado porque a mão de obra é extremamente barata e sua qualidade inferior é compensada por uma longa duração da jornada de trabalho. Da mesma maneira, devido à renda fundiária ser baixa ou puramente teórica devido ao fato de haver ainda muitas terras livres, seja naturalmente, seja pela expropriação violenta dos indígenas, o baixo preço da terra reduz o custo de produção. A isso se soma o crescimento do lucro pelos privilégios e pelos monopólios. Se é o caso de produtos cujo novo mercado se constituiria em seu destino, são realizados sobrelucros abundantes, pois aqui as mercadorias produzidas segundo o modo capitalista estão em concorrência com os produtos fabricados sobre a base artesanal."[116]

É impossível tratar aqui da história das relações entre os proprietários do capital, bancos e acionistas, e os dirigentes das empresas industriais. A versão simplificada dada por Lênin, em um texto com objetivos políticos imediatos, foi transformada por seus epígonos em vulgata. Isso impediu tanto as pesquisas sobre este aspecto da teoria do capital portador de juro como de outros. A interrupção dessa investigação foi tão clara que os acontecimentos da metade do século XX retiraram desse toda característica de urgência: destruição maciça do capital fictício na crise de 1929; medidas tomadas pelos Estados Unidos para controlar a esfera financeira; Segunda Guerra Mundial da qual saiu uma finança administrada e fortemente enquadrada. Somente nos Estados Unidos a questão das relações entre proprietários do capital e dirigentes das empresas continuou a ter uma importância teórica e prática. Inicialmente, ela interessou os defensores das políticas do New Deal, especialmente sob o impulso doss de Adolf Bearle e Gardiner Means.[117] Depois, mais próximo de hoje, ela interessou à esquerda marxista, especialmente os

---

116 *Ibidem*, p. 427.

117 Ver Berle, A., e Means, G., 1932. Para os comentários sobre esse ver, *inter alia*, Aglietta, M., Rebérioux, A., 2004.

economistas da *Monthly Review*. É necessário remeter para uma outra ocasião a discussão da percepção que eles têm, no início dos anos 1970, sobre questões tratadas neste capítulo.[118]

3. A reconstituição em grande escala do capital que se valoriza nos mercados financeiros

No meio do século XX, durante um período de mais ou menos cinquenta anos, o capitalismo foi marcado pelo desaparecimento passageiro da dominação da finança no interior do capital tomado como um todo. Isso é acompanhado, no caso dos Estado Unidos, de um recuo muito importante da primazia do capital-propriedade sobre o capital-função e, nos outros países, depois de 1945, de mudanças tais na propriedade do capital que em toda parte os administradores privados, em uns, e estatais, em outros, foram poderosos durante várias décadas. É a época em que se acredita conhecer a dominação da "mão visível" sobre a "mão invisível".[119]

Uma das consequências da crise de 1929, de seus prolongamentos nos anos 1930, e depois da Segunda Gerra Mundial, foi, de fato, a desvalorização de uma massa importante de capital fictício, isto é, a destruição de uma grande parte dos títulos (obrigações ou ações) que dava direito à partilha da mais-valia ou, autorizado pela via dos impostos, uma retirada sobre as rendas primárias. Mesmo nos Estados Unidos, o montante das pretensões dos detentores dos títulos sobre a partilha do lucro foi momentaneamente, de forma séria, reduzido e seu poder social e político, então, igualmente enfraquecido. Somente a partir dos anos 1970 a situação começou a se modificar progressivamente.

A retomada de uma acumulação de dinheiro "ocioso", frente à acumulação efetuada na produção real, junto com os sistemas privados de pensões e de formas de poupança que têm uma verdadeira necessidade de se preservar e se possível de aumentar, é um processo recente, cujas etapas podem ser reconstituídas facilmente. As exigências do capital portador de

---

[118] Ver em particular Sweezy, P., 1971.

[119] Chandler, A., 1977.

juro, recentemente reconstituído, foram o coração das políticas de saída da crise escolhidas pelos participantes do círculo do capital e pelos governos dos países do G7 que começam a agir de acordo de maneira permanente.[120] O traço novo, o mais evidente, de consequências decisivas, da reconstituição de um capital de aplicação altamente concentrado, foi a perda dos bancos, em benefício dos fundos de pensão e dos *mutual funds*, de sua proeminência – que seria praticamente um monopólio em certos países – na centralização e na valorização de dinheiro em busca de aplicação.[121] Hoje se está numa situação onde, no sentido formal, os proprietários-acionistas se contam em dezenas de milhões nos países capitalistas avançados, de maneira que eles são obrigados a delegar suas "prerrogativas" a administradores de portofólio. Daí resulta uma configuração muito particular, com aspectos conflitivos, da relação entre "finança e indústria". Isso se cruza entre duas categorias "de administradores do capital", os gestores dos fundos de pensão e de aplicação coletivo, os dirigentes-administradores dos gupos industriais, todos os dois colocados em sistuação de dependência em relação ao movimento D – D' materializado pelo rendimentos dos portfólios e personalizado, por assim dizer, pelos mercados financeiros.

A primeira fase: lucros não reinvestidos e empréstimos aos países dependentes

A fase incial de reacumulação de um capital especializado em empréstimo situa-se entre 1965 e 1973 e teve como base o mercado de

---

120 Do lado dos cientistas políticos ver Halimi, S., 2004 e dos economistas Duménil, G. e Lévy, D.,2000.

121 Ver, *inter alia*, Chesnais, F., 2004. A avaliação do papel central dos fundos de aplicação como traço original da dominação atual da forma D – D' é um ponto partilhado especificamente com os economistas da Escola da Regulação, Michel Aglietta, André Orléan e Frédéric Lordon. Eles chegam a conclusões que são diferentes segundo cada autor das quais eu também me diferencio, por meu turno.

eurodólares. Uma última vez os bancos foram os artesãos e os beneficiários. As firmas multinacionais norte-americanas vieram depositar seus lucros não reinvestidos nos bancos em Londres, que gozavam de um estatuto especial "*offshore*", confiando-lhes para que os valorizassem como capital de empréstimo. Esta identificação de lucros industriais não reinvestidos como ponto de partida da retomada da acumulação financeira é importante. Cada vez que capitais são rechaçados da produção porque a taxa de lucro é considerada muito baixa pelas empresas ou o descarregamento de mercadorias pelos mercados são insuficientes para novos investimentos, eles irão aumentar a acumulação financeira. Para o capitalista individual, diz Marx, apresenta-se a seguinte escolha:

> Ele pode escolher: emprestar seu capital como capital produtor de juro ou valorizá-lo ele mesmo como capital produtivo [...]. É evidentemente insensato generalizar e aplicar isso ao conjunto do capital social [...] mas isso é um fato para o capitalista individual.[122]

Pode haver momentos em que a reação torna-se geral. Face aos limites endógenos das relações de produção capitalistas, tais como eles são expressos na tendência à queda da taxa de lucro, o fato de confiar aos bancos os lucros que não podem ser investidos como capital produtivo para que eles os valorizem como capital de empréstimo pode representar, ao menos transitoriamente, uma resposta dada por todo um grupo de firmas.

A partir de 1974, a chegada dos petrodólares na City veio aumentar fortemente a massa de dinheiro depositada. O nome "reciclagem" serviu para designar as operações de valorização conduzidas pelos grandes bancos. Elas tomaram sobretudo a forma de empréstimos reunidos, propostos em consórcio a países do Terceiro Mundo, subordinados econômica e politicamente ao imperialismo. A reciclagem teve dois efeitos. O primeiro foi abrir

---

122 Marx, K., 1894b, p. 43.

às firmas dos países capitalistas avançados atingidos pela recessão espaços geopolíticos ainda pouco explorados, com vista à valorização seja pela exportação, seja pelo investimento direto. Aqui os bancos desempenharam, por conta do capital produtivo, seu papel como "representantes do capital social" ou "capital comum" da classe capitalista como um todo. O segundo foi de lançar as bases de uma relação entre credor e devedor, onde os traços usurários originários do capital de empréstimo reapareceu. Eles tiveram consequências dramáticas para as camadas dominadas e exploradas dos países referidos, mas também efeitos que marcaram mais tarde o movimento de reprodução do capital e as condições de exercício da dominação política imperialista. A armadilha da dívida contraída entre 1975 e 1979 foi aquela de somas emprestadas a taxas de juros flutuantes, indexados ao dólar, o que parecia, considerando a alta inflação, favorável aos devedores.

O aumento simultâneo das taxas de juro e da taxa de câmbio do dólar pelas autoridades norte-americanas entre 1979 e 1981, paralelamente à liberalização dos mercados financeiros e a securitização dos bônus do Tesouro, teve um conjunto de efeitos semelhantes a um golpe de Estado financeiro[123] em favor dos credores, instaurando sua "ditadura". É nos países economicamente e politicamente dominados que essas consequências foram as mais dramáticas. A multiplicação por três, e mesmo por quatro, das taxas de juro nas quais os valores emprestados deviam ser reembolsados precipitou a "crise da dívida do Terceiro Mundo" cujo primeiro episódio foi a crise mexicana de 1982.

A dívida deu lugar a negociações no curso dos anos 1980 que lhe permitiram ser reconduzida em condições nas quais ela não podia e não devia mais ser completamente reembolsada, mas reproduzida de período a período. As obrigações da dívida foram securitizadas, provocando a entrada em cena de investidores financeiros prontos para comprar, a taxas muito elevadas, os títulos emitidos pelos Tesouros nos mercados financeiros "emergentes". A liberalização financeira dos países de mercados financeiros "emergentes", no

---

[123] Sobre o termo "golpe de Estado" e seu conteúdo, ver Chesnais, F., 1997.

início dos anos 1990, colocou os governos dos países devedores sob a ameaça de uma especulação financeira de muito curto prazo. A subordinação se aprofundou. Sob o efeito de taxa de juros superiores às taxas de crescimento e de novos empréstimos para assegurar o serviço da dívida, ela tornou-se uma dívida impagável, caracterizada hoje, de maneira correta, de dívida "injusta". O serviço da dívida repousa nas arrecadações e punções sobre o sobreproduto e sobretrabalho, sob todas suas formas, capitalistas ou ainda em parte pré-capitalistas, cuja primeira análise, aos olhos de hoje, foi aquela feita nos últimos capítulos de *A acumulação do capital*, de Rosa Luxemburgo.[124] Aqui se verifica a afirmação de Marx:

> Não somente a usura continua a existir enquanto tal, mas ainda está livre dos entraves que os povos com produção capitalista desenvolvida lhe impunham com toda a legislação anterior. O capital que produz juro conserva a forma de capital usurário em relação às pessoas e classes (ou em condições) tais que os empréstimos não se efetuam e não podem se efetuar no espírito do sistema de produção capitalista.[125]

A dívida tornou-se uma formidável alavanca que permitiu impor as políticas de ajustamento estrutural e de encadeamento em muitos processos de desindustrialização. Ela conduziu a uma forte acentuação da dominação dos países capitalistas centrais e representa um componente importante do imperialismo como regime econômico e político mundial.

As aposentadorias por capitalização e o aumento do poder dos fundos de pensão

No curso desta primeira fase de constituição do capital de aplicação concentrado, são os bancos os iniciadores e beneficiários da acumulação financeira.

---
124 Luxemburgo, R., 1913.
125 Marx, K., 1894b, p. 259.

Esta fase corresponde, entretanto, ao pleno desabrochar da crise estrutural dos anos 1970 que atinge o capitalismo em sua configuração pós-guerra. As políticas de liberalização e de desregulamentação que começam pela finança antes de se estenderem às trocas de mercadorias e depois aos investimentos diretos no estrangeiro abrem a via das mudanças radicais na configuração e no funcionamento do capitalismo. Na esfera da finança isso conduz à perda da predominância dos bancos como condutores do movimento D – D' e a entrada em cena dos fundos de pensão, seguida rapidamente pelo aumento do poder dos fundos de aplicação financeiros coletivos (*Mutual Funds* e OPCVM[126]). A primazia desses dois tipos de investidores institucionais, aos quais se somam as grandes companhias de seguro, abre um novo período na história do capitalismo mundial.

Os fundos de pensão foram os beneficiários imediatos do golpe financeiro de 1979, no qual um dos componentes centrais foi a criação de mercados de obrigações públicas liberalizadas. A "securitização" dos títulos da dívida pública dos países capitalistas avançados permitiu aos governos diminuir a tributação sobre o capital e a renda das classes superior e médias. Em proporções variáveis segundo os países, a aplicação em bônus do Tesouro e outros títulos da dívida nos mercados financeiros permitiu a explosão dos déficits orçamentários. O objetivo da liberalização dos movimentos de capitais, da securitização e da alta das taxas de juro era de acabar com a inflação criando condições de "segurança financeira" para as aplicações e de baixa relativa dos salários (a deflação salarial). A queda de sua parte no PIB foi a expressão da modificação nas relações de força entre capital e trabalho.

De maneira contraditória, as mudanças nas relações de força com uma repartição da riqueza em benefício das camadas sociais mais ricas foram endossadas na medida em que foram apresentadas como feitas em favor dos assalariados enquanto futuros aposentados. É o caso da lei ERISA (Employee

---

126 Organisme de Placement Collectif en Valeurs Mobilières. Portfólio de investimentos (que podem se situar em diversas categorias) com participação de um conjunto de investidores individuais. Tem características de uma gestão coletiva de ativos (N. da E.).

Retirement Income Security Act, 1974) que facilita as aplicações dos sistemas de aposentadorias ao mesmo tempo que as busca controlar. A liberalização dos movimentos de capitais, a securitização e a alta das taxas de juros coincidiram com o momento no qual se tornaria imperativo para os fundos de pensão privados encontrar oportunidades de aplicação em grande escala.[127] Eles tinham acumulado volumes consideráveis e começavam a ter que enfrentar o início da aposentadoria de assalariados que tinham contribuído aos sistemas de empresa. Era preciso que a "capitalização" necessária ao pagamento das aposentadorias – os fluxos de juros, dividendos e lucros das especulações bem sucedidas – se materializasse em larga escala. Nos Estados Unidos, a formação das caixas de aposentadoria de empresa ou de administrações públicas remontava, às vezes, aos anos 1920, mas mais frequentemente ao período 1940-1960. Com efeito, seu ganho em importância como pilares da finança de mercado ao fim dos anos 1970 é a consequência da escolha política feita, ao fim da Segunda Guerra Mundial, em favor dos sistemas de aposentadorias privados. Incentivos fiscais reforçaram a atratividade nos anos 1970. Em outros países, são as empresas de seguro que criaram os planos de aposentadorias privadas, seja a título principal, seja a título complementar, fazendo deles os investidores institucionais mais poderosos. Sob a forma de contribuição para a velhice aos sistemas de capitalização e de planos de poupança salarial, os fundos de pensão efetuaram a centralização destacada por Marx de "pequenas somas na qual cada um isoladamente é incapaz de agir como capital-dinheiro", mas que "constituem um força financeira quando elas estão reunidas em massa". A gestão desses volumes permitiram aos investidores institucionais não bancários retirar dos bancos a primazia enquanto lugar de centralização financeira e igualmente de lhes desprover, em troca da "desintermidiação", uma parte de suas atividades de empréstimo.[128] Os bancos tiveram que compartilhar com os mercados de obrigações de títulos privados (aos quais os fundos de pensão e de aplicação têm acesso) a atividade de empréstimos às empresas.

---

127 Ver Aglietta, M. e Rebérioux, A., 2004, p. 18 e seguintes.
128 Para esse termo ver Bourguinat, H., 1990 e Chesnais, F., 1997.

A securitização dos bônus do Tesouro e dos títulos da dívida pública e as taxas de juro reais elevadas que prevaleceram até o início dos anos 1990 foram instrumento de uma imensa transferência de riqueza em favor desses investidores institucionais não bancários, no qual todos os possuidores de títulos se beneficiariam, ao mesmo tempo que eles. No fim dos anos 1990, a parte do orçamento destinada ao serviço da dívida atingiu ou ultrapassou 20% para a maioria dos países da OCDE, a começar pelos Estados Unidos. Em 1987-1988, até a metade dos anos 1990, os déficits orçamentários dos países da OCDE — e portanto o recurso ao empréstimo — situaram-se entre 3% a 7% de seu produto interno bruto. Depois de um decréscimo passageiro, um alto nível foi atingido novamente pelos Estados Unidos em 2003.

Nos anos 1980, a dívida pública permitiu a expansão (ou, nos países como a França, a resurreição) dos mercados financeiros. Ela é o pilar do poder das instituições que centralizam o capital de aplicação. A dívida pública é geradora de austeridade orçamentária e de paralisia das despesas públicas. Assim como nos países ditos em desenvolvimento, é ela, no curso dos últimos dez anos, que facilitou a implantação de políticas de privatização. A valorização do capital que é aplicado em títulos da dívida pública repousa no serviço dos juros por meio de valores que são recebidos via imposto e transitam pelo orçamento do Estado. Ela tem, então, como base as transferências de riquezas que começaram por assumir a forma de salários, de rendas agrícolas e de artesãos, parcialmente aquela de lucros, em direção aos investidores institucionais.

A caracterização desse movimento de valorização como sendo constitutivo de um relação essencialmente predadora, que está no coração do poder contemporâneo da burguesia, traz problema para alguns. Porque elas centralizam contribuições de aposentadoria salariais como uma "poupança" de tipo particular, constata-se uma certa reticência, às vezes forte, em aplicar esta caracterização aos fundos de pensão. O fato de aplicações referentes ao modo de valorização próprio do capital portador de juro servir ao pagamento de aposentadorias não muda nada. Em razão da "alquimia" própria à centralização financeira, a poupança acumulada nas mãos de administradores se transforma em capital.

Os assalariados aposentados cessam de ser simples "poupadores" e tornam-se, geralmente sem que eles tenham uma clara consciência, partes constitutivas de mecanismos que comportam a apropriação de rendas fundadas sobre a exploração dos assalariados no trabalho, tanto nos países onde o sistema de pensão por capitalização foi criado quanto naqueles onde as aplicações e as especulações serão realizadas. Os planos de poupança salarial fazem de seus beneficiários indivíduos aprisionados na relação já descrita por Marx:

> A caixa de poupança é a corrente de ouro pela qual o governo aprisiona uma grande parte dos operários. Não é somente dessa maneira que estes têm interesse na manutenção das condições existentes. Não se produz somente uma cisão entre a parte da classe operária que participa das caixas de poupança e a que não participa dela. Assim, os operários colocam nas mãos de seus próprios inimigos as armas para a conservação da organização existente da sociedade que os oprime.
>
> O dinheiro reflui ao Banco nacional, este o empresta de novo aos capitalistas e os dois dividem o lucro entre si e assim, com a ajuda do dinheiro que o povo lhes empresta a juros ínfimos – e que só se torna uma alavanca industrial poderosa graças à essa mesma centralização –, eles aumentam seu capital, sua dominação direta sobre o povo.[129]

A centralidade da Bolsa e a mudança de identidade dos acionistas

Devido ao número de traços verdadeiramente específicos da configuração interna atual do capital, é necessário distinguir o lugar ocupado

---

129 Marx, K., 1852, anexo, ponto 6.

pela Bolsa e a mudança da propriedade do capital em benefício dos fundos de pensão ou de aplicação financeira. A transformação dos acionistas de empresas seguiu a acumulação elevada de recursos financeiros pelo viés da dívida dos países avançados, assim como aquela do Terceiro Mundo. Ela pressionou os fundos financeiros a diversificar suas aplicações direcionando-as para títulos de empresas, a começar pelas ações. O movimento de baixa das taxas dos títulos públicos nos anos 1990 os incentivou fortemente. Uma nova etapa na valorização do capital de aplicação foi então aberta, na qual os dividendos tornaram-se o mecanismo mais importante de apropriação da mais-valia e os mercados de ações o pivô de uma valorização que repousa sobre a exploração do trabalho de maneira direta e onde o capital-propriedade pôde retomar a iniciativa depois da fase de eclipse parcial lembrada anteriormente.

Em *Wall Street* como em Londres, a acumulação financeira efetuada pelos fundos de pensão e de aplicação coletivo acabou com a dispersão dos acionistas que tinha permitido ao "capital-função" afrouxar o aperto do capital-propriedade. Os juros acumulados graças à dívida dos países industriais foram utilizados para comprar ações. Com a mudança na identidade dos possuidores de títulos, teve fim a grande independência anterior dos *managers*. Nos Estados Unidos, um teto na transferência de "propriedade" para os investidores institucionais foi ultrapassado mais ou menos em 1985. Em 1990, sua participação nas ações na Bolsa de Nova York, New York Stock Exchange (NYSE), atingiu 40%, enquanto era somente de 3% em 1950.

A concentração das ações nas mãos de fundos, especialmente das maiores empresas negociadas, pois elas oferecem a maior liquidez, lhe conferiu um poder de reivindicar coletivamente prerrogativas fora do alcance dos acionistas dispersos. Esse poder aparece quando da onda de ofertas públicas de aquisições de ações (Opas) hostis dos anos 1980 e da emergência da Bolsa como "mercado para o controle das empresas".[130] Os fundos de pensão e os *mutual funds* exerceram aí um papel ativo, colocando-se como compradores de títulos de recompra de empresas com efeito de alavanca ou participando

---

130 Ver O'Sullivan, M., 2000.

das operações de fusões-aquisições e de OPAs hostis de maneira direta. Eles consolidaram a afirmação de uma concepção puramente financeira da empresa, que faz dela uma coleção de ativos divisíveis e líquidos, suscetíves de serem vendidos ou comprados conforme as ocasiões de rendimento financeiro. Elas, enfim e sobretudo, introduziram os procedimentos altamente padronizados da "governança corporativa" que codificam as formas contemporâneas da relação entre a finança e a indústria.

As aplicações em bônus do Tesouro mantêm sua importância. No momento de um choque financeiro, os títulos da dívida pública dos Estados mais fortes, os Estados Unidos em primeiro lugar, tornam-se o valor refúgio por excelência. Os empréstimos em obrigações às sociedades (empresas e bancos) e os créditos hipotecários aos particulares completam a panóplia da apropriação na qual a fonte última se encontra sempre na produção. Eles estão estreitamente articulados aos mecanismos de taxas de juro interbancárias baixas ou muito baixas, e a criação de crédito que formam a base da política de incentivo aos gastos que é característica da macroeconomia do regime de acumulação financeirizado.

Nos Estados Unidos, o FED praticamente erigiu como princípio a obrigação de fornecer aos detentores do mercado, em caso de dificuldade, as linhas de crédito que os ajudam a manter a liquidez. Depois ter fornecido ao poder da finança seus fundamentos, através das altas taxas de juro, foi utilizada uma política de taxas muito baixas, mesmo negativas, para dar, quase que permanentemente, o oxigênio aos mercados de ativos ou de quase-ativos financeiros.

O enfrentamento entre duas categorias de "administradores do capital"

A propriedade mobiliária e a capitalização bursátil estão fortemente concentradas, mas esta concentração está apoiada em uma situação na qual dezenas de milhões de pessoas nos Estados Unidos, e em vários outros países capitalistas avançados, são beneficiárias do sistema de aposentadorias privadas ou de depositantes inquietos de uma poupança salarial frequentemente acumulada com dificuldade. Seu número e seu desconhecimento dos mercados financeiros obrigam esses proprietários-acionistas a delegar suas "prerrogativas" de proprietários de empresas aos administradores dos fundos. São esses últimos que tratam com os dirigentes das firmas cotadas. Desse fato, a "alta finança" descrita por Hilferding, "na qual os magnatas da indústria e dos bancos estão estreitamente associados", senão vinculados por "ligações de união" ainda mais fortes, foi susbituída por uma forma muito particular da relação entre duas categorias "de administradores do capital"; de um lado, os gestores dos fundos de pensão e de aplicação financeira coletiva e, de outro, os dirigentes-managers de grupos industriais. Estamos longe do caso emblemático no qual um capitalismo industrial, personificado por Morgans ou Carnegies, que eram "barões ladrões" mas também "capitães de indústria", podia organizar a concentração dos bancos sob seu controle e nos limites desejados por ele.[131] A relação entre administradores e managers é gerada por procedimentos e normas elaboradas por uma terceira categoria de "servidores do capital", os analistas financeiros e os bancos de investimento. Mais importante ainda, a relação é estabelecida, por uns e por outros, sob a autoridade "impessoal" dos mercados financeiros, pois é a cotação dos títulos e o rendimento dos portfólios que são os critérios de avaliação essenciais do seu desempenho. Os administradores travam uma concorrência muito grande entre eles, que é portadora de forte instabilidade.[132] Eles procuram retirar partes do mercado da "indústria" da gestão, afixando os melhores rendimentos dos portfólios, mas eles o fazem adotando quase todos estratégias idênticas.

A relação entre as duas categorias "de administradores do capital" merecem ser examinada mais de perto. "A exterioridade à produção" própria da finança não é apanágio somente dos administradores. Ela precede os mercados financeiros, enquanto mecanismos "impessoais", e os dois grupos aí concorrem, tanto um como outro. Assim, as expressões do tipo "os mercados

---

131 Ver, *inter alia*, Faulkner, H. U., 1960, cap. 21.
132 Ver Sauviat, C., 2004.

pensam" traduzem, muito bem, o retorno da importância do fetichismo da forma D – D', a personificação fetichizada de um poder social quase sobrenatural,[133] mas também o fato que esta forma é portadora de um tipo de subsistema fechado, no qual os mercados de títulos constituem a pedra angular.[134] O poder dos investidores institucionais e de seus administradores provém da liquidez dos títulos que são ofertados, exceto pela garantia da Bolsa fora das fases de *crash*. Ele repousa sobre a ameaça permanente de retirada que eles explicitam frente às direções das empresas e a possibilidade que eles têm de se liberar de todo engajamento financeiro do dia para noite. Ele se duplica em seguida de um poder mais amplo e mais difuso, aquele de avaliar publicamente as empresas com a ajuda de métodos e instrumento padronizados pelos analistas financeiros e sob a forma de "diálogo permanente" com os administradores financeiros aos quais os *managers* devem se submeter. Disso decorre a extrema importância dos procedimentos e normas.

O acompanhamento da gestão se limita às decisões estratégicas e repousa quase que exclusivamente nos indicadores financeiros. A esse nível, a exterioridade à produção é a dos gestores financeiros, e ela é patente. É com base nos resultados trimestrais das empresas e na valorização das ações que eles adquirem os títulos ou deles se desfazem. Mas esses objetivos são hoje totalmente aceitos pelos *managers*. A nova relação os obriga a interiorizar as exigências da finança e a recorrer a uma comunicação financeira sofisticada. Mas eles o fazem muito mais facilmente quando têm a sua formação nas *business schools*, e também devido a seu modo de remuneração pelas *stock-options*, que os conduzem a aderir totalmente à cultura financeira dominante. Dominando os mistérios dos mercados financeiros e da indústria de serviços financeiros, os novos *managers* estão bem adaptados à "governança corporativa", que eles mostraram sua capacidade de transformá-la em gargalhada.

Assim, o novo poder dos acionistas pôde, frequentemente, ser contornado pelos *managers*, que souberam superar sua tutela mais ou menos sem dificuldade. As falências de empresas nos Estados Unidos, depois do *crash*

---

133 Ver meu capítulo de introdução em Chesnais, 1996.
134 Ver Orléan, A., 1999.

da Nasdaq de 2001, ilustram a realidade das relações entre administradores e managers que são menos unívocas que o discurso dominante sobre a governança leva a crer.

Os dirigentes de empresas estão em posição de avaliar, em seu interesse próprio, sobre o julgamento dos fabricantes de cotações na Bolsa (analistas, agências de classificação, empresas de auditoria, imprensa especializada), e também sobre os conselhos de administração e diferentes comitês *ad hoc* que têm por função controlá-los (comitês de remuneração etc). Longe de garantir a submissão dos dirigentes, a remunerção por *stock-options* é um fator suplementar de incentivo ao desvio dos controles.[135] Por ocasião da onda de falências de 2002-2003 (Enron, WorldCom, Tyco etc.), certos managers mostraram sua capacidade para maquilar as contas financeiras de sua empresa com a cumplicidade dos bancos de investimento, sobrevalorizando os resultados financeiros, sem que as instituições encarregadas de os controlar tivessem condições de desempenhar seu papel de "cão de guarda" e de enganar seus acionistas com o objetivo exclusivo de maximizar sua remuneração de curto prazo por meio da valorização da ação do grupo.

As relações entre os dois grupos são, então, marcadas pela suspeita, isto é, a desconfiança, incluindo uma ausência total do tipo de reflexão estratégica que seria permitida, pelo menos a princípio, pela relação banco-indústria.

A "remodelagem" dos grupos industriais e o processo de externalização

São os assalariados que sofrem fortemente o poder coercitivo e as normas de rentabilidade muito elevadas (os 15% de rendimentos sobre os fundos próprios no qual o valor nominal na Bolsa de ações é um componente) exigidas pelos administradores de portfólios. Face ao objetivo de maximização do valor acionário para responder às exigências dos mercados e à intensificação da concorrência, os dirigentes de empresas privilegiaram as medidas

---

[135] Gréau, J. L., 2005, p. 179. Na sequência de Orléan, Gréau destaca, no mesmo capítulo, a natureza de um sistema fechado dos investidores e dos mercados.

que encontram as "preferências" da coletividade de investidores: redução dos custos por meio de um conjunto de demissões maciças, restruturação de grupos em torno dos segmentos com atividades mais rentáveis, programas recorrentes de recompra de ações e sobretudo de *downsizing* (diminuição de tamanho) e externalização das operações.

Sem remodelagem dos grupos e sem crescimento drástico do taxa de exploração, especialmente pela precarização do trabalho, as normas de rentabilidade jamais teriam sido satisfeitas. É sobre as empresas que a produção e a apropriação do valor e da mais-valia repousam. Isso era verdadeiro ontem e hoje. Entretanto, a configuração das empresas não é fixa. A cada fase do capitalismo ela se modifica sob o efeito do movimento próprio do capital, que inclui a produção de novas tecnologias, as transformações do quadro institucional resultante de lutas políticas e socias, e mudanças das políticas dos Estados que elas permitem. Assim, hoje a configuação e os modos de operação de grupos industriais visam extrair o máximo da liberalização e da desregulamentação dos movimento de capitais, das trocas e dos investimentos diretos no estrangeiro. Sem esse conjunto de mudanças institucionais, os analistas financeiros e os escritórios de consultoria não teriam jamais podido fixar as normas de rentabilidades associadas à *corporate governance*. As transformações nos métodos de extração da mais-valia, permitidas pela introdução de novas tecnologias, não teriam sido obtidas somente por elas.

A socialização da atividade econômica é uma realidade que é ao mesmo tempo provocada pelo capitalismo e negada por ele em toda a extensão que ele pode. Ela significa que a produção e a apropriação do valor e da mais-valia são o resultado de numerosos coletivos de trabalho, de numerosas empresas, assim como de instituições financiadas publicamente (uma parte dos centros de pesquisa). É imperativo para os administradores financeiros também ter negócio com o menor número possível de grupos industriais sobre os quais eles exercerão seu controle. Um resultado, senão um objetivo explícito do vasto movimento de concentração-reestruturação que aconteceu em ondas sucessivas ao longo dos anos 1980 e 1990 foi reduzir drasticamente o número de grupos industriais, os quais os gestores teriam que acompanhar a gestão com o auxílio de analistas financeiros.

Os gestores preferem também ter negócio com grupos cuja forma jurídica se presta ao tratamento do grupo como um conjunto de ativos financeiros quase líquidos. É o caso da sociedade *holding*. Então, assistiu-se, nos anos 1980, a uma extensão rápida da forma jurídica da "*holding* financeira" para os grupos já cotados e à mudança no modo de detenção do capital pelas empresas que não ainda estavam, por meio da colocação no mercado bursátil de ações que representam uma fração do capital das empresas anteriormente controladas pelos bancos (o "modelo renano"[136]) ou de famílias.

O conjunto, cujo coração é a *holding*, está frequentemente centrado em torno de um negócio de base, mas tem às vezes um caráter mais próximo do conglomerado.[137] Mais que os critérios industriais, aqui ainda são as opiniões dos investidores, moldados pelos analistas financeiros, que decidirão sobre o grau de centralização, sendo os elementos bursáteis os determinantes (capacidade de dirigir e de resistir às OPAS, grau no qual as ações de uma empresa podem servir de meio de pagamento no momento de comprar uma outra).

Uma das funções mais importantes da forma "holding" é de dar às filiais de produção dos grupos a forma "líquida" exigida pelos investidores, para quem "a preferência pela liquidez" supera qualquer outra consideração, além do "rendimento sobre o investimento", isto é, sobre o pacote de ações que eles detêm. As filiais de produção que são em geral de transnacionais têm, por seu lado, externalizado fortemente as atividades em direção a empresas menores, controladas sem a tomada do capital. Cada uma delas têm em seu entorno uma constelação de filiais, mas também de firmas sobre as quais exercem uma influência muito grande a título de "parcerias" e de contratos de subcontratação.

---

[136] Forma específica do capitalismo social-democrata alemão, também chamada de economia social de mercado (N. do T.).

[137] A *holding* é uma empresa que emprega diretamente apenas algumas centenas de pessoas, no máximo (estratégia, finança). O círculo das filiais de primeira linha inclui empresas especializadas unicamente em finanças.

As transformações na organização da produção estão caracterizadas por dois movimentos paralelos. Nos países de origem dos grupos, a organização da "desintegração", vertical e horizontal, e a externalização responderam a dois grandes objetivos: a transferência para os subcontratados, que são em geral pequenas empresas lutando para sobreviver, dos riscos industriais e comerciais e sobretudo da gestão cotidiana das tarefas de exploração da força de trabalho. A externalização em grande escala precedeu e preparou a flexibilização e precarização. Antes de poder "se impor ao fator trabalho por meio de políticas de flexibilidade e de precaridade, um equivalente da propriedade líquida que o mercado financeiro dota o capital",[138] era necessário ter acabado com as grandes unidades de produção. Era necessário que a tarefa de disciplinar os assalariados fosse transferida a empresas pequenas e vulneráveis, e portanto feroz em sua vontade de maximizar a quantidade de trabalho fornecida por seus assalariados. Mas a externalização teve ainda um outro efeito. Ela forneceu aos grupos industriais um campo de aprendizagem que lhe permitiu satisfazer rapidamente a expectativa dos acionistas por meio da deslocalização das operações de produção intensivas em mão de obra, mas que podem ter alto valor agregado e repousar sobre uma mão de obra muito qualificado, para países com baixos salários e com fraca proteção social.

4. Antigas novas contradições no capitalismo financeirizado e mundializado

A configuração atual do capitalismo é o resultado de medidas tomadas pelos países capitalistas centrais para resolver a crise estrutural, tal como essa se manifestava na segunda metade dos anos 1970. Jamais se insistirá o suficiente sobre esse ponto. A liberalização e a desregulamentação dos fluxos financeiros, em seguida a das trocas comerciais e do investimento direto no estrangeiro (IDE) foram as respostas dadas a esta crise tal como os Estados e as grandes empresas as percebiam.

---

138 Lordon, F., 2000b.

A liberalização visava dar ao capital a liberdade de movimento que lhe permitiria superar a baixa da taxa de lucro. A securitização dos títulos da dívida devia remover as restrições que pesam sobre os governos no momento de financiar seus orçamentos. As medidas tomadas permitiam a uns remover as restrições e de parar de alimentar a inflação atraindo do exterior as somas ociosas em busca de aplicação, e a outros desdobrar-se sempre mais livremente em um espaço mundializado de valorização do capital. O conjunto de medidas tomadas criaram assim, talvez sobretudo para as burguesias como um todo (capital e Estado), os meios de modificar profundamente suas relações com a classe operária. Isso iria – ajudada pela queda da URSS e pela tomada de consciência do stalinismo – ser deslocado e ceder lugar a um assalariado mais indeterminado sociologicamente, mais fracamente estruturado politicamente e sempre mais vulnerável devido ao desemprego, das condições de remuneração e de trabalho.

Esta dimensão, com o conjunto de seus elementos constitutivos, é sem nenhuma dúvida, a herança mais durável e até agora a mais inalterada das políticas associadas à longa fase de "revolução conservadora" aberta em 1978-1979. Não há em nenhum país um "contrapoder" àquele do capital. Isso poder transferir o peso das contradições de seu movimento de valorização mundializado para os trabalhadores de forma tanto mais livre, quanto pode colocá-los em concorrência a uma escala verdadeiramente mundial.

Uma outra grande vítima da vitória sem partilha do capital é o planeta considerado como patrimônio comum da humanidade, do planeta como ecoesfera, assim como de outros ecossistemas frágeis que ele abriga. Aqui a primazia do lucro e do valor acionário tem por consequência o agravamento da conjunto de ameaças que pesam sobre a reprodução da vida como tal nos povos e nas camadas sociais mais desprovidas e vulneráveis.[139] Ela tem também por efeito reforçar o poder daqueles concentrados em torno das Bolsas, cujos interesses seriam os mais atingidos por medidas verdadeiras de salvaguarda do planeta.

---

139 Ver Chesnais, F. e Serfati, F., 2003.

No plano ecológico, diferentemente daquele das relações com os trabalhadores, não há projeto deliberado da parte do capital. Estamos frente aos efeitos extremos da anarquia da concorrência. Para a humanidade, estamos frente a uma nova expressão da alternativa "socialismo ou barbárie". Mas para os governos e o capital, os danos ecológicos atuais e as ameaças próximas traduzem a amplitude de sua perda de controle no momento de todo o poder do "mercado". Suas consequências sociais colocarão problemas temíveis para a defesa da ordem estabelecida, que passaria muito bem sem eles. Encontramo-nos, então, frente a uma forma particular, talvez extrema, do processo identificado por Marx, em que, procurando "ultrapassar os limites que lhe são imanentes", a produção capitalista "levanta frente a ela as mesmas barreiras a uma escala ainda mais imponente". Mas, colocando nos comandos o capital que se valoriza no movimento D – D', a produção capitalista criou ainda novas contradições, vindo se somar àquelas que marcaram o movimento de acumulação após o início do capitalismo industrial.

O caráter contraditório específico do regime institucional da mundialização

O movimento do capital se desenrola hoje no quadro do regime internacional específico econômico e político, chamado de "globalização", no qual a liberalização e a desregulamentação nasceram. Isso não teria nunca podido se impor sem a ação política tenaz e contínua dos Estados Unidos durante mais de trinta anos. Esses construíram esse regime antes de tudo para seu benefício. Mas quanto mais o tempo passa, é o capital concentrado como tal que aparece mais como o verdadeiro beneficiário, tanto o capital financeiro quanto o industrial, assim como as oligarquias com grandes fortunas, em qualquer lugar onde elas se encontrem. Os processos nascidos da "revolução conservadora" relançaram os mecanismos de centralização e de concentração. Como Duménil e Lévy mostraram especialmente para os Estados Unidos,[140] eles permitiram um novo salto na polarização da riqueza. Eles precipitaram

---

140 Duménil, G. e Lévy, D., 2000, p. 176 e seguintes.

a evolução dos sistemas políticos para a dominação das oligarquias que só querem enriquecer e para a reprodução de sua dominação, sendo que a democracia é somente uma fachada.[141] São seus interesses que ditam as decisões que agravam a crise ecológica do planeta. Nos países capitalistas centrais, essas oligarquias possuem suas mais sólidas bases sociais nos países onde dominam os sistemas de aposentadoria por capitalização e os planos de poupança salarial. Nunca é demais dizer: os beneficiários são pessoas cuja participação social está fragmentada. De um lado são os assalariados, de outro, indivíduos cuja a sorte está ligada à cotação da Bolsa e à eficácia de punções com caráter predador. Sua capacidade de se difenciar politicamente da burguesia diminuiu, frequentemente de maneira importante.

Os processos de centralização e de concentração acelerada do capital e o novo salto na acentuação da polarização da riqueza, comuns tanto no "Norte" quanto no "Sul", onde esta última foi sempre muito forte, mas foi ainda mais agravada.[142] O regime internacional da mundialização do capital reforçou em todos os lugares os direitos de propriedade e os mecanismos de apropriação fundado sobre a exploração do trabalho ou as arrecadações rentistas. A transição acelerada do capitalismo na China reforçou o processo no plano global. A posição social e o poder político de todas as oligarquias são reforçadas pela mutação ordenada do aparelho do partido comunista chinês. Em setores precisos do "Sul" – os bancos e os serviços financeiros, a agroindústria, as minas e os metais básicos – constata-se uma acentuação análoga na centralização e na concentração do capital. Os países nos quais a formação de poderosas oligarquias "modernas" fizeram par com fortes processos endógenos de acumulação financeirizada e a

---

141 Isso está bem analisado por Rancière, J., 2005.
142 Ver Lynch, M. e Gemini, C., 2005. Se os "ricos" de nacionalidade norte-americana são mais numerosos do que os outros, a categoria dos "verdadeiramente ricos" (*high-worth individuals*) é dividida em um terço para cada um entre americanos, europeus e originários do antigo Terceiro Mundo, a começar pelos asiáticos. Assim que se passa para a última categoria, a dos "*ultra high-worth individuals*", constata-se uma sobrerrepresentação dos latino-americanos e mesmo dos africanos.

valorização de "vantagens comparativas" de acordo com a necessidade das economias centrais – vantagens naturais para os produtos de base e/ou exploração de uma mão de obra industrial barata – foram integrados ao funcionamento do regime internacional da mundialização. São os novos protagonistas dos conflitos comerciais, como de negociações difíceis na OMC: a China, os países de origem dos oligopólios exportadores da agroindústria dos países do "Sul", talvez em breve a Índia. As fortes tensões nas relações entre a China e os países membros da antíga Tríade, ou ainda na OMC entre os oligopólios exportadores da agroindústria dos países do "Sul" e os países do Norte protetores dos mesmos interesses em seus países, têm pouco ou nada a ver com as diferenças de interesse entre o Norte e o Sul como geralmente se compreende. São tensões entre frações do capital concentrado e internacionalizado, a propriedade do capital dos oligopólios em conflito podem pertencer, sob a forma de títulos na Bolsa, ao mesmo círculo relativamente restrito dos fundos de pensão e dos mais poderosos *mutual funds*.

Essas tensões são inerentes a um regime marcado pela forte acentuação da concorrência no plano mundial. O regime institucional da mundialização repousa sobre relações econômicas e políticas entre o trabalho e o capital, extremamente favoráveis a esse último. Eles são, entretanto, muito instáveis em razão dos traços específicos do "capital personificado" e da concorrência libertada pela liberalização e a desregulmaentação. Hoje, a concorrência voltou a ser o mecanismo cego descrito por Marx, aquilo que atua como uma força coercitiva toda poderosa sob o império das tendências imanentes de um modo de produção do qual o lucro é o objetivo fundamental, senão o único.

A concorrênia não somente adquiriu essa natureza sobre um plano verdadeiramente mundial pela primeira vez,[143] ela ocorreu nas condições de mudança de identidade do "capitalismo". Hoje, "o agente fanático por acumulação [que] força os homens, sem trégua e pena, a produzir por produzir"[144]

---

143 É suficiente ler Hilferding para se constatar a que ponto o regime institucional internacional do capitalismo, antes de 1914, estava longe do livre comércio de mercadorias.

144 Marx, K., 1867c, p. 32.

não é mais o capitalista individual. Também não é mais o dirigente exercendo a "mão visível" festejada pelos bajuladores do capitalismo regulado. Não se trata também desses "proprietários do capital" mais ou menos identificáveis do fim do século XIX e durante a maior parte do século XX. Trata-se desse conjunto de instituições e "de atores" colocados a serviço do capital de aplicação que se buscou destacar mais acima. Ele inclui, por sua vez, os gestores de portfólio, os operadores nos mercados financeiros e os próprios mercados, enquanto locais de transações, do qual depende o preço dos títulos e, então, em parte, igualmente o valor acionário.

Tendo como pano de fundo a gestação interrompida da tendência à queda da taxa de lucro, o movimento do capital na mundialização está regido, então, pelo efeito conjunto de dois mecanismos. Eles escapam, pelo menos no momento, quase completamente a qualquer "regulação". De um lado se está na presença de mercados financeiros capazes tanto de condenar ao desaparecimento setores industriais inteiros, se isso puder aumentar o valor acionário de alguns grupos, ou de destruir a economia de um país débil através da especulação, quanto de ceder a movimentos coletivos de pânico financeiro. Simultaneamente se está frente ao jogo devastador de uma concorrência sem freios, que vence as estratégias oligopolistas destinadas a contê-la, no qual um dos componentes é o movimento de internacionalização do capital produtivo com traços novos, que não se detém frente à deslocalização dos tecidos industriais e sociais nacionais de países que até agora lhe serviram de base.

As crises financeiras e a criação contínua do novo capital fictício

A acumulação de títulos que possuem o caráter de capital fictício, isto é, de pretensões em participar da partilha do valor e da mais-valia ainda não produzida,[145] nutre o fetichismo do dinheiro e se realimenta. Fetichismo da

---

[145] Um dos indicadores dos montantes futuros que os possuidores de ativos financeiros acham que podem pretender é a relação entre os ativos financeiros nominais, ou ainda da capitalização bursátil, sobre o PIB.

mercadoria e fetichismo do dinheiro são inseparáveis em um sistema social que fixa o enriquecimento individual como objetivo último. A ideologia mistificadora que eles veiculam serve, ao mesmo tempo, para submeter as pessoas economicamente subordinadas e policamente atrasadas, e para a centralização de "pequenas somas de dinheiro" tão importantes para o capital de aplicação. Atualmente se sofre um bombardeio publicitário no qual a questão é "permitir ao dinheiro dar filhotes" ou de "recolher a caça como faz meu cão". Mas a acumulação do capital fictício, cujos títulos são objetos de transações em mercados muito particulares situados muito longe da produção, é igualmente portadora de crises financeiras, e isso de maneira quase automática. Essas reapareceram, então, com a reconstituição de tal capital.

A causa primordial dessas crises se encontra na *diferença* entre o montante, sempre mais elevado, dos créditos sobre a produção em curso e futura e a capacidade efetiva do capital engajado no produção os honrar, mesmo com a ajuda de políticas macroeconômicas dos Estados, mesmo com crescimento sem cessar da taxa de exploração da força de trabalho. Na raiz das crises financeiras se encontra, então, a propensão do capital regido pelo movimento D – D' em demandar à economia "mais do que ela pode". Vistas dessa maneira, as crises são uma manifestação da exterioridade da finança em relação à produção. Os mercados financeiros aumentam a probabilidade. O "ficcionismo" inerente aos títulos é ainda aumentado pelo jogo de transações bursáteis que empurra a níveis muito elevados o valor nominal de certos ativos. É aqui que os termos "irrealista" e mesmo "fictício" podem aparecer nos comentários dos jornalistas.

Na segunda metade dos anos 1990, o caráter "irrealista" do nível das cotações na Nasdaq e na NYSE estava no próprio ato da "corrida ao resultado", ao qual os próprios administradores dos fundos de pensão e de aplicação financeira se lançaram e forçaram os grupos a participarem.[146] Com a passagem ao *total return*, isto é, à necessidade de atingir os 15% mágicos, e de somar aos fluxos de dividendos os ganhos obtidos nas cotações da Bolsa, é o conjunto dos agentes da financeirização das empresas

---

146 Lordon, F., 2000, p. 80.

que participaram da criação da bolha bursátil, alimentada em seguida pela chegada a Nova York de fundos ociosos do mundo inteiro, determinados a aproveitar as promessas de ganhos anunciados. Tal é a primeira série de causas que concede ao capital fictício, o que se chama de "a fragilidade financeira sistêmica". A ela se somam outras. As mais importantes sem dúvida são aquelas relativas à maneira como são geridas a criação e a detenção, pelo sistema de crédito e pelas instituições bancárias, de capital fictício sob diversas formas. A lista de fatores potenciais de "fragilidade sistêmica" é longa. Citemos as mais importantes: a exposição ao risco fortemente crescente dos bancos após a liberalização financeira e a capacidade técnica e os meios que os Bancos Centrais têm para vir em seu socorro.

Comecemos pelo lugar ocupado no ativo dos balanços dos bancos pelos diferentes tipos de títulos que têm caráter de capital fictício, assim como a qualidade de seus créditos. As crises financeiras de 1990-1992, que assolaram todos os países da OCDE em graus diversos de gravidade, foram a consequência de estratégias implantadas pelos bancos para compensar os efeitos da desintermediação financeira e a penetração dos fundos de aplicação em seus territórios.

Os bancos criaram, especialmente sob a forma de empréstimos aos empreendedores imobiliários, formas de capital fictício nas quais o "ficcionismo" era particularmente elevado. É isso que o jargão chama de maus créditos, de créditos "irrecuperáveis". Alguns, especialmente os bancos japoneses, registraram ao mesmo tempo uma quantidade elevada de títulos na Bolsa e no ativo de seus balanços para servir de contrapartida aos empréstimos de risco. Forçados a vender suas ações desde que a Nikei começou a baixar, ele foram, simultaneamente, protagonistas e vítimas de um *crash* bursátil de grande amplitude.

A partir de 1990, assiste-se à liberalização e a desregulamentação em marcha forçada dos mercados financeiros de países "emergentes" situados na periferia dos países de mercado financeiro antigo. Conduzidos sob a égide do Fundo Monetário Internacional e do Banco Mundial, sob a pressão política dos Estados Unidos, esta integração rápida introduziu um importante elemento suplementar de risco sistêmico, abrindo aos investidores institucionais os mercados raquíticos de obrigações e de ações desses países para as aplicações de curto prazo, ao mesmo tempo que encorajam os governos, as firmas e os bancos a emitirem títulos em dólares nos mercados financeiros internacionais, e a reduzir os controles externos e internos para os financiamento e créditos bancários.

O risco financeiro sistêmico tornou-se propriamente mundial. Então, os anos 1990 foram marcados pela sucessão rápida de crises financeiras, tanto nos países que tinham escolhido favorecer as operações de aplicação nos seus mercados de títulos (México, Argentina, Brasil), quanto nos que já tinham tomado a decisão de liberalizar a atividade bancária (Coreia, Malásia, Tailândia, Indonésia). Nos dois casos, se pôde ver os balanços dos bancos incharem de quantidades importantes de capital fictício, de títulos que supostamente representavam um capital e de créditos junto a empreendedores ou promotores nativos, que em geral não representavam nem mesmo "a sombra de um capital", que tenha existido em um momento qualquer (especialmente na Tailândia e na Indonésia).

Os fundos de aplicação norte-americanos na Améria Latina desempenharam um papel importante, leia-se determinante, na criação das condições de *crashs* financeiros e bancários, sob a forma de incentivos à securitização de bônus do Tesouro e outros títulos públicos, no primeiro caso e de incentivo à sobre-exposição aos riscos de crédito, no segundo. Na crise mexicana do final de 1994 e início de 1995, como naquela da Tailândia de julho de 1997, as saídas dos fundos de aplicação norte-americanos dos mercados de títulos acabaram por precipitar o colapso das moedas nacionais.

Nesse estágio da análise se terá compreendido que é próprio das crises financeiras (nas quais o *crash* bursátil é uma das formas) revelar, à luz do dia, o caráter fictício dos títulos. Assim que um certo teto desse processo é ultrapassado, a "verdadeira natureza" dos títulos é despida, o mecanismo ganha dinâmica própria e nada mais pode impedir um colapso completo de seu "valor", e portanto, a paralisia, senão a falência, de todo banco ou instituição financeira que os inscreveu em quantidade em seu ativo. Os bancos não podem mais fornecer crédito novo e devem, ao contrário, recuperar seus créditos o mais rápido possível.

A propagação da crise para o conjunto da economia está lançada, sua velocidade depende do conjunto de fatores conjunturais e estruturais que entram no grau de sobreprodução latente que caracteriza todas as economias capitalistas. Isso significa que a única forma de conter as crises financeiras consiste de tentar defender, custe o que custar, o caráter de capital fictício dos títulos, a promessa de renda sobre a produção em curso e futura que eles representam. Para isso há somente um método: fazer tudo para que os investidores permaneçam no mercado, que todos eles não se transformem em vendedores de seus títulos, que permaneça uma massa suficiente de investidores prontos para comprá-los. É aqui que intervém este elemento tão fortemente diferenciado de país a país, que é a capacidade de "curar o mal com o mal", isto é, de injetar liquidez que ajudará a evitar a destruição do capital fictício e que pode se transformar em capital fictício adicional.

A principal maneira de limitar a amplitude do *crash* é que o Banco Central, em colaboração com o governo, crie na hora, por assim dizer, volumes ilimitados de meios de crédito (forma contemporânea de "imprimir dinheiro") e os coloque à disposição dos investidores e dos operadores sem custo, isto é, a um preço inferior ao da inflação. Entre os bancos centrais solicitados há 25 anos, apenas o FED, durante *crash* de outubro de 1987 e posteriormente, cumpriu esta tarefa de maneira completa e sem atraso, cada vez que foi necessário para os mercados norte-americanos. Em janeiro de 1995, ele o fez igualmente ao México para limitar o colapso do sistema bancário de uma economia submetida econômica e financeiramente aos Estados Unidos.

O outro fator que determina a amplitude de um *crash* é o grau de responsabilidade que os investidores financeiros assumem frente ao mercado no momento em que os títulos começam a cair. A experiência demonstrou, de maneira repetida, no curso dos anos 1995-2002, que eles estão prontos para assumir somente nos mercados nos quais eles detêm grandes quantidades de títulos e quando estão certos do engajamento do

Banco Central. É por isso que "a liquidez" não é a mesma em Bangkok do que é em Wall Street.[147]

Nos Estados Unidos, um circuito de valorização interna e políticas macroeconômicas construídas sobre o capital fictício

Esse ponto não pode ser desenvolvido aqui. Ele se beneficia de um início de um parágrafo porque é muito importante para não ser destacado de maneira muito clara. A força do crescimento dos Estados Unidos ao longo do período 1996-2001 foi objeto de análises divergentes e polêmicas. Elas se referiram tanto à lista dos principais fatores quanto a sua hierarquização. O debate recomeçou depois que os Estados Unidos reencontraram o "crescimento" em 2004. Eu faço parte dos autores que sustentaram[148] que um dos principais pilares da "nova economia" foi a entrada maciça de capitais estrangeiros nos Estados Unidos. Em parte eles assumiram a forma de investimento direto no estrangeiro, mas sobretudo a de capitais de aplicação, afluindo em direção a Wall Street para aproveitar das possibilidades muito atrativas ofertadas pelos mercados financeiros norte-americanos.

Este afluxo foi uma das condições de funcionamento de um outro pilar da "nova economia", a saber, uma demanda doméstica que repousa sobre os mercados bursáteis e dependente diretamente e indiretamente de seus desempenhos, pois o crédito às famílias foi concedido em função do valor de seu portfólio. O conjunto do dispositivo foi baseado sobre taxas de juros que se tornaram muito baixas; sendo a sustentação ao consumo das famílias precisamente um dos objetivos da política monetária muito permissiva implantada a partir das crises asiáticas.

---

147 O papel que o "engajamento coletivo" dos investidores pode desempenhar na defesa de um mercado financeiro (a preservação da ficção dos títulos como "capital" é bem destacada por Orléan, A., 1999). O fato de que "a liquidez não é a mesma em Bangkok do que em Wall Street" resulta da leitura que fiz do livro de Orléan. Ver Chesnais, F., 2000.

148 Ver Chesnais, F., 2001.

Durante o período de euforia bursátil que precedeu ao *crash* da Nasdaq em 2001, o que ocorreu foi uma demanda que repousava na combinação entre um "efeito renda" fundado nos dividendos percebidos, e em um crédito aos particulares (consumo corrente e hipotecário) concedidos em virtude da antecipação da renda de origem bursátil. O conjunto foi batizado de "efeito riqueza". Para as empresas, igualmente, os títulos funcionaram como "capital". Essas utilizaram de maneira crescente, ao final dos anos 1990, suas próprias ações, cujo preço estava estimulado pelo mercado autista, como meio de pagamento quando da compra de outras firmas. O resultado foi uma onda de fusões-aquisições da qual uma grande parte não resistiu à reviravolta de 2001-2002.

Estamos, então, em presença de um circuito de blocagem doméstica do ciclo de valorização do capital, de políticas macroeconômicas públicas e de fusões-aquisições fundadas sobre o capital fictício – que o *crash* da Nasdaq de 2001-2002 não solucionou, muito ao contrário, mas conduziu a adaptações restritivas. Como em cada ocasião anterior, a criação maciça de liquidez pelo FED (que ficou ainda mais fácil de justificar depois dos atentados de 11 de setembro), assim como o engajamento dos investidores na defesa de sua principal base bursátil, bloquearam a queda da NYSE. Na Nasdaq o grau de "fictividade" de uma grande parte dos títulos era tão elevada que os investidores realizaram seus ganhos e partiram. Aqueles que sofreram verdadeiras perdas saíram escaldados e não voltariam tão rápido.

No caso da Nasdaq, o FED decidiu, então, deixar o *crash* executar o seu, de maneira a sanear parcialmente os mercados de ações. Ao mesmo tempo, o governo federal aumentou as despesas militares,[149] enquanto o FED transferia para o mercado imobiliário e de crédito hipotecário a sua política de sustentação da demanda. Essa foi marcada pelo endividamento maciço das famílias e um consumo estimulado pelos créditos ao consumo tendo como garantia a propriedade imobiliária. Uma bolha se formou em torno de uma nova forma de capital fictício, a ilusão de um capital recebido, desta vez pela "classe média", sob a forma de casas de periferia típicas do urbanismo

---

149 Ver Mampaey, L. e Serfati, C., 2004.

residencial dos Estados Unidos, e para os afortunados, a especulação sobre as residências de luxo em Miami ou em outros lugares. Assim, um dos fatores dos quais a conjuntura mundial é dependente hoje, refere-se ao momento e às condições nas quais a verdadeira natureza dessa nova transformação do capital fictício se desvendará.

Um outro, a ele ligado, é até quando os países com grande superávit comercial e com reservas acumuladas em dólares, do Sudeste da Ásia e do Extremo Oriente, com o Japão e China na liderança, continuarão a aplicar em bônus do Tesouro dos Estados Unidos. Em um dado momento, eles podem dizer que os riscos de perda estão em vias de se tornarem muito elevados.

A fuga para frente das empresas na deslocalização da produção

Chegamos, enfim, às questões que fazem parte de minhas pesquisas em curso, do qual esse capítulo é um passo. Terminar-se-á, então, isso de maneira pouco habitual, apresentando certas hipóteses que vão servir de fio condutor às nossas pesquisas no futuro.

A primeira refere-se à questão espinhosa da queda tendencial da taxa de lucro. A hipótese aqui é que isso representa uma tendência de fundo que está subjacente à acumulação de maneira permanente; sendo a análise dos "fatores que se contrapõem à lei" tão importantes quanto a própria tendência ("que não é uma lei"). O movimento do capital está moldado permanentemente pelas respostas que o capital busca dar à queda da taxa de lucro. As fases de recuperação da taxa de lucro correspondem aos sucessos passageiros dos esforços conduzidos de maneira quase permanente, sucessos transitórios no qual os efeitos de aumento são geralmente circunscritos a grupos capitalistas determinados.

Uma segunda hipótese, preparada por toda a análise que precede sobre o poder acionário atual, é que a obrigação atribuída ao capital industrial, sobre o qual a restrição da queda tendencial pesa de maneira direta, é ainda mais forte devido às exigências dos acionistas e dos mercados bursáteis.

A teceira hipótese é que esta restrição talvez seja a chave explicativa para o caráter maciço do investimento direto no estrangeiro e da subcontratação internacional direcionados para a Ásia, com a China e Índia em primeiro lugar, assim como a amplitude do movimento de deslocalização do capital produtivo a partir dos Estados Unidos e da Europa.

Quando se foi forçado a combater as consequências da acumulação de capital fictício em ações e obrigações, provocando a expansão dos investimentos imobiliários especulativos nas famílias, se conduziu ao que se chama de uma política de fuga para frente. O recurso aos meios que preservam a ficção do capital fictício dos ativos financeiros, ampliando a dimensão e implicando atores econômicos vulneráveis por definição, somente acumula problemas ainda mais importantes.

O movimento maciço de deslocalização da produção por parte das maiores empresas norte-americanas, assim como a amplitude da subcontração internacional organizada pela grande distribuição em escala quase industrial (que Wal-Mart deu o exemplo), poderiam ter um caráter análogo. A amplitude das deslocalizações para a China, visando em grande parte reexportar maciçamente produtos semielaborados e bens de consumo para os países de origem do IDE, deve suscitar de parte dos pesquisadores interrogações sobre as mudanças em curso: na configuração e no alclance deste IDE, bem como nas estratégias das firmas e na sua organização transnacional.

O imperativo do recurso ao mercado externo é central à reformulação do movimento de acumulação no Livro III d'*O capital*. Para os capitalistas, a exportação é uma imposição tão forte que ela não tem mais nada a ver com "escolhas de especialização". Seu mercado interno se choca com os limites do consumo que resulta do caráter antagônico das relações entre capital e trabalho. É de maneira obrigatória que "a imanente necessidade para o modo capitalista de produzir sem cessar a uma escala cada vez maior", se transforma em incentivo "a uma extensão perpétua do mercado mundial".[150]

---

150 Marx, K., 1894a, p. 341.

Vimos acima em Hilferding que esta necessidade encontra uma saída igualmente no IDE. Hoje, o terreno escolhido pelas empresas na caça aos limites da valorização do capital industrial é a China. Numa dessas passagens nas quais ele deixa livre curso à intuição, dado a situação da época, Marx evoca de maneira fugidia, n'*O capital*, a hipótese de uma China capitalista. A maneira na qual ele o fez tem uma importância considerável para os problemas contemporâneos, pois se trata do desenvolvimento à escala internacional da concorrência entre os trabalhadores em torno do preço de venda de sua força de trabalho. Ele constata o início de uma "concorrência cosmopolita na qual o desenvolvimento da produção capitalista lança todos os trabalhadores do mundo", e prossegue: "não se trata somente de reduzir os salários ingleses ao nível daqueles do continente, mas de fazer cair, no futuro mais ou menos próximo, o nível europeu ao nível chinês".

Marx cita o discurso de um deputado inglês: "se a China [...] tornar-se um grande país manufatureiro, eu não vejo como a população industrial da Europa poderia sustentar a luta sem descer ao nível de seus concorrentes".[151] A transformação, um século e meio mais tarde, desta visão em realidade confronta os assalariados a problemas gigantescos, que os partidos que lhes pedem seu voto, mas também os sindicatos, preferem falar tão pouco quanto for possível. Também aqui, nosso propósito é somente o de expor a hipótese relativa ao caráter de "fuga para frente" das deslocalizações.

Para poder começar a responder à questão de saber se elas decorrem do processo de reprodução a uma escala mais elevada das contradições capitalistas e de a elas somar novas, deveria haver uma melhor apreciação dos elementos do seguinte tipo. Até que ponto, na fase chave do período que começa em 1998, que vê a transformação acelerada da China em bases manufatureira do mundo, a classe (ou aliança de classe, não se distinguirá aqui) burocrática-capitalista no poder na China beneficiou-se de uma ajuda do capital norte-americano e um pouco mais tarde do capital europeu, de uma amplitude e de um conteúdo industrial decisivo, sem os quais, esse "salto para a frente" de um tipo novo teria sido difícil? Qual é o papel desses

---

151 Marx, K., 1867c, p. 41-2.

capitalismos em um terreno análogo na Índia? O termo "base manufatureira do mundo" aplicado à China corresponde a uma realidade, mas, então, a qual exatamente? Traduz um projeto em curso? Ou simplesmente divulga uma imagem fixa, isto é, um puro fantasma?

A ideia fixa, que certos teóricos "soberanistas de direita" anunciam hoje com nitidez, é aquela de uma situação onde o 'ser em si' da burguesia cessaria de se identificar ao capital como categoria central do modo de produção. O capital teria atingido um nível tal de identidade com o seu conceito que ele voltaria as costas às bases nacionais com as quais ele é idenficado até o presente. Jean-Luc Gréau constata, então, que na Europa como nos Estados Unidos "o empreendedor capitalista, tal como Hermes dos sapatos com asas, levou a pátria na sola de suas sandálias". Para as empresas do mundo ocidental:

> Os Eldorados da deslocalização se situam daqui para a frente na Europa central e na China, na espera da Índia, que deve entrar de maneira sustentada no grupo de locais de produção com alta relação produtividade – custo do trabalho. As diferenças enormes de remuneração dos trabalhadores de todo tipo, entre os países emergentes convenientemente dotados e os velhos países industriais, implicam transferências progressivas de atividades e de emprego para os novos chegados na competição mundial. As bases industriais dos primeiros países capitalistas estão já e doravante em via de desmantelamento.[152]

Ele atribui a responsabilidade deste estado de coisas à ação da grande distribuição concentrada, mas sobretudo "a tomada de poder dos mercados financeiros cujo movimento em direção à mundialização parece indissociável". E explica que esta tomada de poder "tem duas faces":

---

152 Gréau, J. L., 2005, p. 33.

Sob a face prática, implica a subordinação do conjunto da produção e a subordinação particular de cada empresa cotada aos objetivos dos fundos de poupança coletivos que operam na Bolsa [...]. Sob sua face ideológica, ele estabelece o princípio de uma unidade formal do capitalismo em vista do qual as diferenças ou oposições de culturas, de sistemas políticos, de regras econômicas e financeiras somente podem existir como vestígios. A pretensão dos mercados financeiros de regular, portanto de governar a economia mundial, implica a unidade do Capital e, sob sua égide, a unidade do trabalho. Não há nada de abusivo em descrever o novo sistema como uma tentativa explícita de realizar o esquema marxista ultrapassando rapidamente as fronteiras entre nações e continentes. Mas enquanto a unidade em causa é, aos olhos de Marx, uma unidade de substância constatável desde o momento em que o capital dominou a força de trabalho, ela é aqui o resultado da mutação interna de um sistema, realizado sob o impulso da rede de mercados financeiros que dominam os Estados-nações e as empresas.[153]

Para Marx, não se trata jamais de uma "unidade de substância constatável", mas de um elemento que faz parte da categoria do capital que exigiu dois séculos para se desenvolver plenamente. Ainda restam questões cruciais que são postas por um autor, as quais se situam contra Marx e contra os movimentos operário e altermundialista. Sob os efeitos conjuntos da baixa tendencial da taxa de lucro, da exacerbação da concorrência e de exigências dos acionistas, as empresas não estão em vias de criar tensões que poderiam se tornar insuportáveis entre o enraizamento nacional que o capital teve até o presente e uma evolução na qual são esses traços, os mais abstratos e os mais fundamentalmente não nacionais, que se afirmam sempre mais fortemente? O capital não está em vias de criar para a burguesia, enquanto

---

153 *Ibidem*, p. 110.

classe que deve administrar a vida cotidiana de empresas nacionais fundadas na propriedade privada, tremendos problemas? Que fazer de "nações" cuja substância terá sida esvaziada, especialmente em termos de empregos?

Compreende-se assim a que ponto a análise da finança tornou-se absolutamente crucial, a um ponto tal que o presente livro deve servir de referência para uma discussão que demorou muito para engrenar.

A FINANÇA CAPITALISTA: RELAÇÕES DE PRODUÇÃO E RELAÇÕES DE CLASSE

Gerard Duménil e Dominique Lévy[1]

A HISTÓRIA DA FINANÇA FOI MOVIMENTADA e as incertezas de seu próprio itinerário não são nada em comparação às atribulações dos povos do mundo que resultaram da alternância dos episódios de afirmação e recuo de seu poder. O neoliberalismo define a última dessas pulsações históricas, na qual a violência do capitalismo se afirma sem freio. Denunciar, com certeza, mas também compreender. E inicialmente, qual é esta entidade social batizada aqui de "finança"? Qual relação ela mantém com o neoliberalismo? É de dominação que se trata, e é por isso que nós demos, em diversas publicações, uma interpretação do neoliberalismo em termos de classe.[2] Este raciocínio nos conduziu a utilizar o termo finança em um sentido completamente particular. O objetivo deste capítulo, e do seguinte, é explicitar esta definição tendo como referência o quadro analítico marxista e fornecer uma

1   Gérard Duménil é economista, diretor de pesquisa na Faculdade de Economia de Nanterre. Publicou, entre outros livros, *Le concept de loi èconomique dans Le capital*, *Avant propos de Louis Althusser* e *Marx e Keynes frente à crise*.

    Dominique Lévy é economista e diretor de pesquisa do CNRS, em Paris. Publicou diversas obras com a colaboração de G. Duménil, dentro da coleção *Actuel Marx Confrontations*. Entre elas estão: *La dynamique du capital: un siècle d' économie américaine*, *Au delá du capitalisme* e *Crise et sortie de crise*.

2   Originalmente, em um texto não publicado, Duménil, G., Lévy, D., 1996b, disponível em nosso site na internet. Essa interpretação está melhor formulada em nossos textos mais recentes, Duménil, G., Lévy, D., 2000; ou em inglês, em Duménil, G., Lévy, D., 2004a; igualmente em Duménil, G., Lévy, D., 2003.

interpretação do capitalismo contemporâneo e de sua história vista através desse referencial de leitura.

Este primeiro capítulo lembra inicialmente os principais aspectos da análise que Karl Marx fornece dos mecanismos financeiros e o uso que nós dela fazemos: essa lembrança se prolonga nas teses de Rudolf Hilferding e de Vladimir Lênin. Mas o essencial do capítulo está consagrado à interpretação histórica propriamente dita, até o capitalismo contemporâneo: (1) o nascimento da finança e sua primeira hegemonia, (2) a perda desta hegemonia no compromisso keynesiano depois da Segunda Guerra mundial, e a seguir (3) sua reconquista no neoliberalismo. Um vasto programa.

A análise minuciosa do quadro analítico de Marx está reservada ao capítulo seguinte. É igualmente lá que são discutidas as teses dos grandes continuadores, as de Hilferding e de Lênin, em suas relações com as de Marx. Esse segundo capítulo tem, então, um caráter de aprofundamento teórico. O aspecto principal é a articulação da teoria do capital com a análise que Marx fornece dos mecanismos financeiros; e, de um a outro, o itinerário é muito complexo. Quando se evita entrar no meandro desse quadro analítico, se perde, indiscutivelmente, a relação com os fundamentos teóricos do estudo do capitalismo. Mas tal atalho não impede, contudo, uma interpretação marxista dos mecanismos financeiros e permite escapar, ao menos em um primeiro momento, das sutilezas de um texto inacabado e de um pensamento sempre em ebulição. O que é verdadeiro em relação a Marx é igualmente para Hilferding e Lênin, embora em matéria de meandros teóricos a explorar, Marx ultrapassa largamente seus seguidores.

As duas primeiras seções têm um caráter introdutório. A seção 1 é consagrada à definição da finança e lembra o espírito geral de nossa referência a Marx. A seção 2 recapitula os principais ensinamentos teóricos que nós extraímos da análise dos mecanismos financeiros de Marx: o quadro analítico e as principais teses referentes à história do capitalismo. De certa maneira, ele resume as conclusões do capítulo seguinte. A seção 3 trata do período, de mais ou menos um século, que se estende do fim do século XIX ao fim dos anos 1970. A seção 4 descreve a finança capitalista contemporânea no neoliberalismo: a fração superior da classe capitalista e as instituições financeiras. A seção 5 analisa a dinâmica desta nova hegemonia da finança. Quais são seus métodos e seu futuro? Esta seção é voltada principalmente para a situação presente e as perspectivas. Esse procedimento tem, então, uma dimensão cronológica: (1) até 1980; (2) no neoliberalismo "histórico", e (3) para onde vai o neoliberalismo?

1. Introdução: uma análise marxista da finança?

Um ator na história

Por "finança" nós entendemos: *a fração superior da classe capitalista e suas instituições financeiras, encarnações e agentes de seu poder* (poderia ser dito "as frações superiores", considerando evidentemente suas heterogeneidades). A finança, nesse sentido, somente existe no capitalismo moderno, mais ou menos depois do início do século xx. Esse conceito não era pertinente, então, para o capitalismo do século xix, tal como Marx observa.

Antes de entrarmos no assunto propriamente dito, é útil destacar certos aspectos desta definição. A finança é um agente, ou, se preferir, um ator, tanto econômico como político, em ação na história do capitalismo. É um objeto social que reúne dois elementos: (1) uma fração da classe capitalista, (2) um conjunto de instituições (os bancos e, incluídos no capitalismo moderno, o banco central e instituições não bancárias, nacionais ou internacionais como o Fundo Monetário Internacional, os fundos etc.).

Na discussão sobre a posição e o papel da finança nesta acepção, diversos elementos estão em jogo. Pode ser mencionada uma noção de poder muito geral: a capacidade da fração superior da classe capitalista de controlar os mecanismos econômicos segundo seus objetivos e interesses. Um elemento mais técnico, mas igualmente importante, é a renda desta fração de classe, assim como a rentabilidade de suas instituições financeiras.

A relação entre os dois aspectos (fração de classe e instituições financeiras) é crucial, e destacada pelo possessivo que nós utilizamos, de bom grado, ao falar desses capitalistas e de *suas* (ou da fração superior e de *suas*) instituições financeiras. A separação da propriedade do capital e da gestão atingiu tal grau no capitalismo moderno, que o controle dos proprietários sobre a empresa poderia se encontrar enfraquecido. A nova concentração do poder da classe capitalista nas instituições financeiras tornou-se, assim, primordial a fim de assegurar a perenidade desse domínio.

A finança não é um conjunto de instituições que domina o capitalismo contemporâneo fora das relações sociais: esta formulação omite a relação de classe; a finança não é uma classe, pois a referência à fração superior da classe capitalista basta para descrever a relação de classe que ela subentende. É no processo de sua própria constituição em classe para si que esta fração de classe se articula estruturalmente às instituições financeiras, ela se molda na finança, esta entidade que a constitui enquanto ator social. A natureza deste objeto está, com efeito, em conformidade com as estruturas que foram descritas a propósito da classe proletária, como classe protagonista da história, isto é, levando em conta suas bases econômicas e seus organismos de luta, como os sindicatos e os partidos.

Mesmo se limitando ao período do início do século XX a nossos dias, a relação entre classes e instituições não tem, entretanto, a mesma força ou o mesmo conteúdo segundo os subperíodos históricos, pois a classe capitalista não controla sempre tão estreitamente as instituições financeiras. Em circunstâncias particulares, ela pode perder o controle de algumas delas, por exemplo, quando os principais bancos são nacionalizados ou quando o banco central se torna autônomo vis-à-vis os interesses da classe capitalista. Se o poder da finança é forte, nós denominamos de "hegemonia financeira".

A fim de evitar confusão, é igualmente útil destacar o que a finança não é, segundo essa acepção. Em primeiro lugar, podemos perfeitamente falar de "financeirização" (ou "mundialização") para definir certas características do capitalismo contemporâneo, mas nós não utilizaremos "finança" para nos referir a tais processos ou a entidades que dela decorreriam: um capitalismo financeirizado, um capitalismo mundializado etc. Em segundo lugar, a finança não é um setor da economia. O conceito de setor financeiro é completamente pertinente, mas não é isso que entendemos por finança, embora os bancos, por exemplo, participem, ao mesmo tempo, do setor financeiro e das instituições financeiras da finança.

Enfim, nós não opomos o capital financeiro ao resto do capital (o *capital industrial*, como se lê frequentemente), enquanto característica estrutural do capitalismo neoliberal, mas como uma diferença de hierarquia. Fundamentalmente, não existe capital financeiro, de um lado, e o capital industrial ou comercial, isto é, não financeiro, de outro. O fato mais importante é justamente o contrário, a saber: que a fração superior da classe capitalista e suas instituições, a finança, possuem o conjunto da "grande" economia (doravante, transnacional, financeira e não financeira). A pertinência da distinção financeira e não financeira sobrevive para sociedades de menor envergadura; frequentemente capitalistas, patrões de empresas que, mais do que a concorrência com as grandes, devem fazer frente ao setor financeiro. Desse ponto de vista, nós compartilhamos as interpretações que Hilferding e Lênin deram ao capitalismo no início do século XX, em termos de *capital financeiro* – análises frequentemente mal interpretadas.

O problema da terminologia é delicado e uma definição precisa deve ser proposta. O mesmo termo poderia servir para designar instituições financeiras; aplicá-lo igualmente a uma fração de classe não é tão evidente. Uma característica fundamental da propriedade do capital para esta classe é, contudo, que ela é materializada pela posse de títulos, ações e créditos, o que lhe confere o caráter de uma burguesia *financeira* e contribui assim para a justificativa de ser chamada de: a finança.

Um quadro analítico

A referência a Marx, tal como nós a praticamos, exige algumas precisões metodológicas. No uso que fazemos da teoria de Marx, combinamos a teoria das sociedades, neste caso, da sociedade capitalista, e os instrumentos da teoria econômica propriamente dita. Nesta inspiração teórica, a totalidade é mais importante que o detalhe, embora sempre valha à pena seguir Marx nos meandros de seu raciocínio.

Por teoria das sociedades, entendemos aquilo que se convencionou chamar de *materialismo histórico*: um quadro que articula relações de produção, forças produtivas, estruturas de classe e Estado (estreitamente vinculado ao poder de classe; uma segurança contra os desvios "autonomistas"). Desse primeiro ponto de vista, a relação entre relações de produção e classes – que se pode qualificar de *homologia*, tal é o seu rigor – está na base do raciocínio adotado aqui; e vale o mesmo para a teoria do Estado. A principal revisão se refere à superação do capitalismo, mas isso não é objeto deste estudo.

Por instrumentos da teoria econômica, entendemos os conceitos fundamentais (mercadoria, valor, moeda, capital etc.) e os mecanismos (lei da acumulação capitalista, lei da tendência à queda da taxa de lucro etc., nos termos de Marx, doravante bem datados, o que não coloca em questão a pertinência das análises).

Frequentemente se diz que, para os marxistas, não existe teoria econômica propriamente dita, mas uma teoria global. Isso é pouco rigoroso. A formulação correta é que não há compreensão da realidade somente a partir dos conceitos da teoria econômica. Contudo, os conceitos de mercadoria, de valor, de moeda, de capital etc. definem uma ciência, que se pode qualificar de economia. Agregar "política" pode destacar a etimologia (a passagem da casa, *oikos*, à cidade ou ao Estado, *pólis*, isto é, "da cidade"), ou também, no uso contemporâneo mais corrente, a estreita relação que une os conceitos econômicos à análise das sociedades (forças produtivas/relações de produção, classes e Estado), logo, à política.

2. O essencial

O que então reter dos pais fundadores?

Mutação e permanência da relação capitalista

No centro da análise do capitalismo se encontra o conceito de capital: do valor adiantado por um capitalista que pode assumir, em um momento dado, as formas de dinheiro, de mercadoria ou de meios de produção no local de trabalho, e passa, ininterruptamente, de uma das formas para a outra.

O fio condutor deste percurso pressupõe que este valor aumenta, que deve então ser acrescido de uma *mais-valia* que provém da exploração do trabalho produtivo, substância de um *lucro*. Marx designa esses mecanismos pelo termo *processo do capital*. Esse processo necessita de cuidados, mais ou menos o que hoje é convencionado chamar de *gestão*. Está aí o ponto de partida.

A relação de propriedade capitalista assume formas institucionais complexas e que não cessam de se metamorfosear. Em especial, aparece uma categoria de capitalistas que se contentam em colocar seu capital à disposição de uma empresa sem se encarregarem de sua gestão. Seu capital é um *capital de empréstimo*. Um empresário pode executar as tarefas de gestão, mas elas são, finalmente, delegadas a assalariados. No Livro III d'*O capital*, Marx passa gradualmente de uma configuração a outra: (1) o capitalista avança e efetua a gestão individual desse capital, (2) o capitalista ativo (isto é o empreendedor) e o capitalista financeiro, (3) o diretor assalariado da empresa e o capitalista financeiro. Assim, nós nos aproximamos do que prevalece no capitalismo contemporâneo.

A ideia central é aquela da separação da propriedade e da gestão. Mais rigorosamente, a propriedade recobria originalmente dois tipos de atributos: (1) a propriedade no sentido algumas vezes chamado de "jurídico" (o direito de aliená-la, de reivindicar a renda que dela provém...) e (2) a capacidade de controle (de iniciar operações). Esses dois aspectos se separam em ampla medida e a noção de propriedade, no sentido estrito, se associa ao primeiro termo. Esta tensão entre propriedade e gestão pode ser controlada em circunstâncias favoráveis e em certas configurações institucionais. Mas ela não admite solução plenamente tranquila, renascendo constantemente como contradição. É uma separação "manca", pois as tensões que ela recebe são difíceis de apaziguar, e será assim enquanto a propriedade capitalista[3] não for eliminada.

Mas um ponto essencial da demonstração de Marx é que, por trás desta dupla relação de separação e delegação, sobrevive a relação de produção capitalista, principalmente a apropriação da mais-valia e sua divisão. Apesar da distinção entre, de um lado, o juro e o dividendo que remuneram o financista e, de outro, o lucro do empresário, sem esquecer as despesas que são empregadas para financiar a gestão, a ligação é estabelecida por Marx com o dispositivo analítico primeiro, o da exploração do trabalhador produtivo.

Essa ligação entre rendas do capital e a apropriação da mais-valia não é outra coisa que a refutação do que Marx chamava de "economia vulgar": a famosa fórmula trinitária dos fatores e rendas (*capital-juros, terra-renda fundiária* e *salário*), na qual o "capital" se torna autônomo como capital de empréstimo, pilar da economia dominante e das ideologias correspondentes. Marx dá, então, livre curso a sua verve: esses três termos têm tanto em comum como "os honorários do tabelião, as beterrabas e da música".[4] O capital aí produz juros tão naturalmente como "a pereira dá peras".[5] É concebido como um autômato que produz mecanicamente renda a partir de nada.[6] O dinheiro se transforma em mais dinheiro.

É evidentemente inútil reivindicar a herança da análise d'*O capital* para saber que existem credores e acionistas, trabalhadores de produção e administradores. É a percepção da relação capitalista subjacente à complexidade

---

3   A dupla do tipo agente-principal (ou seja, o acionista-administrador) tende a se decidir em um sentido que se pode qualificar, sem antecipar, de neoliberal, como o proprietário pode constranger o administrador a trabalhar em seu interesse. Ele condensa a história segundo uma relação de forças determinada.

4   Marx, K., 1894c, p. 193.

5   Marx, K., 1894b, p. 56.

6   *Ibidem*, p. 56.

institucional que define o caráter marxista do quadro analítico. A existência dessa configuração institucional, nós não aprendemos n'*O capital*, mas nele aprendemos a efetuar uma leitura particular. Mesmo o salário torna-se suspeito: (1) forma monetária do valor da força de trabalho produtivo, (2) forma monetária de compra de uma outra força de trabalho nas funções necessárias, ainda que improdutivas, na qual o custo provém da dedução de um excedente já apropriado, e (3) canal de distribuição direta desse excedente para a classe capitalista, enquanto que, como sugere Marx, o empreendedor se paga um "salário". É por isso que os marxistas não interpretam os mesmos fenômenos da mesma maneira que os não marxistas.

A teoria do capital estabelece um segundo ponto de vista, menos importante, aquele dos mecanismos financeiros. O capital assume a forma de dinheiro e a perde (na venda e compra), e permanece sob esta forma durante certo tempo. Trata-se de uma parte das tarefas do capital bancário: recebimentos, pagamentos, gestão das contas etc. O outro aspecto da atividade bancária é a centralização e a distribuição do capital de empréstimo. Os emprestadores não entram mais em relação direta com os capitalistas não financeiros: o financiamento é transmitido pelos bancos, um mecanismo de grande importância histórica.

O processo do capital e os mecanismos financeiros

Ao invés de nos referirmos ao processo do capital, poderíamos falar da *produção* ou da economia real, mas isso seria uma simplificação não rigorosa. O processo do capital contém a produção, assim que o capital se reveste da forma de capital produtivo, e é aí que a mais-valia é apropriada; mas o capital passa igualmente por suas outras formas: o capital-dinheiro e o capital-mercadoria. É o conjunto constituído por esse circuito (assim como a coexistência dessas diversas frações sob cada uma dessas formas em um momento dado) e a apropriação da mais-valia, que define, para Marx, o processo do capital em sua integridade. Está no ativo do balanço de uma empresa. Os mecanismos financeiros são concebidos em relação a esse processo do capital. A esta "autenticidade" do capital, se opõe a "ficção" do capital de empréstimo, no passivo do balanço da empresa. O capital de empréstimo – as ações, os créditos e os lucros retidos – são a expressão da origem do capital adiantado. Em particular, quando o capital de empréstimo é materializado pelos títulos suscetíveis de ser objeto de transações, a ilusão nasce da existência de um outro capital paralelo àquele do circuito. Em certos casos, como para os credores do Estado, nenhum "capital" corresponde ao título. Trata-se de uma ficção pura e simples. Todos esses capitais fictícios representam direitos sobre rendas futuras.

Na obra de Marx, esta noção de ficção está diretamente ligada, por "metonímia" pode-se dizer, àquela da fragilidade. Embora os títulos públicos, por exemplo, representem aplicações muito seguras, os mecanismos financeiros tendem à edificação de construções frágeis. O exemplo mais evidente é o da bolsa, mas os mecanismos do crédito tendem a duplicar aqueles da produção ou das transações de maneira mais ou menos perigosa.

A apreciação que Marx faz dos mecanismos financeiros é, de fato, ambivalente. Bom ou mau: os dois! O sistema de crédito funciona como estimulante da acumulação; ele contribui para a maximização da taxa de lucro; ele favorece os mecanismos da concorrência, facilitando a acumulação nos ramos onde é mais necessário. Ao ler Marx, se tem o sentimento que sem os mecanismos do crédito o capitalismo perderia uma grande parte de sua eficácia. Mas, de outro lado, existe o potencial desestabilizador. O crédito e a bolsa ficam eufóricos, e as correções são destrutivas. Marx tem uma visão muito precisa da relação entre os mecanismos reais (o processo do capital) e financeiros nas crises, como relação recíproca. Um é suscetível de desestabilizar o outro. A análise é, todavia, pouco desenvolvida.

Esta "dialética do melhor e do pior" é colocada em cena por Marx como componente de uma dinâmica com todo um outro alcance. O capitalismo prepara para além do capitalismo; positivamente, na sofisticação das relações sociais que ele suscita e, negativamente, no caráter contraditório dos mecanismos ainda privados, de onde provém a violência dos choques suscetíveis de desestabilizá-lo. Marx destaca esse potencial das sociedades por ações, ligado à centralização do capital que essas sociedades permitem. Ele analisa igualmente a transferência das funções do empreendedor aos trabalhadores assalariados – então, no final das contas, a autonomização financeira da propriedade, de um lado, e da gestão, de outro. O par, *transição* para além do capitalismo e a *instabilidade e parasitismo* no capitalismo, é assim construído.

Daí se compreende intuitivamente um traço central do pensamento de Marx, que se manifesta nos outros elementos de sua análise, por exemplo, na constatação do crescimento do tamanho da produção e sua articulação social crescente, nacional e internacional. O conceito utilizado é o da "socialização", o fato de atingir envergaduras sociais, isto é, na escala da sociedade. Mas esta socialização permanece, no capitalismo, sob controle privado. De onde a contradição: não somente insuficiência, mas risco particular.

O desenvolvimento dos mecanismos financeiros não é, então, para Marx, um simples inchaço, um desvio para o absurdo. Ele contém riscos evidentes, suscetíveis de se manifestar sob formas dramáticas, mas: (1) os mecanismos financeiros assumem um conjunto de funções necessárias ao modo de produção capitalista, e (2) seu desenvolvimento está no centro do movimento histórico, como expressão de uma socialização antagônica não controlada, mas, contudo, motor da história.

A finança, "ator" na dinâmica do capitalismo.

No início deste capítulo, quando apresentamos a definição da *finança capitalista*, nós destacamos sua natureza de "ator" na história. É precisamente o desejo de qualificar o ator social o mais exatamente possível, do qual nós identificamos a performance a partir do início do século XX, que nos conduziu à escolha da formulação: *a fração superior da classe capitalista e as instituições financeiras, encarnações e agentes de seu poder.*

Mais do que a postulação de uma homologia estrita entre o sistema de conceitos d'*O capital*, nós buscamos o tipo de correspondência ao que Marx utiliza em suas obras políticas: a identificação de um ator nas lutas de classes que governam a dinâmica do capitalismo.

Marx já tem a intuição das consequências da centralização dos capitais de financiamento nos bancos. Esta centralização transforma os bancos, escreve ele, em "administradores" do capital de empréstimo, que enfrentam os industriais. Embora Marx permaneça pouco explícito, esta noção é crucial: na apreensão da classe capitalista como ator na história, existe uma dimensão institucional. Os capitais se concentram nas instituições financeiras, e ao lado da classe propriamente dita, é sempre necessário identificar este ator institucional. Esse quadro analítico descreve uma primeira configuração da relação que nós estabelecemos entre fração de classe e instituições financeiras na nossa definição de finança.

É mediante este referencial de leitura – (1) a relação capitalista sempre subjacente nas configurações tornadas mais complexas e anunciando o futuro, (2) os mecanismos financeiros fermentos do dinamismo do capitalismo e de sua instabilidade, como agente histórico no campo das lutas de classes – que as seções 3 a 6 apresentam a finança em um cenário onde o fio condutor é o prosseguimento desta luta.

O capital financeiro

Mas esse quadro geral que acabamos de lembrar em grandes linhas prepara as análises que Hilferding e Lênin efetuaram do capitalismo do início do século XX.

Partindo d'*O capital* e confrontado as transformações do capitalismo na transição dos séculos XIX e XX, Hilferding propôs o conceito de *capital financeiro*. Trata-se do capital colocado à disposição dos bancos e transmitido às empresas não financeiras. É um *dispositivo*, e não um setor ou uma classe. Por esse canal institucional, os grandes capitalistas (os "magnatas") controlam a grande economia, financeira e não financeira. Os outros capitalistas, menores, são colocados em uma posição subalterna. A concepção de Lênin é próxima dessa.

Esta análise das instituições do capitalismo moderno prolonga a de Marx, especialmente sua visão do capital bancário como administrador do capital de empréstimo. Ela vai, contudo, mais longe, pois a relação com o capital não financeiro é estabelecida de maneira muito explícita, e descrita como estreita. Hilferding fala finalmente da "fusão". Lênin adota o mesmo ponto de vista.

A ideia da *fusão banco-indústria* é, sem dúvida, característica da época e dos lugares (com diferenças geográficas: Estados Unidos, Europa) que inspiraram Hilferding. É um conceito que não parece adequado globalmente, *vis-à-vis* o capitalismo do fim do século XX. Não há *fusão* entre bancos (ou fundos de aplicação) e as sociedades transnacionais, mas relações de dependência.

Quaisquer que sejam as modalidades históricas dessas relações, nós aqui estamos muito próximos da nossa definição da finança: fração superior da classe capitalista e instituições financeiras. Uma diferença é que nós damos às instituições financeiras um campo claramente mais vasto, incluindo os fundos de aplicações e os bancos centrais, de acordo com as transformações do capitalismo. Do banco "administrador do capital" de Marx, passando pelo capital financeiro de Hilferding, até nosso conceito de finança, há uma graduação na qual as transformações do capitalismo desempenham um papel fundamental.

3. Nascimento, grandeza, recuo e ressurgimento

Penetremos então na história. Na transição entre os séculos XIX e XX, a economia e a sociedade norte-americanas conheceram profundas transformações, que nós descrevemos como três revoluções: das sociedades (sociedades por ações), da gestão e do setor financeiro. Esta mutação, ao fim do século XIX, foi resultado de uma forte luta de classes, na qual nasceu e triunfou a finança. Este período foi, então, o da primeira "hegemonia financeira". Essas décadas foram marcadas por uma forte instabilidade macroeconômica, que provoca o difícil surgimento de um banco central suscetível de remediá-la.

No rastro da crise de 1929 e da Segunda Guerra Mundial, esta hegemonia da finança deveu, entretanto, ceder o lugar a um compromisso social, conhecido como "compromisso keynesiano", no centro do qual se encontram os executivos, muito abertos às classes de empregados e trabalhadores, que nós chamamos *classes populares*. Depois, foi a crise estrutural dos anos 1970, que desestabiliza esse compromisso e fornece as condições econômicas da reafirmação da hegemonia da finança no neoliberalismo, um ato político.

Metamorfoses do capitalismo: as revoluções das sociedades e da gestão, e o nascimento da finança

No meio do século XIX, nos Estados Unidos, a propriedade capitalista revela ainda amplamente as formas institucionais que Marx tinha descrito com referência à pessoa do capitalista: uma propriedade individual ou familiar, diretamente submetida à vigilância dos proprietários. A atividade do sistema bancário era centrada no financiamento das despesas públicas, no crédito hipotecário e no crédito comercial às empresas. No curso da segunda metade do século, o tamanho das unidades de produção e das empresas aumenta consideravelmente, fazendo eco à mecanização crescente. Uma diferença foi então criada entre os determinantes técnicos da produção e suas formas organizacionais e fontes de financiamento.

A crise dos anos 1890, qualificada de grande depressão antes que aquela dos anos 1930 lhe tirasse o título, chega após a queda da rentabilidade do capital durante as últimas décadas do século XIX.[7] É a época em que as grandes empresas foram estigmatizadas como "monopólios".[8] Seus contemporâneos

---

[7] O período que seguiu à Guerra de Secessão (1861-1865) foi de forte instabilidade macroeconômica. A economia foi atingida por duas crises violentas, aquelas dos anos 1870 e 1890. Entre essas duas crises, a atividade atinge o máximo brevemente em 1890, na sequência do retorno à conversibilidade do dólar, suspensa durante a guerra.

[8] Encontraremos esse tema tratando de Hilferding e Lênin. Ele suscitou uma literatura considerável nos Estados Unidos em relação à análise da última dé-

imputaram a crise à violência da concorrência, e implantaram um conjunto de práticas tendo por objetivo diminuir os seus efeitos. É assim que foram formados os *trustes* e *cartéis*, em que as empresas organizavam acordos para partilhar os mercados ou os lucros. Esses acordos contribuíram para resolver problemas individuais, mas não puderam superar a queda geral da rentabilidade. A lei proíbe essas práticas que violam a livre concorrência e que prejudicavam, de fato, os mais fracos. O Estado de New Jersey vota leis permitindo a formação *holdings*, nas quais as empresas se fundiam. Esta inovação se revela extremamente fecunda: numerosas sociedades foram formadas nesse Estado e os outros Estados precisaram alinhar rapidamente a sua legislação a essa.

Na saída da crise dos anos 1890, isto é, justamente na virada do século, uma extraordinária onda de formação de sociedades por ações e de fusões aconteceu nos Estados Unidos, em poucos anos. Esta transformação institucional é conhecida, nesse país, como a revolução das sociedades (*corporate revolution*).

Assim, na transição dos séculos XIX e XX, se produziu uma profunda mudança na qual as empresas individuais perderam sua autonomia em graus diversos. A terminologia aqui é múltipla, o que complica a apresentação desses processos. Nos Estados Unidos, as duas modalidades que se descreveu são identificadas como uma "concentração fraca" (*loose consolidation*) de um lado, e uma "concentração estreita" (*tight consolidation*) de outro lado. O primeiro caso é o do efêmero dispositivo dos *trustes* e *cartéis*, respeitando a independência das empresas. No segundo caso, há a formação de uma unidade por fusão em uma *holding*. Esses mecanismos remetem claramente à análise da centralização do capital de Marx, um processo que então se acelera.

Continuando o que Marx tinha observado nas décadas anteriores, esse movimento se desdobra na delegação das tarefas de gestão aos

---

cada do século XIX e da crise de 1929. Ver Burns, A. R., 1936. Nós dedicamos um estudo sobre a chamada legislação antitruste: Duménil, G., Glick, M. e Lévy, D., 1997.

assalariados, de executivos secundados pelos empregados. Essa segunda parte é conhecida como a revolução gerencial (*managerial revolution*). Ela suscita o aparecimento de estados-maiores assalariados e de novas classes intermediárias correspondentes.[9]

A dupla revolução das sociedades e da gestão é inseparável de uma terceira: a do setor financeiro, de um conjunto de instituições controladas por alguns capitalistas, dentre os quais os Morgan, Rockefeller e colegas foram as figuras emblemáticas.[10] O aparecimento desse grande setor financeiro foi um fator essencial para a resolução da crise da concorrência (quadro 1). Paralelamente à separação da propriedade e da gestão, duplicada pela formação de uma burguesia financeira, de uma parte, se desenvolveram as instituições financeiras, principalmente os bancos, de outra.

No desenvolvimento paralelo das novas formas de propriedade das empresas e das instituições financeiras, a relação não é, evidentemente, aquela de uma simples concomitância. O setor financeiro foi o "braço armado" da onda de fusões. Ele a organiza e fornece os fundos, o que significa que ele entra no capital das sociedades. Certos analistas descrevem esses processos como uma tomada de controle do capital industrial pelo setor financeiro.[11] A função de "administração" do capital de empréstimo pelo setor financeiro, do qual Marx tinha identificado as primeiras formas no capital bancário, estende-se, então, à promoção da mudança

---

9 Chandler, A. D., 1977.

10 Simultaneamente, os mecanismos monetários e financeiros explodiam literalmente com, em particular, o desenvolvimento das contas bancárias. Entre 1870 e os anos 1920, o estoque de moeda, no sentido próximo do agregado M2, passa de 25% a 85% da produção (nível um pouco superior àquele em torno do qual ele gravita desde então). No mesmo período, a relação entre os depósitos e moeda em espécie passa de 1 para 8 (Duménil, G. e Lévy, D., 1996a, cap. 22). Esses movimentos testemunham a expansão dos balanços dos bancos, inclusive dos ativos onde são contabilizados os créditos e títulos, frente a esses passivos monetários.

11 Roy, W. G., 1996.

institucional nessa ação "federativa". As implicações em termos de poder são evidentemente enormes.

Com a constituição da grande finança moderna, se estabelece uma articulação estrutural entre as grandes sociedades e os bancos. Esses últimos alimentam as sociedades de capital de empréstimo. Apesar da falta de um último elemento, aquele do controle da estabilidade macroeconômica, do qual se tratará posteriormente, o que se implantava era o quadro institucional do capitalismo moderno, que ainda governa o mundo contemporâneo, um século depois. Mas esta tripla revolução significa igualmente a entrada do capitalismo em um período histórico no qual o poder explicativo do quadro analítico (propriedade, gestão, instituições) de Marx atingia igualmente certos limites.

1. A revolução financeira e a concorrência

É necessário diferenciar bem a teoria da concorrência dos economistas clássicos (especialmente Adam Smith e David Ricardo), retomada por Marx, da teoria padrão.

A teoria clássica não define a concorrência "pura e perfeita" pelo comportamento chamado de *price taker*, isto é, a aceitação de um preço supostamente determinado pelo mercado (de fato por um ser mítico, chamado de leiloeiro walrasiano). Segundo os clássicos e Marx as empresas individuais modificam seus preços, de maneira descentralizada, acompanhando os desequilíbrios aparentes nos mercados (a relativa facilidade ou dificuldade de vender). A formação de uma taxa de lucro uniforme entre os diferentes ramos (e não entre as empresas cujas técnicas são diferentes, e eventualmente os salários) resulta da reação, igualmente descentralizada dos investidores, que respondem positivamente aos sinais da rentabilidade, isto é, investem mais onde as taxas de lucro são mais elevadas. Esse quadro analítico conduz a colocar os problemas históricos de maneira distinta.

Existe uma relação, bastante ignorada, entre a solução do mau funcionamento dos mecanismos de concorrência no fim do século XIX e a emergência de grandes instituições financeiras ligadas mais organicamente ao sistema produtivo. Ao tamanho das empresas ("monopólios") correspondia aquele dos bancos, suscetíveis de financiar as massas enormes de capitais requeridas dali para frente. A tarefa da apreciação das rentabilidades comparativas e das potencialidades da inovação e do crescimento pertencia, agora, a instituições especializadas, beneficiando-se de uma informação frequentemente interna, do fato de participarem nas cúpulas dirigentes das grandes empresas das quais são acionistas. Assim, o aparecimento, ou a simples antecipação, de sobrelucros se materializava no ajustamento da alocação do capital.

Este "ajuste" dos mecanismos de mobilidade do capital em relação ao tamanho das sociedades, portanto, em relação às massas de capitais requeridos, resolveu a crise da concorrência. A dimensão aumentada das empresas torna-se compatível com as regras tradicionais da concorrência capitalista, em um contexto institucional novo. É errado pensar somente no tamanho das empresas, sem olhar o das instituições financeiras.

Lutas de classes e afirmação da primeira hegemonia da finança

A tripla revolução da transição dos séculos XIX e XX não pode ser analisada independentemente das lutas de classes e da transformação das relações de força que nela provocaram a dinâmica.

A classe capitalista, proprietária do capital de empréstimo e separada do sistema produtivo, define uma burguesia financeira que atingiu seu apogeu entre o início do século XX e a crise de 1929. Sua fortuna era imobiliária e fundiária, mas, sobretudo, financeira, no sentido que ela detinha enormes portfólios de ações e obrigações. Em outros termos, tratava-se de uma classe burguesa na qual a propriedade assumia a forma de *capital de empréstimo*; suas rendas eram constituídas de juros e de dividendos.[12] A transmissão desse patrimônio se fazia

---
12 Ver Duménil, G. e Lévy, D., 2004d.

de pais para filhos, por heranças e dotes, assegurando a reprodução desta classe. Com exceção dos períodos de guerra, sobretudo da Primeira Guerra Mundial, os preços eram relativamente estáveis; a Bolsa conheceu algumas quedas, como no momento da crise de 1907; mas a base financeira dessas fortunas não foi diminuída antes da crise de 1929. Essa foi a idade de ouro da burguesia financeira, às vezes descrita como "rentista".

Este período testemunha uma concentração formidável da riqueza e das rendas. Nos Estados Unidos, segundo as estatísticas tributárias que tendem a subestimar as altas rendas, o 1% da população com renda mais elevada recebia mais ou menos 16% da renda total (gráfico 1); o 1% entre os mais ricos detinha 37% da riqueza do conjunto do país. Pode-se notar, complementarmente, que parece que esta concentração da riqueza foi ainda mais forte na França.[13]

A reação política dos pequenos produtores à emergência desse novo quadro institucional foi muito intensa. Em um primeiro momento, eles canalizaram em seu proveito o forte descontentamento camponês e, sobretudo, operário, em um período de intensa luta de classes (greves muito violentas e formação de um partido socialista nos Estados Unidos,[14] na vanguarda do movimento operário mundial). Em 1890, eles obtiveram o voto do Sherman Act, visando à regulamentação da concorrência por uma legislação federal.[15] A lei proíbe os acordos restringindo a concorrência como a dos *trustes* e cartéis, onde as empresas permanecem independentes. Como se destacou, foram as *holdings*, as quais a lei autoriza a formação, no mesmo ano, que sucederam a essas primeiras formas de concentração.

O Sherman Act ajuda uma parte importante da economia a permanecer fora das novas tendências: o mundo das empresas e dos patrões, mais ou menos pequenos, que não se alinharam às novas formas institucionais das relações de produção. Isso resulta em uma forte heterogeneidade, uma economia com duas velocidades, que nós analisamos em outro e à qual

---

13 Saez, E., 2004.

14 Weinstein, J., 1968.

15 Thorelli, H. B., 1995.

imputamos uma boa parte da violência da crise de 1929.[16] Entre o início do século XX e a crise de 1929, esta contradição no interior das classes dominantes, entre a burguesia do capital de empréstimo e suas instituições financeiras, de um lado, e os proprietários do setor tradicional, de outro lado, ocupa a posição principal.[17] Ela se resolveu a favor do novo componente, inicialmente na transformação da legislação (a revolução das sociedades por ações), depois, definitivamente, na crise de 1929, que elimina uma grande parte do setor antigo.

Gráfico 1: Estados Unidos: participação do 1% das famílias com rendas mais elevadas na renda total dos empreendimentos

Fonte: T. Piketty, E. Saez, 2003.

A revolução gerencial suscita uma outra transformação maior das estruturas e lutas de classes. Os fundamentos econômicos de uma nova contradição se instalavam. Ela colocava face a face esta burguesia do capital de empréstimo e os executivos das empresas (e indiretamente do setor público).

---

16 Duménil, G. e Lévy, D., 1996a, cap. 23.
17 Duménil, G. e Lévy, D., 1996a, cap. 2.

Esta evolução suscita uma grande agitação no interior da classe capitalista.[18] Mas a posição dos proprietários permanece dominante, tanto na gestão das empresas como na condução das políticas; não porque eles "fizessem o trabalho", mas por que seus interesses permaneciam privilegiados.

É no fim desta tripla revolução que a finança, tal como nós a entendemos, torna-se um ator social. As famílias no topo da hierarquia da burguesia do capital de empréstimo, e sua riqueza em títulos, definiam esta "fração superior da classe capitalista". Os grandes bancos, doravante muito engajados no financiamento direto da economia por meio da centralização do capital de empréstimo, correspondiam àquilo que nós chamamos "suas instituições financeiras". A nova ordem social consagra a nova forma de poder desta fração de classe e, ao mesmo tempo, a concentração da renda a seu favor.

As primeiras décadas do século XX corresponderam, assim, a uma primeira *hegemonia financeira*, no sentido que esta finança: (1) torna-se um ator central na história do capitalismo, e (2) domina sem contestação, tanto em relação ao setor retardatário, quanto em relação aos executivos ocupados em revolucionar a técnica e a organização.

O controle da macroeconomia

O progresso na gestão das empresas e o espetacular crescimento dos mecanismos financeiros suscitaram a tendência a uma instabilidade macroeconômica crescente, de acordo com o mecanismo que nós batizamos de "instabilidade tendencial".[19] Por essas palavras nós entendemos uma propensão crescente da economia a entrar em superaquecimento e a cair em recessões. Além da generalização das relações capitalistas e do mercado, a ligação com a extensão dos mecanismos de crédito é evidente e frequentemente lembrada, especialmente pelos economistas heterodoxos; a ligação entre esta instabilidade e a gestão das empresas é mais original. É uma tese que nós estabelecemos e que remete, tecnicamente, à nossa *microeconomia*

---

18 Berle, A. e Means, G., 1932; Berle, A., 1960.
19 Duménil, G. e Lévy, D., 1996a, cap. 12.

do desequilíbrio.[20] Desta tendência crescente à instabilidade decorre a necessidade paralela de uma intervenção central para agir contra os seus efeitos. Do século XIX aos nossos dias, pode-se falar de uma verdadeira corrida entre, de uma parte, a tendência à instabilidade e, de outra, essas intervenções que visam lhe remediar. A evidência desta dinâmica não exclui os erros e atrasos, as crises que suscitam inovações institucionais.

As principais etapas desta perseguição podem ser resumidas da maneira seguinte. No curso das últimas décadas do século XIX até 1913, o sistema financeiro norte-americano era conhecido sob o nome de National Banking System. Os grandes bancos de Nova York e Chicago tinham um papel similar ao Banco da Inglaterra, ajustando as taxas de juros segundo suas observações dos movimentos no interior do sistema financeiro (especialmente as transferências de fundos, os créditos demandados pelos bancos locais aos grandes centros). No fim do século XIX, esse sistema não estava à altura dos desafios colocados pelas metamorfoses da economia, tanto reais quanto financeiras.

As crises eram profundas e a derrocada da produção se associava à queda de uma parte do sistema financeiro, em uma interação recíproca na qual as causas e os efeitos são difíceis de separar. A Bolsa estava presa nesses movimentos que ela contribuía para provocar e cujas consequências tinha que suportar. Na saída da crise de 1907, um vasto dispositivo administrativo foi implantado visando à criação de um banco central que era recusado havia muito tempo. O Federal Reserve nasceu em 1913. Ele tinha sido precedido por intervenções públicas iniciadas especialmente pelo Tesouro.[21]

A criação deste banco não resolveu os problemas, pois ele permaneceu submetido ao controle dos interesses financeiros privados. As hesitações políticas contra a intervenção permaneciam fortes. Os princípios que governavam essas práticas ainda estavam atrasados.[22] Pode-se citar especialmente o apego à conversibilidade em ouro, mais do que à estabilidade dos preços ou da produção. A inflação era percebida como uma ameaça

---

20 Duménil, G. e Lévy, D., 1996a, segunda parte.
21 Duménil, G. e Lévy, D., 1996b.
22 Wicker, E. R., 1966.

pairando sobre a conversibilidade e a recessão, colocando em perigo a solidez do sistema bancário, mais do que um prejuízo em si. A "doutrina dos títulos reais" (*real bill doctrine*) enunciava que os créditos bancários deviam "acompanhar" as transações reais. Neste limite, supunha-se que eles não continham risco inflacionário.[23]

Mas os capitalistas e as instituições financeiras somente aceitaram essas intervenções com reticências, e certas correntes permaneceram profundamente contrárias a essas mudanças. O caráter público e central desses mecanismos era percebido como portador de riscos importantes para a classe capitalista.

Na sua oposição à emergência desse controle centralizado, a finança estava errada ou certa? O futuro provou, em primeiro lugar, seu erro, pois somente uma intervenção vigorosa permitiu a parada da queda do sistema financeiro no curso da depressão dos anos 1930. Mas as políticas macroeconômicas, depois da Segunda Guerra mundial, foram definidas, em um primeiro momento, em oposição à finança, o que justifica posteriormente as apreensões dos mais reticentes. Eles tinham, de certa maneira, razão de ter medo. O novo dispositivo era, com efeito, do ponto de vista estrito da finança, cheio de riscos, e efetivamente faltou pouco para que ela não se recuperasse. Mas as coisas se inverteram de novo no neoliberalismo. Pareceu finalmente que a finança tinha estado errada em se opor à emergência de um quadro sólido de controle macroeconômico: era suficiente que se assegurasse o poder, o que foi feito!

A seção seguinte descreve o primeiro episódio: o surgimento de políticas macroeconômicas em um clima de hostilidade à finança depois da guerra. É no rastro da crise de 1929 e da Segunda Guerra Mundial que o sistema financeiro conheceu esta nova metamorfose. O banco central e o Tesouro tornaram-se os elementos fundamentais do setor financeiro, enriquecendo-se, assim, de componentes públicos ou parapúblicos, mas escapando da finança

---

23 A ideia mais ou menos confusa era de que o crédito devia ajustar-se ao volume de negócios, não à produção, mas às transações, ou seja, mais ou menos à mesma coisa. A moeda devia "acompanhar", "facilitar", e não "preceder".

em sua definição de classe. Essa foi uma transformação importante. Ela nos interessa no mais alto grau, pois ao definimos a finança capitalista em referência às instituições financeiras, o problema de inclusão ou de exclusão dessas instituições centrais na finança define um arcabouço importante.

O compromisso "keynesiano"

O mundo capitalista teve que suportar um conjunto de grandes choques, na primeira metade do século xx: a crise de 1929, a Segunda Guerra Mundial, assim como a emergência da URSS (qualquer que seja sua natureza de classe) como potência (de fato um contraimpério face ao império norte-americano cuja superioridade estaria doravante bem estabelecida). A partir daí, os diferentes aspectos da nova configuração – própria do século xx – se dissociam: (1) o desenvolvimento das grandes sociedades prossegue; (2) se afirma o papel determinante dos administradores, no duplo nível da gestão das empresas e da conduta das políticas; enquanto (3) a capacidade de controle dos proprietários capitalistas torna-se cada vez mais fraca em relação a esses dois pontos de vista.

A natureza da propriedade capitalista, no sentido estrito, não tinha mudado, pois a classe capitalista permanecia detentora das ações e créditos. Mas os poderes e rendas associados a esse privilégio foram consideravelmente diminuídos. Se retomarmos a integralidade original dos atributos do conceito de propriedade, isto é, se ela inclui o controle individual e social ao lado da propriedade jurídica, pode-se afirmar que o pós-guerra marca um forte recuo da propriedade capitalista. A transformação principal se situa no nível da hierarquia de poderes entre as diferentes classes sociais e suas frações. Convencionou-se chamar de compromisso keynesiano esta grande conjuntura histórica das primeiras décadas pós-guerra. Para lhe analisar o perfil, é necessário fazer um desvio pelo estudo, mais geral, da relação entre Estado e estrutura de classe. É o objeto do Quadro 2.

Em qual sentido o *compromisso keynesiano* foi um compromisso e foi keynesiano?

1. *Prolegômenos*. A partir de 1933, o Estado intervém fortemente na economia norte-americana a fim de conter a depressão, tentando controlar especialmente a concorrência e os preços, e regulamentando o setor financeiro responsabilizado pela crise. Os organizadores do New Deal e da economia de guerra foram batizados, nos Estados Unidos, de "planificadores", o que dá uma ideia da amplitude das medidas utilizadas ou consideradas. A ideia que prevalecia era que uma nova crise iria se manifestar no fim da guerra, ou ao menos o capitalismo iria entrar em uma estagnação estrutural. Os pensadores conquistados pelas classes dominantes duvidavam mesmo da capacidade do capitalismo voltar aos trilhos.[24]

2. *O imediato pós-guerra: o compromisso*. A nova ordem social que se implantou depois da guerra foi um compromisso muito aberto em direção às classes populares. Esse novo curso refletiu-se claramente na queda formidável da concentração da renda, tal como indica o gráfico 1. O 1% das rendas mais altas viu sua parte da renda total dividida mais ou menos por dois, de 16% para 8%. Mas se tratava de uma transformação do modo de funcionamento do capitalismo de envergadura muito maior. A iniciativa privada, na gestão das empresas, foi preservada. Entretanto, os administradores adquiriram uma grande autonomia em relação aos proprietários capitalistas. As taxas de juros eram baixas; eram distribuídos poucos dividendos e os lucros eram largamente retidos nas empresas e serviam para investir. Este período foi marcado por um aumento do poder de compra de largas frações da população e pelo desenvolvimento de sistemas de proteção social (em matéria de saúde e de aposentadoria, especialmente). Em relação às políticas, o crescimento e o pleno emprego foram erigidos como objetivos explícitos. Em resumo: uma classe capitalista contida, com rendas diminuídas, ainda que não despossuídas, e fortes concessões às classes médias e populares. Esta abertura em direção às classes populares é uma característica muito particular do compromisso keynesiano. Apesar do compromisso social interno e do recuo da finança, a natureza de classe da sociedade estava evidentemente

---

24 Pensar, por exemplo, no livro de Schumpeter, J., 1942.

mantida; no plano externo, a ordem mundial permanecia a do imperialismo, ainda que em configurações renovadas.

3. *Por que Keynes?* Esse compromisso merece o epíteto "keynesiano" em um sentido muito particular, mas limitado. Keynes tinha compreendido que o problema fundamental do capitalismo não é a capacidade de produzir o que é demandado, nem de investir mais, lá onde seja necessário ou onde esse investimento é menor (tudo isso segundo a dinâmica do sistema, bem entendido), mas sua forte instabilidade macroeconômica.[25] No fim da guerra, o pensamento keynesiano apareceu como a base de um compromisso possível. O Estado substituía a iniciativa privada – aliás, a finança – no controle da macroeconomia, no ajuste do nível da demanda global, respeitando fundamentalmente a gestão descentralizada dos executivos, assim como a propriedade capitalista, conforme esta imposição atenuada da relação de propriedade. Essa perda da posse do controle macroeconômico marcou o recuo do poder da finança.

A dimensão internacional do compromisso keynesiano é também importante e é um novo campo no qual se manifesta o recuo da finança. Keynes também tinha compreendido bem que a livre circulação dos capitais impedia a condução de políticas macroeconômicas autônomas. Em um contexto de abertura financeira, é impossível controlar as taxas de juros; as políticas de crédito e de câmbio são irrealizáveis quando os agentes nacionais podem tomar empréstimos no exterior e em uma moeda que não a sua.

A solução é a instauração de um controle de câmbio, um dispositivo no qual o economista arquiliberal Von Hayek via a antecâmara da servidão

---

25 Marx havia compreendido, como Keynes mais tarde, que as crises devem ser apreendidas como crises gerais, ou seja, afetando o conjunto dos ramos de produção. Ele é então, desse ponto de vista, um macroeconomista. Esta perspectiva se fixa em sua visão de eficiência dos processos de alocação do capital entre os campos, e de determinação dos preços e quantidades produzidas, em sua análise da formação das taxas de lucros na concorrência (Marx, K., 1894a, cap. 10). Trata-se do que nós chamamos de estabilidade em proporções em oposição à instabilidade em dimensão, quer dizer, macroeconômica (Duménil, G. e Lévy, D., 1996a, cap. 14).

(isto é, do comunismo).[26] Os acordos de Bretton Woods (1944) abriram esta possibilidade de regulamentação dos movimentos dos capitais, que foi controversa[27] desde a origem. Os grandes bancos de Nova York, a vanguarda militante da finança, se opuseram a esse plano, propondo um plano alternativo, aquele das moedas-chave, no qual eles permaneceriam administradores dos mecanismos monetários e financeiros internacionais como no bom velho tempo. Os acordos de 1944 manifestaram certos compromissos *vis-à-vis* à finança.[28]

2. Estado, classes, compromisso e hegemonia

Em sua definição corrente, o Estado é concebido como um órgão técnico, que assegura as funções de organização para o conjunto da sociedade (educação, informação, justiça, políticas, defesa, políticas econômicas etc.) e administra as relações com outros países.

Marx define o Estado diferentemente: a partir de suas funções em uma sociedade de classe. O Estado é concebido como a instituição (as instituições ou aparelhos) na qual se expressa o poder das classes dominantes; em uma formulação mais rigorosa, trata-se da instituição na qual se configuram as relações de poder entre frações de diversas classes, e que é o vetor da implantação, necessariamente coletiva, do poder das classes dominantes.[1] Os órgãos técnicos estão ali, pois o exercício desta função

---

26 Hayek, F. A., 1944.

27 Keynes foi muito claro nesse ponto. Em uma de suas intervenções na Câmara dos Lordes em maio de 1944 (os acordos foram assinados em julho), ele sublinha sem ambiguidade a ligação entre "o poder de controlar a taxa de juros em um país, a fim de garantir a disponibilidade de dinheiro a baixo custo", e o controle dos movimentos de capitais: "O plano concede a cada governo participante o direito de controlar todos os movimentos de capitais, não simplesmente como uma característica da transição, mas como um dispositivo permanente. O que era uma heresia foi adotado como ortodoxia" (Keynes, J. M., 1944).

28 Domhoff, G. W., 1990.

social requer o controle do conjunto dos aparelhos e mecanismos, como a escola, o exército etc. como instrumentos. Em outros termos, a condução das funções técnicas é apreendida como a expressão de um monopólio necessário ao exercício do poder. O caráter público, no sentido moderno do termo, dessas instituições não é determinante: por exemplo, o ensino pode ser delegado a congregações religiosas, assim como as prisões ou o exército podem ser privatizados. O exercício do poder do Estado se adapta a tais delegações.

Qual é o limite? A pertinência da concepção de Marx aparece a partir do momento em que o Estado é compreendido *na história*, isto é, em um quadro teórico mais geral (em sua relação com outros conceitos, como aqueles de relações de produção e de classe).[2] Esta importância está, por exemplo, manifestada na análise do neoliberalismo. Nas concepções keynesianas, o Estado é colocado em oposição ao mercado, e no neoliberalismo se enfrentam os "senhores" Estado e mercado. Nesta definição falta o essencial.

No quadro de uma sociedade de classe, os termos *república* e *democracia* (um termo que Marx não utiliza como sinônimo ao precedente) subentendem "de classe". Marx fala, então, da *república social* (popular) para se opor à república burguesa (de classe):

"Se o proletariado de Paris tivesse feito a revolução de Fevereiro [1948] ao grito de 'Viva a República social', esse grito exprimiria somente uma vaga aspiração a uma república que não devia somente abolir a forma monárquica da dominação de classe, mas a dominação de classe ele mesma. A Comuna foi a forma positiva desta república".[3]

A democracia remetia, especialmente na antiguidade ocidental, ao poder coletivo de uma classe dominante, limitado tipicamente aos adultos do sexo masculino de certa categoria social. Tal como o termo é correntemente utilizado em nossos dias, ela designa uma república de classe, fundada sobre o sufrágio universal. Em um tal regime político, o poder das classes dominantes se apoia sobre uma vasta gama de métodos: da dominação ideológica ao exercício direto da opressão e da violência, no interior de regras dadas, ainda que constantemente contornadas. Este exercício do poder deixa livre curso, dentro de certos limites, à confrontação de interesses de diversas frações das classes dominantes, e a dominação de classe se encontra atravessada de certos compromissos. É evidente que é necessário não confundir democracia de classe e ditadura, esta última remetendo ao exercício de uma violência de classe sem disfarce.

A implicação teórica de tais diferenças é, ainda uma vez, essencial. A incapacidade de reconhecer o caráter de classe das democracias contemporâneas coloca os analistas em uma posição de perpétua "nostalgia" *vis-à-vis* o que foi ou o que deveria ser, em um passado mítico, a República, nossa mãe de todos.

Por *compromisso*, nós entendemos a aquisição do apoio que certas classes ou frações de classes no poder obtêm das classes dominantes, sobre a base de vantagens econômicas (e não como o resultado de uma propaganda pura e simples). São tipicamente as classes médias que estão implicadas em tais compromissos. Mas o leque pode ser aberto ou fechado. Nós nos referimos ao *compromisso keynesiano* e ao *compromisso neoliberal*, cujos conteúdos estão definidos no corpo do texto.

Nós utilizamos o termo *hegemonia*, despretensiosamente, em seu sentido etimológico "aquele que vai à frente", e que na Grécia antiga serviu para designar a superioridade de uma cidade sobre as outras. Pode-se precisar a noção, no contexto de análise das classes e do Estado no neoliberalismo, como posição dirigente (no caso da finança) em uma aliança de classe (com as outras frações das classes dominantes e das classes do compromisso).[4]

Nos anos do compromisso keynesiano, o terreno de caça do capitalismo internacional permanece delimitado pela existência de modelos de desenvolvimento muito dirigistas. As limitações à mobilidade internacional dos capitais e ao comércio colocaram um freio a certos aspectos das práticas imperialistas dessas décadas keynesianas. Os Estados controlavam suas taxas de juros e dirigiam seu crédito, restringindo, de certa maneira, as margens de manobra da finança internacional.

4. *Uma ordem social imperialista*. Evitemos, entretanto, idealizar. No plano econômico, o imperialismo dessas décadas se caracteriza pelo vigor

da expansão das sociedades transnacionais. Seu ritmo de desenvolvimento mais rápido ocorreu nos anos 1960 e 1970, com forte redução nos anos 1980. O crescimento da dívida do então chamado "Terceiro Mundo", em um contexto de taxa de juros reais baixas e de Guerra Fria, no curso dos anos 1970, preparava a exploração escandalosa, característica da fase posterior. No plano mais diretamente político, o desenvolvimento das lutas no mundo desemboca nas guerras que se conhece, especialmente nas guerras de independência das antigas colônias e naquela do Vietnã, e na afirmação dos regimes fascistas na América Latina e em outros lugares – traços do imperialismo que é inútil qualificar.

5. *Uma perda da hegemonia financeira*. O destino reservado ao setor financeiro no curso dessas décadas pós-guerra foi sensivelmente diferente em cada um dos países. Se podemos falar de "contenção" nos Estados Unidos, a marcha do desenvolvimento de instituições financeiras foi muito mais longe em outros países, como a França, a Alemanha, o Japão ou a Coreia. Na França, o sistema de crédito foi orientado em direção ao crescimento, com uma forte intervenção do Estado; uma parte do sistema bancário foi nacionalizada. Quando se calcula a taxa de lucro médio do setor financeiro, na França, levando em conta a desvalorização dos créditos pela inflação, encontram-se taxas de lucro negativas! No Japão, o setor bancário foi amarrado ao sistema produtivo e colocado a serviço do investimento e da inovação, em uma relação muito estreita e intermediada pelos ministérios públicos.

A tolerância à inflação foi uma outra expressão da transformação da hierarquia dos poderes entre a finança (classes e instituições) e o resto da sociedade e da economia. Assim como Keynes tinha querido financiar a Primeira Guerra Mundial com a inflação, as primeiras décadas que se seguiram à Segunda Guerra Mundial foi o momento de um processo de desvalorização de créditos, desfavorável aos credores. Seu auge ocorreu nos anos 1970, quando as taxas de juros foram inferiores às taxas de inflação, isto é, quando as taxas de juros reais negativas prevaleceram. Ao menos em termos relativos, as rendas da finança desabaram, enquanto os patrimônios financeiros se dissolveram. Como permanecer rico no contexto de taxa de juros reais negativas, de taxas de lucros fracas e de lucros amplamente retidos pelas sociedades, e de uma bolsa estagnada depois de uma queda de 50% em termos reais, na metade dos anos 1970?

Globalmente, o pós-guerra significa o fim da primeira hegemonia da finança. A fração superior da classe capitalista e suas instituições financeiras se viram contidas, ainda que não eliminadas, e uma parte dos mecanismos financeiros foi colocada a serviço do desenvolvimento. Uma eutanásia, que jamais atingiu seu fim...

Esta diminuição de poder coincide, em certa medida, com a perda da dominação da classe capitalista sobre certas instituições financeiras. No auge das décadas keynesianas, a fração superior desta classe tinha perdido o controle do banco central; nos países como o Japão ou a França perderam segmentos inteiros do setor financeiro.

É a crise estrutural dos anos 1970, especialmente a aceleração da inflação, que concede à luta permanente da classe capitalista, que jamais aceitou esse recuo, as condições necessárias à recuperação de sua hegemonia, que ela consegue no neoliberalismo: uma *segunda hegemonia financeira*.

Neoliberalismo: a reconquista

Na análise da afirmação da ordem neoliberal, é importante diferenciar os aspectos econômicos e políticos. A ideia geral é aquela de Marx, quando ele afirma que *os homens fazem sua própria história, mas que eles a fazem em condições determinadas*. E por trás de "condições", pode-se entender, muito amplamente, condições *econômicas*. Esta seção recapitula os principais aspectos desta reconquista.

1. *A crise estrutural dos anos 1970 e a onda inflacionária*. Enquanto se mantém a relativa prosperidade do pós-guerra, o novo compromisso social permanece difícil de ser distendido, o que não significa que ele não sofreu ataques. Pela metade dos anos 1970, as taxas de crescimento caíram nos países do centro. Os ritmos da acumulação cederam frente à baixa da rentabilidade do capital, desde a metade dos anos 1960 ou dos anos 1970. As

taxas de inflação começaram a aumentar nos Estados Unidos e em outros lugares, enquanto que em um país como a França as inflações do pós-guerra eram contidas a custo. Na metade dos anos 1970, as valorizações da Bolsa, corrigidas pela inflação, desabaram. A inflação, mesmo sendo tolerada e levando em conta as transferências de patrimônio que favoreceram os agentes devedores, não resolve a crise estrutural. Ela dá uma trégua. É nesse contexto de inflação cumulativa que as políticas keynesianas foram atacadas de frente pelas correntes monetaristas que lhe atribuem a alta dos preços. Suas políticas lutavam em favor do equilíbrio orçamentário e pelo abandono dos ajustes da criação monetária através do crédito, enquanto processo contracíclico deliberado. As metas de crescimento dos agregados monetários foram definidas, supostas como intocáveis.

Essas políticas fracassaram, mas esses resultados negativos não afetaram em nada a marcha à frente dos representantes da classe capitalista. Partes inteiras dos acordos de Bretton Woods estavam afundando depois da crise do dólar no início dos anos 1970, especialmente o abandono das taxas de câmbio fixas e ajustáveis em benefício da livre flutuação das moedas. A pressão das instituições financeiras em favor da livre circulação dos capitais torna-se mais e mais forte.

A reviravolta foi súbita em 1979. Enquanto a administração de Jimmy Carter convocava para uma retomada concertada e o socialismo "à François Mitterand" preparava suas armas na França, o Federal Reserve dos Estados Unidos decidiu aumentar as taxas de juros a qualquer nível que fosse necessário para estrangular a inflação – em desprezo total das consequências em termos de emprego e endividamento, especialmente *vis-à-vis* aos países do Terceiro Mundo. Esta decisão foi um golpe de gênio político, pois as classes possuidoras encontraram-se subitamente entusiasmados pela alegria de remunerações substanciais. Os aposentados, cujas aposentadorias ainda não tinham sido corroídas, beneficiaram-se, enfim, de suas economias.

2. *Os eurobancos, instituições financeiras fora das normas.* Nesta luta, a emergência gradual de um sistema financeiro internacional fora das regulamentações nacionais, os eurobancos, que eram "europeus" somente de

maneira acessória, pois se desenvolveram originalmente em Londres, desempenha um papel fundamental.[29] Eles foram o centro da reconstituição da finança internacional.

3. *A informação e o ensino.* O poder do dinheiro permite a reconquista gradual dos meios de comunicação e das universidades.

4. *A fragilidade do compromisso keynesiano.* A incapacidade do compromisso anterior de enfrentar a crise crescente fez o resto. A convergência dos interesses entre os executivos e as classes populares encontra-se desestabilizada. Esta situação de crise implicava arbitragens e disciplinas, cujas condições políticas não estavam reunidas. Os partidos de esquerda e os sindicatos deixaram-se levar pela onda de promessas que tinha sustentado sua dinâmica nas primeiras décadas do pós-guerra.

Na França, especialmente, supunha-se que a "recomposição do poder de compra" resolveria os problemas de crescimento, em uma grande confusão política e analítica, enquanto que a capacidade do sistema em baixar os limites suportáveis da rentabilidade se esgotava.[30] Essa desagregação do compromisso – incapaz de resistir à adversidade – abre o caminho para a restauração do poder da finança e para a conversão das elites da esquerda tradicional, que se perderam no neoliberalismo em nome da modernidade multinacional (a graus diversos e segundo os níveis de resistência).

5. *As bandeiras nacionalistas.* No caso do Reino Unido de Margaret Thatcher, como no dos Estados Unidos de Ronald Reagan, a dimensão nacionalista teve um papel determinante. O Reino Unido lançou a carta da praça financeira de Londres, abandonando partes inteiras de sua indústria à ação corrosiva dos elementos. Reagan prometeu o "retorno" dos Estados

---

29 Helleiner, E., 1994.

30 A queda na taxa de lucro prejudica a acumulação, portanto, o crescimento. Ela aumenta a propensão da economia a se desestabilizar, quer dizer, a entrar em superaquecimento e recessão (a oscilar de um a outro). Mas, o quadro institucional do compromisso keynesiano, principalmente a retenção de grande parte dos lucros pelas empresas em vista de novos investimentos, permite adiar essas consequências nefastas (Duménil, G., Lévy, D., 1996a, cap. 13).

Unidos (*America is back*), cujo declínio era destacado pelos analistas de esquerda ou de direita, por seu lado. Na atmosfera geral de crise e de insucesso no Vietnã, essas circunstâncias permitiram aos agentes da finança mundial de se apresentarem frente às classes médias como críticos da mediocridade.

6. *Lutas de classes na América Latina*. No rastro da revolução cubana em 1959 e de sua consolidação (apesar da resposta dos Estados Unidos às audácias da União Soviética) e das lutas radicais nos países da América Latina, os anos 1970 viram a sucessão de temíveis golpes de extrema direita, como no Chile, em 1973, na Argentina em 1976 etc. Esses novos regimes introduziram, em configurações complexas, certos elementos de abertura comercial e financeira, e reprimiram as reivindicações populares. Esses dispositivos fracassaram face à crise da dívida do início dos anos 1980, mas eles aparecem, retrospectivamente, como as primeiras tentativas que anunciavam o que iria ser o neoliberalismo. As forças regressivas do centro e da periferia convergiram. Faltava fechar o ciclo do fascismo – um depois do outro, suscitado pelas classes dominantes e depois denunciado – para abrir o caminho para uma ordem de classe mais "civilizada", das democracias de classe liberais, isto é, no caso, neoliberais.

4. Os agentes

Esta seção traça um quadro dos agentes dominantes e das instituições no capitalismo neoliberal: as classes dominantes, as classes assalariadas superiores dentro do compromisso neoliberal, as instituições financeiras, o Estado e as sociedades transnacionais.

As altas rendas nos Estados Unidos

Quando se examina o conjunto das rendas das famílias dos Estados Unidos, no início dos anos 2000, segundo as estatísticas tributárias de 2001, observa-se muito claramente que uma fração superior se destaca e cujas rendas são diferentes do resto da população.[31] Trata-se de uma diferença de

---

31 Duménil, G. e Lévy, D., 2004d.

nível, mas também de composição. Evidentemente, não é possível passar, sem os devidos cuidados, da observação das rendas para a estrutura de classe, mas trata-se aí de um aspecto importante de diferenciações sociais.

Segundo as estatísticas tributárias, a grande massa da população, isto é, 98% das famílias, recebem menos de 200 mil dólares por ano. Sua renda é formada de 90% de salários, em um sentido amplo que inclui as aposentadorias. As rendas de capital, no sentido de juros e dividendos, representam menos de 5%. O quadro muda quando são considerados os 2% com rendas superiores a 200 mil dólares (nos Estados Unidos, 2% das famílias significam mais de 2 milhões de famílias). Os salários representam um pouco mais da metade da renda dessas famílias; os ganhos de capital (especialmente os ganhos na Bolsa), 18%; os dividendos, juros e aluguéis, 11%; e as rendas de empresas, exceto as sociedades por ações, como aquelas de profissionais liberais e de trabalhadores independentes, 14%.[32] Não é, evidentemente, possível se fixar uma fronteira rigorosa, os dados disponíveis são limitados, mas os traços de um mundo capitalista privilegiado parecem se afirmar entre 2% e 1%; nós colocaríamos a fronteira em torno de 1,5% das famílias com rendas mais elevadas.

A importância dos salários e das rendas das empresas, exceto as sociedades por ações, nas rendas superiores, criou a expressão "ricos trabalhadores" ou "ricos ao trabalho". As percentagens anteriores tornam, contudo, necessários os seguintes esclarecimentos, que permite compreender sua verdadeira natureza:

1. Boa parte das rendas financeiras escapa às estatísticas tributárias e há toda razão em pensar que essa percentagem cresceu no neoliberalismo. Estima-se, na França, por exemplo, que as rendas declaradas do capital representam menos de 20% de seu valor. Existem inúmeros dispositivos que permitem escapar do imposto (investir nos paraísos fiscais, aplicar em fundos de seguro de vida, doar a carteira de ações aos filhos, o que exonera de imposto sobre os ganhos de capital, etc.).

---

32 Trata-se de *sole proprietors*, *partnerships* e *S-corporations*.

2. O caso das empresas, com exceção das sociedades por ações, mostra que o tecido das relações sociais é mais complexo ainda do que sugere a separação entre salários e lucros em uma sociedade por ações. Uma fração corresponde às empresas financeiras, nas quais as famílias mais ricas administram em comum seus haveres e se engajam em operações financeiras; fluxos de juros e de dividendos são assim transformados em uma outra categoria de renda. Pode-se notar, complementarmente, que essas empresas são usuárias privilegiadas de paraísos fiscais. Considerando o conjunto dessas empresas, que não as sociedades por ações, as atividades financeiras e imobiliárias representam mais ou menos um terço de sua renda total. Um quarto dessa renda provém de serviços prestados às empresas. Trata-se da subcontratação, para outras empresas, de tarefas de gestão de executivos especializados, vendedores de seu conhecimento, mas também proprietários de suas empresas.

3. No interior desse 1% superior em termos de rendas tributáveis, as rendas são mais importantes do que os salários. Globalmente, esta característica já sinaliza uma situação nas relações de produção distinta daquela do assalariado típico. Isso é tanto mais verdadeiro quanto mais alta é a posição na hierarquia. As remunerações são tão elevadas, que toda família que chega nesses níveis torna-se, de fato, detentora de uma carteira de títulos importantes. Além disso, as rendas desses grupos, classificadas como "salários", devem ser vistas com precaução, pois elas agrupam os salários no sentido estrito e as distribuições de títulos, como as realizadas com *stock-options* ou outras distribuições. Considerando-se a média dessas rendas para os cem presidentes das sociedades mais bem pagos, ela equivalia a um pouco menos que quarenta vezes o salário nacional médio, em 1970, e mais de mil vezes, em 1999 (quase quinhentas vezes, em 2003).[33] Em 1999, a renda anual média *per capita* desses cem presidentes atingia 40 milhões de dólares, do quais menos de 10% de salários, no sentido estrito, e o resto sob a forma de distribuições de títulos. Nós estamos aí em um mundo de remunerações exorbitantes, no qual a natureza é a da distribuição direta da mais-valia.

---

33 Segundo *Forbes Survey of 800 CEOs* (Piketty, T. e Saez, E., 2003).

Nós evocamos anteriormente a queda da concentração das rendas tributáveis durante as décadas do compromisso keynesiano: o 1% das rendas mais elevadas viu sua cota parte da renda total das famílias diminuir de 16% para 8% (gráfico 1). Tudo se inverte com o neoliberalismo. Como mostra o gráfico, esse 1% viu sua participação passar, em pouco mais de vinte anos, de 8% para 16% da renda total. Este crescimento formidável das desigualdades foi particularmente agudo no topo da pirâmide. Enquanto 90% das famílias (de rendas mais baixas) sofreram, entre 1970 e 2002, certa estagnação de seu poder de compra, a do 1% superior foi multiplicada por 4.

O compromisso neoliberal: as classes médias superiores e a interface propriedade-gestão. Esquerdas e direitas

Embora a informação disponível seja limitada, vale a pena examinar os dados das rendas dos grupos que não pertencem diretamente a este universo de proprietários, mas que estão mais próximos dele. No capitalismo moderno norte-americano, trata-se de famílias assalariadas (as outras categorias de rendas, como aquelas dos pequenos proprietários, representam pouca coisa).

O grupo que se vai isolar é aquele das famílias cujas rendas se situavam, em 2001, abaixo do 1% das rendas mais elevadas, mas acima dos 90% inferiores: portanto, a fração compreendida entre os 90% e 99% da escala das famílias em termos de renda. Como todas as altas rendas, a participação na renda total que esse grupo recebe cai brutalmente no fim da Segunda Guerra Mundial. Esse grupo perdeu, em média, quatro pontos percentuais de sua participação na renda total do país (de 27% a 23%), quase tanto quanto o 1% superior (de 16% para 8%). Destaca-se que, nessa comparação, deve-se lembrar que o 1% é, evidentemente, nove vezes menos numeroso que a fração 90-99. Essas duas perdas beneficiaram a fração 0-90, cuja participação aumenta então em nove pontos percentuais (de 56% para 65% da renda total do país) no fim da guerra. Mas enquanto o 1% continua lentamente seu declínio até o início do neoliberalismo, a fração 90-99 recupera gradualmente e regularmente sua participação depois da guerra. A perda relativa da renda da classe capitalista até o neoliberalismo é, então, bem específica. Mas o que nos interessa aqui, antes de tudo, é que o neoliberalismo permite a recuperação da parte das rendas da classe capitalista, depois de 1980, *sem diminuir a participação dos 90-99 e sem impedir sua progressão*. Tudo se fez em detrimento da fração 0-90. O ensinamento é, então, duplo. De uma parte, as décadas do compromisso keynesiano foram marcadas pelo avanço relativo do poder de compra da grande massa da população, mas as classes assalariadas superiores de administradores privados e públicos beneficiaram-se deste período de modo especial (contrariamente à classe capitalista). Nota-se, aqui, uma expressão quantitativa da natureza do compromisso keynesiano, particularmente favorável aos executivos do alto da hierarquia, enquanto que as rendas da classe capitalista eram contidas. Preferível à expressão *compromisso keynesiano* teria sido aquele de *compromisso "cadriste"*,[34] de acordo com a terminologia que nós propusemos.[35] De outra parte, essas classes assalariadas superiores não padeceram do neoliberalismo, ao contrário da maioria da população cuja parte da renda total caiu e o poder de compra estagnou.

Que se passa, então, no topo? Seja no compromisso keynesiano ou no neoliberalismo, pode-se sempre identificar, em um mundo onde a propriedade e a gestão estão separadas, um "lugar social" de interação entre acionistas e administradores. Nós o designamos como *interface – propriedade – gestão*. Trata-se do mundo da alta gestão e dos conselhos administrativos. Aí vivem, lado a lado, proprietários, interessados na gestão, e assalariados. Onde se define o que se convencionou chamar de "governança corporativa". A interface não se configura, evidentemente, da mesma maneira no compromisso keynesiano e no neoliberalismo. O compromisso keynesiano tinha

---

34 Palavra sem correspondente em português. Compromisso *"cadriste"* seria o compromisso estabelecido entre os altos funcionários, do setor privado e público, no pós-guerra (N. do T.).

35 Duménil, G. e Lévy, D., 1998.

colocado o topo da gestão em uma relação de força favorável aos administradores. A nova hegemonia financeira no neoliberalismo repousa sobre uma reversão dessa relação. Um dos aspectos importantes do neoliberalismo foi a nova disciplina imposta aos administradores em favor dos proprietários. Contudo, a esse nível da hierarquia, tal relação não pode se estabelecer de maneira puramente hostil.

O sucesso extraordinário do restabelecimento do poder da classe capitalista somente foi concluído ao preço da associação das frações superiores dos administradores nas vantagens que o neoliberalismo confere à propriedade capitalista. É, então, estabelecida uma ligação estreita entre a propriedade e a alta gestão.

Esta relação privilegiada, no topo, entre proprietários capitalistas e as frações superiores dos assalariados, é estendida além desse mundo da interface, até englobar a totalidade do decil 90-99 na escala das rendas. Esse fenômeno nos conduz a falar de um *compromisso* neoliberal, durante o compromisso keynesiano. A ideia central é que, no neoliberalismo, a finança não exerce sua dominação completamente sozinha, embora sua posição seja hegemônica. As novas classes médias superiores são ganhas ao neoliberalismo pela sedução relativamente favorável que lhe foi reservada. Elas mesmas submetidas à propaganda neoliberal – da qual participam por sua vez para definir e difundir – têm sua adesão estabelecida sobre uma base econômica, pois suas rendas estão em jogo.[36]

É a relação entre propriedade, alta gestão e altos cargos do setor público que está aqui em jogo, segundo diversas configurações profundamente marcadas pelas características de cada sociedade e pelo curso da história. É necessário não esquecer que os Estados Unidos foram a pátria da revolução gerencial, e que lá a relação entre *managers* e proprietários não assumiu as mesmas características que nos países como a França ou o Japão.

A aliança dos segmentos populares e dos executivos, tal como no compromisso keynesiano, tinha feito pairar sobre as classes de proprietários a mais forte ameaça histórica. Mas os executivos do compromisso keynesiano

---

36 Assim, não utilizamos conceitos como o de hegemonia no sentido gramsciano.

representavam um inimigo menos tenaz que os quadros do socialismo real, aqueles de um "*cadrismo* burocrático", que provoca décadas de anticomunismo e toda a violência da Guerra Fria, para finalmente ceder frente a sua incapacidade de se reformar.

A nova configuração do compromisso neoliberal vira as costas à aliança dos executivos com as classes populares de empregados e de operários, e consagra uma outra aliança orientada em direção ao alto das hierarquias sociais. É importante compreender bem os aspectos econômicos e políticos do compromisso neoliberal: (1) esse compromisso tem uma base *econômica*, o destino reservado às classes de executivos, principalmente em termos de rendas; (2) trata-se de uma aliança *política*, a aquisição da sustentação política, no sentido estrito, e da colaboração no vasto empreendimento de transformação social em curso.

A dissolução das correntes progressistas nos partidos de esquerda, especificamente o partido socialista ou os Verdes na França, levou certos analistas à convicção de uma perda de pertinência da clivagem direita/esquerda sobre o leque político. Esta convicção reflete a dificuldade de construir uma interpretação desta polarização em termos de classe. Mais do que estabelecer uma correspondência estrita entre partidos e classes é necessário penetrar na dinâmica histórica dessas configurações. Os deslocamentos da esquerda e direita (todas as ambivalências e ambiguidades) devem ser interpretados sobre a escala desses compromissos, entre o compromisso *cadriste* popular e o compromisso neoliberal. A oscilação das alianças em direção à classe capitalista, nas quais os executivos são os pivôs, entre o compromisso keynesiano e o compromisso neoliberal, explica, sozinha, o sentido da polarização direita/esquerda no tabuleiro político contemporâneo.

Entretanto, nos Estados Unidos, a ligação entre capitalistas e altos executivos tornou-se tão estreita que a problemática do compromisso neoliberal, tal como definida acima, torna-se provavelmente muito restritiva. Essas transformações abrem a via para um processo de fusão no topo (ver quadro 3).

3. Fusão no topo. Hiperdireita

Nos Estados Unidos, a relação que se estabelece entre as frações mais elevadas dos administradores e a classe capitalista, na interface, ultrapassa doravante os limites de um simples *compromisso*.[5] A relação não é somente de associação, de cima para baixo: os proprietários construindo um destino favorável às categorias mais elevadas dos administradores. O neoliberalismo tem, simetricamente, provocado um retorno das classes proprietárias no controle, e uma fração importante das rendas capitalistas assume a forma de "salários", aí incluída as distribuições de títulos. Não é que esses capitalistas simplesmente assumem o papel de "trabalhadores", como Marx sugeria, observando os capitalistas "ainda" ativos no contexto das primeiras etapas da transição em direção à burguesia financeira, mas que eles penetrem na relação *cadriste*, doravante ela se estabelece historicamente como substituto potencial da relação capitalista.

Essa nova relação é ambivalente, isto é, possui um *duplo* alcance. De um lado, permite a perpetuação do poder e das rendas dos proprietários do capital, e, de outro, desenha os contornos de uma metamorfose da posição de classe propriamente capitalista em favor de uma relação *cadristre* ultra-hierarquizada, completamente desembaraçada das alianças populares. Ela combina, então, o antigo e o novo, e é daí que resulta sua importância histórica.

Em termos de *relações de produção*, tal configuração afeta a natureza da relação com os meios de produção. Há uma ultrapassagem, de fato, além dos limites da base econômica do compromisso neoliberal no topo, que permanecia essencialmente confinada à hierarquia das rendas. Trata-se, doravante, mais diretamente da relação de propriedade dos meios de produção: de propriedade no sentido estrito e de controle.

Em termos *políticos*, trata-se sempre da mesma oscilação das alianças já característica do compromisso neoliberal, mas pressionada para muito mais à frente. A nova configuração chega a esse resultado minando a base econômica dos compromissos potencialmente progressistas entre os executivos e as classes populares; ou, mais exatamente, construindo as bases econômicas de uma fusão no topo. Esta nova configuração tem, então, consequências históricas desastrosas para as classes populares e para a maioria dos executivos. Amplas frações de executivos são suscetíveis de se deixar aprisionar pelos reflexos do que restará para maioria dentre eles, uma ilusão. Pois os grupos subalternos do oficialato *cadriste* permanecerão provavelmente nesta posição de compromisso, característica do compromisso neoliberal, à margem da fusão no topo. Além da clivagem esquerda/direita, pode-se identificar, correlacionado, a construção de uma "hiperdireita", tal como aquela perceptível nos Estados Unidos, traduzindo o reforço da dominação de classe que permite ultrapassar as contradições no topo.

É necessário destacar que essas relações não parecem ainda se impor na França, embora muitos trabalhem para isso, ou, ao menos, que seu estabelecimento se choca com as forças institucionais e sociais, fortemente determinadas historicamente.

As instituições financeiras nacionais e internacionais

Prosseguimos nosso exame dos agentes constitutivos da finança pelas *instituições financeiras*. Entre aquelas que podemos agrupar sob esse vocábulo, é útil distinguir diferentes categorias:

1. *As empresas financeiras privadas.* Trata-se inicialmente do sistema bancário, mas existem outras empresas financeiras (chamadas de não bancárias): de crédito, de gestão de patrimônios, de seguro, de intermediação etc. A tendência no curso das últimas décadas foi mais da diversificação das funções no interior de grandes sociedades em parte bancárias e, de maneira mais geral, financeiras, elas próprias divididas em numerosas filiais (milhares para as maiores). Nos Estados Unidos, trata-se das *financial holding companies*.[37] Certas empresas financeiras não têm o status de

---

37 Após 2001, os bancos podem escolher esse estatuto mais geral.

verdadeiras *corporations*, mas de empresas individuais ou *partnerships*,[38] como as pequenas empresas que administram os patrimônios das famílias. Essas últimas são pequenas somente pelo número de sócios. Nos Estados Unidos, seu patrimônio líquido (soma dos ativos menos as dívidas) é igual ao de todas as sociedades (*corporations*) financeiras, no qual estão especialmente todos os bancos!

2. *As empresas financeiras fora das regulamentações nacionais (os eurobancos)*. Como foi lembrado, durante a crise de 1957 no Reino Unido, começaram a se desenvolver operações financeiras fora dos limites de regulamentação nacionais. Os bancos ingleses descobriram que, apesar das limitações aos movimentos dos capitais, eles podiam utilizar os depósitos em dólares de seus clientes estrangeiros para criar créditos (sem a intervenção da moeda do país). Essas novas práticas iriam conhecer um desenvolvimento considerável e servir de apoio à restauração da hegemonia da finança (seção 3). Elas se associaram à criação de paraísos fiscais. Os Estados Unidos autorizaram a implantação no interior seu próprio território de tais instituições especializadas na evasão fiscal, chamadas de International Banking Facilities. Assim, no seio da categoria precedente, é necessário distinguir essas empresas financeiras instaladas fora dos limites das regulamentações nacionais.

3. *Os fundos de aposentadoria e fundos de aplicação*. Esses fundos não são empresas. Eles não têm dívidas, e a noção de fundos próprios (ativos menos dívidas) aí não tem sentido. No quadro da contabilidade nacional norte-americana, seu valor é chamado de "reserva". Eles são administrados em estruturas completamente particulares, utilizando as sociedades financeiras para realizar suas operações e administrar seus portfólios (esta gestão é uma atividade dos Bank Holding Companies), e uma fonte de ganho importante para essas últimas.

4. *Os bancos centrais e as instituições públicas ou parapúblicas nacionais*. Entre essas instituições financeiras existem várias que possuem um caráter estatal mais ou menos pronunciado, qualquer que seja seu status exato. Além

---

38 Inclusive uma categoria de pequenas sociedades chamadas *S-corporations*, tendo o mesmo estatuto fiscal.

dos bancos centrais, pode-se citar, na França, uma instituição como a Caixa de Depósitos e Consignações, ou, nos Estados Unidos, agências federais (que, por exemplo, adquirem os créditos autorizados pelos bancos), que asseguram os depósitos contra os riscos de fechamento dos bancos etc.

5. *As instituições financeiras internacionais*. Trata-se de organizações bem conhecidas: Fundo Monetário Internacional (FMI), Banco Mundial, Banco de Regulamentações Internacionais etc. Uma instituição como o FMI foi criada no quadro dos acordos de Bretton Woods, em 1944. Esse fundo tinha como missão a estabilização das relações comerciais e financeiras internacionais, pela outorga de créditos aos países com déficit externo, e o controle dos fluxos monetários e de operações de câmbio. Desde a sua criação, ele é objeto de controvérsias. Certas ideias e práticas, favoráveis aos interesses da finança, jamais foram completamente descartadas. Mesmo nas décadas do compromisso keynesiano, suas recomendações apresentavam características ortodoxas.

No geral, a história das transformações do capitalismo testemunha a relação privilegiada entre a fração dominante da classe capitalista e as instituições financeiras. Essas instituições foram os atores que representaram os interesses capitalistas nas lutas: no fim do século XIX, quando da formação das instituições do capitalismo moderno, no exercício da primeira hegemonia financeira; na configuração do compromisso keynesiano (onde a finança, inclusive suas instituições, não foi eliminada) e, sobretudo, na revolução neoliberal.

Um dos aspectos primordiais do compromisso keynesiano foi separar componentes importantes das instituições financeiras da dominação dos proprietários do capital, especialmente os bancos centrais, mas também o sistema bancário em geral, algumas vezes em parte nacionalizado. Mas em todos os casos essas instituições financeiras representaram polos de atração para os quais convergiram as forças da classe capitalista em sua recomposição. A retomada do controle dessas instituições, magistral no neoliberalismo, é um elemento central da nova ordem social. Isso é verdade tanto no plano nacional como no plano internacional. É inútil insistir sobre o papel de agente neoliberal do FMI e do Banco Mundial. Conhece-se igualmente o impacto dos fundos de aplicação sobre as empresas, nas quais eles disciplinam os administradores a fim de garantir uma gestão favorável aos acionistas. A análise que Marx fez das instituições do capital de empréstimo, fundamentalmente os bancos, como administrador desse capital e do capital em geral, parece mais pertinente que nunca.

O Estado neoliberal

Em muitas interpretações do neoliberalismo, em suas origens – da parte de certa economia keynesiana, bem pouco política – a dupla *mercado/Estado* desempenhou um papel fundamental. E essa corrente permanece viva. Esforçamo-nos igualmente, desde o início, em propor uma interpretação em termos de classe, aquela que nos conduziu à definição do conceito de finança. Mas esse deslocamento da problemática em direção à análise de classe não resolve a questão da relação do Estado com o neoliberalismo. Esta dificuldade reaparece igualmente nas formulações de certos analistas, que, tomando consciência da importância do papel do Estado no neoliberalismo, vêm negar o conceito, confundindo assim o nome e seu sentido: se o Estado intervém, aí não pode haver "liberalismo". O termo neoliberal é parcialmente adequado, o que quer dizer que em parte o é; e em parte, não. Os dois elementos devem ser levados em conta.

É necessário, inicialmente, compreender que a expressão "livre mercado", que subentende o termo liberalismo, aqui econômico, remete à liberdade de ação dos capitalistas e das empresas. Nesse sentido, o neoliberalismo manifestou bem o restabelecimento desta liberdade parcialmente obstaculizada durante o compromisso keynesiano, tanto nacional como internacionalmente. E esse restabelecimento não está acabado. No plano nacional, trata-se de privatizações e de certas desregulamentações. Mas isso é particularmente evidente no plano internacional, na generalização da abertura das fronteiras comerciais (a doutrina e a prática do livre comércio) e na livre circulação dos capitais. Os tratados internacionais, chamados justamente de livre comércio, doravante têm como principal objetivo a proteção dos investimentos no exterior, isto é, a livre ação do capital internacional. Nas relações capital-trabalho, as legislações e regulamentações evoluem em um sentido favorável à iniciativa dos empregadores: especialmente a liberdade de empregar e de demitir.

Mas esta liberdade dos capitalistas e das empresas seria muito frágil sem o suporte fornecido pelos Estados, assim como pelas instituições paraestatais nacionais e internacionais. Uma interpretação de Estado *nas relações de classe*, e não flutuando acima delas, é aqui essencial (Quadro 2). Pode-se evocar as seguintes características desta intervenção:

1. A transição ao neoliberalismo foi conduzida pelos Estados. Ela incluía o recuo de certos modos de intervenção; esses recuos não devem ser interpretados como um abandono coletivo, mas como um alinhamento às estratégias das classes dominantes, continuando a preparação de um novo compromisso social no qual as instituições estatais são os recipientes. A apropriação das instituições estatais pelas classes dominantes, conforme as ponderações do novo compromisso, somente poderia ser um processo progressivo e limitado pelas resistências sociais. Por exemplo, na França, a desmontagem dos sistemas de proteção social foi e ainda está, no início dos anos 2000, obstaculizada pela resistência popular, no duplo exercício das lutas sociais e da aprovação pelo voto popular (forma contemporânea da expressão, sempre residual, da vontade popular nas repúblicas de classe).

2. A intervenção estatal no neoliberalismo é forte nos campos econômico e social. Pode-se destacar, em primeiro lugar, a política monetária muito enérgica e eficaz que pressupôs profundas reformas institucionais (como, nos Estados Unidos, o reforço dos poderes do Federal Reserve) e a independência dos bancos centrais. Um outro exemplo maior é, ainda nos Estados Unidos, a enorme intervenção pública nos mecanismos de crédito, que resulta da recompra pelas agências federais de créditos hipotecários dos bancos. Na Europa, quem defenderia que a Comissão Europeia e o banco central se protegessem de toda intervenção econômica, enquanto abrem o caminho para a ordem neoliberal e a disciplinam?

3. No plano das políticas internacionais, os Estados Unidos são os pilares da sustentação e da progressão do neoliberalismo. Quem negocia os tratados econômicos, sejam eles bilaterais ou globais no seio de instituições internacionais? Uma instituição paraestatal internacional como o fmi é um dos agentes mais eficazes do neoliberalismo nas suas formas mais extremas. Mas seria necessário tratar aqui também de outras instituições: a Organização Mundial do Comércio (omc) e seu Órgão de Regulamentação de Disputas (ORD), o Banco Mundial e seu poderoso Centro Internacional de Resolução das Disputas Relativas aos Investimentos (Cirdi) e uma plétora de instituições do mesmo tipo, de caráter estatal global das classes dominantes e de seus agentes. Enfim, é necessário lembrar que a subversão e a guerra são os instrumentos estatais últimos para os mesmos fins?

Sim, o Estado neoliberal é deliberadamente desprovido de certas funções estatais próprias do compromisso keynesiano, mas está mais forte do que nunca e tão imperialista quanto o Estado do compromisso keynesiano (apesar do término das guerras coloniais e das conflagrações muito quentes da dita "Guerra Fria", como no Vietnã etc.). Não há contradição entre a nova hegemonia da finança e os Estados. Muito pelo contrário, esses são seus agentes. No neoliberalismo, o Estado não está em questão enquanto tal, mas está na medida em que algumas de suas instituições são ainda portadoras de mecanismos próprios ao compromisso keynesiano anterior.

As sociedades transnacionais

Elo crucial no dispositivo da mundialização neoliberal, as sociedades transnacionais desempenham um papel tão importante que certos analistas caracterizam a fase atual do capitalismo pela transnacionalização. Não há dúvida que a produção no capitalismo contemporâneo está, mais do que nunca, nas mãos de sociedades transnacionais, mas é necessário não confundir transnacionalização e neoliberalismo. A situação é a mesma tanto para a transnacionalização como para o imperialismo, do qual ela é uma engrenagem: o imperialismo é uma característica estrutural e permanente do capitalismo desde suas origens, mas esta constatação não impede de destacar as características específicas do imperialismo no neoliberalismo.[39] Desloquemos no tempo a extensão das sociedades transnacionais: isso significa que essas sociedades apareceram bem antes do neoliberalismo, mas elas possuem certos traços característicos na era neoliberal. Entretanto, não há equivalência, pois se trata somente, depois de tudo, de uma variante da dupla mundialização/neoliberalismo, dois processos distintos, embora articulados.

O desenvolvimento das sociedades transnacionais foi particularmente forte nos anos 1960, em plena era keynesiana. Por exemplo, a França sofreu nesses anos a entrada maciça de capitais norte-americanos. Globalmente, os fluxos de investimento diretos dos Estados Unidos diminuíram consideravelmente seu ritmo nos anos 1980, antes de um novo crescimento na segunda metade dos anos 1990. O neoliberalismo não acelerou claramente esta tendência histórica, sabendo que as taxas de acumulação são fracas.

Na progressão das sociedades transnacionais, está em ação uma dinâmica de empresa, que assume características particulares em todas as fases do capitalismo, mas não é específica a uma delas. É evidente que o neoliberalismo, com a pressão exercida pelos proprietários capitalistas sobre os administradores com vistas à obtenção de taxa de rentabilidade excepcionais, é um forte estimulante da internacionalização da produção. A abertura das fronteiras comerciais e a liberação dos fluxos financeiros facilitam o avanço das transnacionais. Mas nos lembremos que o crescimento dos fluxos de investimentos diretos na Europa, nas primeiras décadas do pós-guerra, é produto do período do controle de câmbio. Aconteceu o mesmo com as implantações das grandes firmas, por exemplo, de produção de automóveis, nos países da América Latina, quando o comércio externo aí era fortemente controlado. O objetivo do investimento no estrangeiro era, precisamente, a possibilidade de vender nos mercados locais, apesar dos controles.

A transnacionalização está, apesar disso, sob o efeito do neoliberalismo, orientada para vias específicas. Como para todos os aspectos dessa nova ordem

---

39 O que nós intitulamos em inglês o *neoliberal-imperialist mix* (Duménil, G. e Lévy, D., 2005b).

social, pode-se ver uma reafirmação brutal das características primitivas da acumulação capitalista. Um dos aspectos do neoliberalismo é, por exemplo, o controle da progressão do salário e dos benefícios sociais (segundo a cronologia: estagnação e depois regressão, ao que parece, primeiro na periferia e em seguida no centro). É um aspecto central do que nós entendemos por reafirmação das características fundamentais do capitalismo. Podemos associar a ele a precariedade das condições de emprego. Da mesma maneira, e em estreita relação, o neoliberalismo está na origem da competição promovida pelas transnacionais entre os trabalhadores dos países do centro e os da periferia. Os efeitos sobre uns e outros são devastadores (o que não impede a super oferta dos Estados dos países da periferia no esforço de se vender ao melhor preço, de onde decorre uma concorrência criminosa). As transnacionais são aqui um elo na grande estratégia da classe capitalista, cujos aspectos são os seguintes: (1) concentração da propriedade ativa (os verdadeiros administradores do capital mundial) nos países do centro, (2) localização da produção na periferia, nos locais mais cooperativos e tranquilos, e (3) transformações das classes capitalistas locais em rentistas.[40] Era uma das trajetórias possíveis da economia mundial, resultado da opção neoliberal.

5. Conquistas e contradições

Esta seção prolonga as precedentes do ponto de vista dos procedimentos da nova hegemonia da finança e, finalmente, discute suas perspectivas. A primeira seção é consagrada ao quadro no qual é estabelecido poder da finança e à sua capacidade, correlativa, para garantir suas rendas. As duas seções seguintes descrevem a dinâmica de funcionamento, muito particular, do capitalismo neoliberal, centrado sobre a rentabilidade, e conduzindo a lógicas de acumulação e de consumo igualmente específicas, especialmente do ponto de vista do centro do sistema, dos Estados Unidos. Enfim, a última seção discute as perspectivas. O fim do neoliberalismo está programado? Sobre quais horizontes este fim seria suscetível de desembocar?

---

40 Duménil, G. e Lévy, D., 2005b.

As modalidades de uma apropriação de rendas nacional e internacional

As modalidades da nova hegemonia da finança são múltiplas, e nada é simples. Algumas refletem mais os procedimentos do estabelecimento que já descrevemos, enquanto outros definem a aquisição de uma situação de maturidade; há uma hierarquia de métodos, nos quais alguns introduzem os outros; as experiências nacionais diferem; enfim, qualquer que seja o sucesso destruidor da afirmação da ordem neoliberal, as lutas e resistências não são jamais plenamente superadas. Pode-se, entretanto, lembrar os traços maiores seguintes:

1. *Rendas financeiras elevadas*. O gráfico 2 mostra a parte das rendas financeiras na renda total dos Estados Unidos e, a título de comparação, na França. Apesar das flutuações que refletem as valorizações bursáteis, vemos claramente se desenhar o crescimento relativo dessas rendas. O mecanismo mais simples foi a alta formidável das taxas de juros acima da inflação, logo, o aumento dos juros reais. Trata-se aí do que nós batizamos de "golpe de 1979". Brutalmente, é até o início dos anos 2000, as taxas reais foram mantidas a níveis muito elevados. Essas taxas elevadas criaram, de todos os tipos, endividamentos cumulativos dos Estados (dívida pública) ou países (dívida externa), a partir do estoque da dívida pré-existente, como nos países da periferia (a dívida externa sofreu sua primeira onda de crescimento no fim dos anos 1970). Mas ocorreu o mesmo nos planos nacionais, neles incluído o centro, como os Estados Unidos.

As classes abastadas construíram, assim, um dispositivo de polarização extrema entre credores e devedores, em proporções gigantescas. Esse movimento é acompanhado da imposição de novos critérios de gestão, desembocando no pagamento de enormes fluxos de dividendos e na alta da valorização da Bolsa. Em paralelo, abriram-se gradualmente os novos canais de "remuneração" no alto das hierarquias administrativas, no campo onde a fronteira entre renda da gestão e da propriedade se torna indistinta. Simultaneamente, eram criados ou ampliados paraísos fiscais, enquanto que, nos países do centro, eram aliviadas a tributação do capital e das altas rendas.

Essa drenagem de recursos possui evidentemente dimensões nacional e internacionalmente, isto é, imperialista, as quais tentamos avaliar.[41]

Gráfico 2: Parte das rendas financeiras no total das rendas das famílias (%): Estados Unidos e França

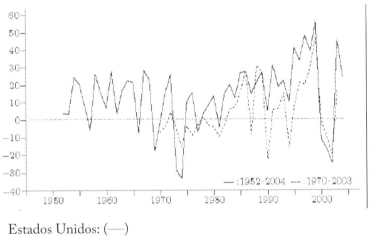

Estados Unidos: (—)
França (-----)

2. *Um aumento na rentabilidade das empresas.* Parte importante das rendas financeiras é extraída dos Estados ou das famílias. Apesar disso, a ampliação da mais-valia, no sentido fundamental do termo, e a alta da rentabilidade das empresas (medida por sua taxa de lucro), definem um outro conjunto de procedimentos da nova hegemonia financeira. Falamos aqui da rentabilidade antes do pagamento dos juros e, evidentemente, dos dividendos. Como se disse, esse resultado foi primeiramente obtido pelo bloqueio ou diminuição dos salários e dos benefícios sociais. Ele se apoia sobre a competição entre os trabalhadores do mundo. A forte pressão colocada sobre as cúpulas da administração, com a ajuda das novas tecnologias, contribuiu, ademais, para

---

41 Duménil, G. e Lévy, D., 2004b.

a afirmação de um curso mais favorável da mudança técnica (o fim da baixa da produtividade do capital e da nova tendência à alta da taxa de lucro).

3. *Um horizonte sem limite da acumulação do capital.* Em um mundo onde as fronteiras comerciais e financeiras foram amplamente suprimidas, e continuam a ser, o "terreno de caça" do capital internacional parece somente ter limite planetário. É esse o mundo de livre acesso das sociedades transnacionais, nos quais os juros estão garantidos pelos tratados e nos quais as condições de gestão foram transformadas em benefício dos proprietários. Muitas das limitações à ação dessas sociedades foram retiradas, quer se tratassem das condições de ou de proteção do meio ambiente.

No geral, o diagnóstico cabe em poucas palavras: *um mundo favorável às classes capitalistas.*

A pressão para a rentabilidade

A hegemonia da finança no neoliberalismo modificou consideravelmente as condições de determinação das grandes variáveis macroeconômicas – especialmente a rentabilidade, a acumulação e o consumo – e suas relações recíprocas. A importância desses mecanismos é dupla. De uma parte, eles dão às décadas neoliberais suas características, e, de outra parte, eles modulam o futuro desta ordem social e condicionam as perspectivas.

Um dos mecanismos assinalados acima é a pressão colocada sobre as cúpulas da gestão, visando aumentar a rentabilidade das empresas, isto é, sua taxa de lucro. Nesta nova gestão, batizada pomposamente de *governança corporativa,* uma alavanca essencial é a ameaça da parte dos acionistas – especialmente institucionais, como os grandes fundos de aplicação – de se desfazer das ações das sociedades se elas não atingem certas taxas de rentabilidade. A isso é necessário somar as remunerações dos principais responsáveis, especialmente as *stock options,* que os levam a maximizar os rendimentos bursáteis.

O índice de uso corrente é designado pela sigla ROE (*return on equity*), que completa o ROA (*return on assets*). Nos dois casos, *return* significa taxa de rendimento, aliás, a taxa de lucro. Seu numerador é uma medida dos lucros do período e o denominador é uma medida do capital adiantado, os fundos próprios (ativos menos dívidas, ou *shareholder equity*) ou os ativos (*assets*). Pode-se notar que apresentamos frequentemente ROEs nos nossos trabalho[42] (ou ROAs, sobre uma parte dos ativos, os capitais fixos, e com uma definição ampla de lucros). Do ponto de vista da análise marxista, o neoliberalismo teve, ao menos, a vantagem de recolocar a taxa de lucro ao centro da dinâmica do capitalismo.

A valorização da rentabilidade de uma empresa possui um caráter diferencial, a fim de guiar as aplicações (segundo o mecanismo que Marx chamava de *mobilidade do capital*). Trata-se de saber se uma empresa faz melhor ou menos do que outra. Para isso, é necessário comparar as taxas das diversas empresas.

Nesta análise da rentabilidade, é útil se referir a uma norma. O procedimento da moda é conhecido sob a sigla charmosa EVA (*economic value added*). A ideia geral é de deduzir da taxa de lucro essa tal norma designada como "o custo de uso do capital". Como nas práticas anteriores, o custo do capital emprestado é medido pela taxa de juros. O custo dos fundos próprios é determinado pela aplicação de uma taxa de rendimento sobre esses fundos, que é uma ponderação dos rendimentos de diversos tipos de aplicações sobre os mercados financeiros.[43] A norma seria hoje de 15%.

A acumulação e o consumo

Uma das características mais desconcertantes do neoliberalismo, que apareceu pouco tempo depois ter identificado claramente os traços da nova ordem social, é a desconexão entre a reconstituição da taxa de lucro e o movimento do investimento que não acompanha este novo aumento. A ideia de uma mudança histórica importante, no curso dos anos 1980, nos foi imposta pela identificação da reviravolta na tendência da taxa de lucro. Mas só foi possível estabelecer uma relação dessas primeiras observações com a entrada em uma nova fase com um atraso importante, pois a taxa de lucro é constantemente presa a flutuações que podem ser muito duradouras, sem verdadeira

---

42 Por exemplo, gráficos 9.2 e 9.3 de Duménil, G. e Lévy, D., 2000, 2004a.

43 Encontrar-se-á uma descrição técnica no capítulo de Michel Husson.

ruptura da tendência. Assim que a ideia é confirmada, as características do neoliberalismo foram bem estabelecidas (identificadas vários anos antes), e desenhavam, segundo outros pontos de vista, uma nova etapa. Esta desconexão nos revelou, então, o que parecia contradizer o diagnóstico: o investimento não se restabelecia com a rentabilidade. A primeira verdadeira síntese – nova tendência à alta da taxa de lucro, neoliberalismo e ausência de retomada do investimento – se encontra no nosso livro *Crise et sortie de crise*.[44]

De nosso ponto de vista, esta desconexão resulta do novo curso neoliberal da economia, voltado para a criação de rendas para os detentores de capitais. Um primeiro aspecto, o mais simples, refere-se aos níveis elevados de taxas de juros reais. Sujeitos a uma forte restrição de rentabilidade, os administradores das empresas são levados a conter o endividamento, isto é, diminuí-lo, o que lhes faz preferir uma expansão reduzida a um crescimento ambicioso submetido ao endividamento. O desejo de sustentar o crescimento das valorizações bursáteis os empurra fortemente, da mesma maneira, a remunerar os acionistas, mais sensíveis aos fluxos de rendas presentes do que à antecipação de lucros futuros, resultante da capitalização dos benefícios. Toda redução nos dividendos coloca em perigo as cotações. As empresas são pressionadas a recomprar suas próprias ações para estimular a alta das cotações, e complementar as possibilidades de remuneração.

Pode-se resumir, como segue, as engrenagens que conduziram à redução das taxas de acumulação (definida como a taxa de crescimento do estoque de capital fixo, materiais e construções, das empresas).[45]

1. É o resultado das práticas que acabamos de relembrar; um divórcio entre a rentabilidade, apurada antes dos pagamentos dos juros e dividendos, e depois desses pagamentos.

2. A isso se soma que as transferências dos emprestadores para os devedores, no caso, as empresas, que tinham permitido as taxas de infla-

---

44 Duménil, G. e Lévy, D., 2000; ver igualmente *Séminaire Marxiste*, 2001.

45 O resto dessa seção utiliza os resultados publicados em diversos estudos, principalmente em Duménil, G. e Lévy, D., 2004c.

ção dos anos 1970, desaparecem nos anos 1980.[46] Elas tinham contribuído para a manutenção de taxas de lucros (depois dos juros) durante essa década, mas esse efeito favorável no investimento desapareceu com a entrada nos anos 1980.

3. Assim, as taxas de lucros, chamadas de "retidas", isto é, uma vez pagos os juros e os dividendos e levando em conta os efeitos da inflação, se encontraram brutalmente reduzidas nos anos 1980 e 1990.

4. De uma maneira geral, a taxa de acumulação varia segundo a taxa de lucro retido, com poucas exceções. A queda da segunda acarreta a da primeira. É isso que indica, de maneira impressionante, o gráfico 3, que mostra as duas taxas para o conjunto das sociedades não financeiras dos Estados Unidos: taxa de lucro retido (lucros retidos/fundos próprios) corrigida dos efeitos da inflação, e taxa de acumulação (taxa de crescimento do estoque de capital fixo). Nota-se, inicialmente, a identidade dos perfis, com a única exceção na segunda metade dos anos 1990, período que nós designamos como o "longo boom" norte-americano. Mas o que nos interessa aqui é a queda concomitante das duas variáveis. Um movimento similar é identificável na França, onde atinge proporções caricaturais.[47]

Mas uma característica dos Estados Unidos é que esse divórcio entre taxas de lucro e taxa de acumulação é acompanhado de uma formidável alta do consumo (inclusive a construção de moradias) das famílias. Antes de 1980, a taxa de poupança das famílias era ao menos de 8%; em seguida ela cai regularmente, para atingir quase 0%. Pode-se notar, de passagem, que a situação é diferente na França, onde são as despesas públicas de consumo e de investimento que cresceram. Esta diferença é uma expressão da inserção, ainda distinta, da França no neoliberalismo.[48]

---

46 A inflação desvaloriza os créditos e alivia o encargo dos devedores.

47 Em seu capítulo, Michel Husson faz uma leitura diferente desses mecanismos: as empresas investem pouco pela exigência da finança em termos de rentabilidade, ou seja, "o objetivo a ser alcançado é colocado em uma altura muito alta". Ver igualmente o debate com ele no *Séminaire Marxiste*, 2001.

48 Duménil, G. e Lévy, D., 2005a.

Gráfico 3 – Taxa de lucro retido e taxa de acumulação (%): Estados Unidos, sociedades não financeiras

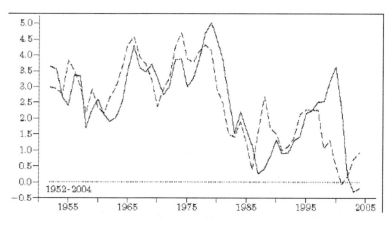

Taxa de acumulação (—)
Taxa de lucro retiro (-----)

As duas taxas são a taxa de lucro retido (lucros retiros/fundos próprios), corrigida dos efeitos da inflação, e a taxa de acumulação (taxa de crescimento do estoque de capital fixo)

Fonte: NIPA (BEA, Estados Unidos).

Nos Estados Unidos, a acumulação e as despesas públicas somente puderam ser mantidas em seus respectivos níveis graças à centralização das poupanças mundiais em favor desse país. Esse fenômeno atingiu tal amplitude que os haveres financeiros do resto do mundo nos Estados Unidos são hoje o dobro dos deste país no resto do mundo, apesar de sua posição de imperialismo central. É o que o mostra o Gráfico 4.

Neoliberalismo e imperialismo (hierarquias imperiais) combinam aqui suas características. Esse financiamento externo dos Estados Unidos manifesta uma importante contradição. É difícil de imaginar que as classes dominantes, o centro da finança mundial, possam continuar a dominar o mundo sem poupar. Os fluxos financeiros que os Estados Unidos pagam ao resto do mundo, no início dos anos 2000, são iguais àqueles que eles obtêm do resto do mundo!

Gráfico 4 – Participação no Produto Nacional Líquido dos Estados Unidos dos haveres dos agentes desse país em relação ao resto do mundo e do resto do mundo em relação a esse país

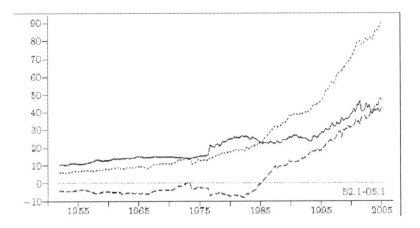

Haveres dos EUA: (—)
Haveres do resto do mundo: (----)
Haveres líquidos do resto do mundo: (– –)
Um sinal positivo para a diferença entre as duas variáveis (– –) indica que o resto do mundo têm mais ativos nos EUA do que este país no resto do mundo

Esta contradição é incontestável. Na sua origem se encontra o favorecimento feito pelo neoliberalismo às classes dominantes dos Estados Unidos; o imperialismo norte-americano não está em causa. Ele é, pode-se dizer, "impecável" na sua lógica: eficaz e devorador. Como se sabe, ele combina, sem moderação, a violência econômica direta (especialmente na abertura das fronteiras), a corrupção, a subversão e a guerra.

De fato, a finança norte-americana implantou um dispositivo mundial que define a nova configuração de imperialismo, do qual se destacou a emergência mais acima. A América Latina, a Argentina à frente, fornece o arquétipo.[49] De uma parte, as sociedades transnacionais do centro adquiriram a grande economia

---

49 Duménil, G. e Lévy, D., 2005a.

(as grandes empresas) dos países dominados, e as classes capitalistas locais se colocam em uma posição de rentistas *vis-à-vis* os países imperialistas, principalmente os Estados Unidos. De certo ponto de vista, esta configuração é ideal para os Estados Unidos. É necessário, então, apegar-se à ideia de *contradição*? Dois mecanismos estão aqui em jogo. De uma parte, os Estados Unidos teriam podido investir no resto do mundo, e, de outra, se beneficiar das aplicações desses países, com um diferencial de rendimento (de fato, do simples ao duplo), na ausência de desequilíbrios externos próprios a esse país. O que criou a diferença entre os estoques de haveres, com o sobrecrescimento dos haveres do resto do mundo nos Estados Unidos, foi o desequilíbrio da balança de transações correntes desse país, de fato, o déficit das trocas comerciais. Esse déficit é a expressão do super consumo norte-americano. Podemos notar, de passagem, que o ajustamento da taxa de câmbio (a queda do dólar) não seria compatível com a exportação de capitais desse país e sua hegemonia imperialista. Se as famílias norte-americanas gastassem menos, isto é, poupassem e, então, financiassem acumulação de seu país, os dois estoques de haveres se desenvolveriam em paralelo, e os Estado Unidos aproveitariam tranquilamente dos diferenciais de rendimento.

A nova configuração do imperialismo é, então, bem "ideal", mas ela está viciada pelos apetites de consumo das famílias abastadas desse país. Pode-se igualmente afirmar que esta loucura consumista teria sido impossível na ausência do estabelecimento desta nova configuração imperial. Essa maneira de viver exorbitante foi, em última análise, permitida pelos efeitos combinados da nova ordem neoliberal e do novo curso do imperialismo norte-americano.

Esta onda de consumo é uma das bases econômicas do compromisso neoliberal. Ela sustenta a adesão das camadas de rendas mais elevadas, e, em certa medida, das camadas médias superiores, a essa nova ordem social.

Amanhã sem esperança?

Na discussão das trajetórias possíveis para as décadas que vêm, é necessário se prevenir de diversas confusões. A superação do neoliberalismo não significa necessariamente – e o que se vê é uma coisa lamentável – um retorno a um compromisso social associando as classes populares, isto é um deslocamento "à esquerda" do centro de gravidade dos equilíbrios sociais. As sociedades de classe têm bem mais imaginação. Que as classes populares devam lutar para obter esse resultado é uma outra questão. Os aspectos neoliberais e imperialistas se conjugam de maneira complexa, mas encaminham a duas realidades distintas. Como se lembrou, o compromisso keynesiano foi imperialista, de maneira espetacular. O *cadrismo* burocrático dos países do socialismo real também o foi. Existe uma grande autonomia entre os arranjos sociais internos e a atitude face o resto do mundo. Além disso, é necessário não julgar uma ordem social unicamente a partir de seus métodos; suas finalidades, que são a expressão mais íntima de sua natureza, são mais importantes. O inconveniente do termo "neoliberalismo" nesse propósito, é que ele coloca o destaque nos procedimentos, e é por isso que nós preferimos chamar de "nova hegemonia financeira".

As coisas se jogam a vários níveis. Ao menos duas categorias de mecanismos têm características mais fundamentais que o neoliberalismo: (1) o compromisso social entre as classes superiores nos Estados Unidos, e (2) o estabelecimento da nova configuração imperialista. E, o que se evidencia, é que sua relação está aqui em jogo.

É necessário, de fato, distinguir vários tipos de tendência. A um primeiro nível, as modalidades tradicionais de concentração de renda no alto, próprias ao neoliberalismo, dão certos sinais de esgotamento. Será muito difícil restabelecer as taxas de juros similares àquelas dos anos 1980 e 1990; a polarização entre credores e devedores atinge níveis ameaçadores, embora ela se acelere, por exemplo, para as famílias, no início dos anos 2000; não é possível distribuir uma parte sempre crescente de lucros das sociedades em dividendos; as valorizações da Bolsa podem, eventualmente, flutuar em torno de uma tendência horizontal, mas a sobrevalorização das empresas é tal que não se pode vislumbrar o prosseguimento do aumento durável das valorizações em termos reais. Assim, os milagres das duas décadas tocam, talvez, seu fim. Isso resultaria em uma profunda mudança de característica do período.

Em um segundo nível, essas tendências somente podem – nos Estados Unidos, ao menos – acentuar a importância dos novos canais de distribuição das rendas (os novos "salários" no alto, as rendas de pequenas sociedades chamadas *partnership* que administram os patrimônios ou prestam serviços às empresas), assim como os compromissos de classe no alto. A esse título, a perda eventual da pertinência dos mecanismos neoliberais (altas taxas de juros, forte distribuição de dividendos, alta tendencial da Bolsa) poderia acelerar a marcha para um *cadrismo* hiper-hierarquizado, com tendências direitistas ainda mais aumentadas em função do papel que aí jogam os indivíduos saídos da classe capitalista e da consolidação da dominação de classe que resulta do apaziguamento das contradições internas no alto.

Enfim, a pressão sobre o resto do mundo será acentuada, e é aí que as características propriamente liberais se manterão ou se reforçarão: a abertura forçada. Em tal cenário, seria necessário conservar o termo "neoliberalismo"? Esse cuidado apresenta-se bem fútil frente ao contexto. A resposta dependerá das ponderações e modalidades.

Isso que precede descreve as tendências inerentes à dinâmica de classe que se extraem de nossa interpretação do curso da história, um cenário bem pessimista.

Mas outras opções estão abertas para o futuro:

1. *O retorno nacional.* Muitas vozes se fazem ouvir nos Estados Unidos no sentido de um controle dos fluxos internacionais de mercadorias e de capitais. Pensamos que na ausência de uma crise maior, elas têm pouca chance de ter sucesso e não prefiguram nada de bom. O que significa "bom" nesse domínio? A reconfiguração equitativa das trocas, colocadas a serviço do desenvolvimento – o que implica, entre outras coisas – sua redução, mas não o retorno retrógrado.

2. *A afirmação de um compromisso à esquerda.* É uma opção mais agradável. Ela somente pode resultar das lutas sobre dois planos: (1) interna, pela pressão das classes populares, e (2) externa, pelas frentes de luta antiimperialistas. A América Latina levanta certas esperanças nos dois planos, e o movimento altermundialista combina as duas facetas desses processos. Mas

as forças centrífugas imperialistas secundárias estão igualmente em ação. Seria necessário temer a Ásia nesse plano?

3. *O socialismo*. As visões radicais e conciliatórias – a velha dupla reforma ou revolução – estão em vias de se confrontarem na extrema esquerda, especialmente na América do Sul; ressurge o grande ideal do estabelecimento de uma sociedade sem classes, com grandes manifestações de afirmação de "democracia" ("história não se repetirá"). É agradável ter esperança.

6. História de uma relação de produção e luta de classes

Algumas décadas de pesquisa nos confortam na convicção da pertinência de uma interpretação da história que toma muito emprestado, nos seus métodos e conceitos, daquela que Marx apresenta há 150 anos. Alguns estarão chocados por seu fundamentalismo, outros pelo seu revisionismo. Ninguém é perfeito!

De que se trata? Inicialmente o reconhecimento da primazia da luta de classes. Não, as sociedades contemporâneas e sua dinâmica histórica não podem ser compreendidas se tomadas como um *continuum*, do alto a baixo ou reciprocamente, mesmo se tal contribuição pode ser temperada pelo reconhecimento das desigualdades, isto é, por seu aumento.

Em seguida, a necessidade da teoria, no caso a da finança capitalista, e a exigência da historicidade, pois o mundo muda. A base da teoria da finança se encontra na propriedade capitalista, então, no capital. A partir disso, o teórico constrói determinações mais complexas, com o objetivo de seu valor explicativo potencial. O ponto de partida, os conceitos fundamentais, e o ponto de chegada, o conhecimento do mundo que convém explicar, são todos os dois importantes e não há como estabelecer uma hierarquia. Nos dois campos teóricos que se identificou (e dos quais o próximo capítulo oferece uma análise minuciosa), o da complexidade da relação de propriedade capitalista e o das instituições financeiras, Marx decifra a rede de interrelações. Ele estabelece assim a ligação entre uma configuração original "simples" e os meandros das divisões entre capitalista ativo e financeiro, entre proprietários e administradores, e é bem essa ligação que é essencial para nós, pois se ela não é reconhecida, as estruturas sociais se dissolvem nas análises, em benefício de uma diversidade inarticulada, aquela dos *continuums* e das desigualdades, de fato.

Da mesma maneira, na ausência da definição dessas relações, as instituições financeiras são percebidas no interior de vastos conjuntos igualmente desarticulados, expressões de uma vaga tendência das sociedades humanas para se organizar ou da permanente renovação dos quadros institucionais. Mas assim a ligação com o capital e a história das relações de produção é perdida de vista. Então, a relação entre instituições e propriedade, e capital – logo, a exploração.

É necessário fazer esse desvio para compreender que o neoliberalismo é um fenômeno de classe? É necessário esse desvio para compreender que, subjacente a esse fenômeno de classe, prossegue a lenta transformação das relações de produção, das estruturas de classe, para o melhor ou para o pior, de acordo justamente com as lutas? E, sobretudo para dar conteúdos. A intuição é rainha, e felizes são aqueles que concluem acertadamente sem a ajuda da teoria.

Notas referentes às tabelas

1 Disso resulta que a noção de Estado não tem sentido em uma sociedade sem classes, enquanto que nelas as instituições de gestão social coletiva são necessárias (quaisquer que sejam as preocupações de descentralização e de democracia local).
2 É uma característica de toda ciência que nela os conceitos sejam definidos dentro de uma rede de interdependências lógicas.
3 Marx, K., 1871, p. 62.
4 Lênin utiliza esse termo para definir a posição dirigente do proletariado em sua aliança com o campesinato. O sentido gramsciano coloca o acento sobre a dominação ideológica da classe dominante; o conceito, tal como o empregamos, não remete à base de consenso de um sistema político, mas a um sistema de relações sociais e econômicas, o que não muda em nada o fato de que sua finalidade seja política.
5 Duménil, G. e Lévy, D., 2005a.

Os três campos da teoria das relações financeiras de Marx: o capital financeiro de Hilferding e Lênin

Gérard Duménil e Dominique Lévy

Esse capítulo é dedicado à análise de Marx, em *O capital* e em seus escritos políticos (seções 1 a 4), assim como aos seus prolongamentos nas obras de Rudolf Hilferding e Vladimir Lênin (seção 5). No que diz respeito a Marx, além dos conceitos que estão precisamente em jogo, trata-se de um conjunto de desenvolvimentos constituídos frequentemente de digressões inacabadas, pois o pensamento de Marx estava em ebulição permanente, sabendo-se que numerosos textos seus não estavam prontos para publicação. Além da apreensão do conteúdo, que evidentemente é essencial, subsistem ainda certas dificuldades de interpretação. É preciso ler Marx no contexto de sua própria elaboração e de seus engajamentos políticos.

É impossível entrar diretamente na análise dos mecanismos financeiros sem retornar a certos fundamentos teóricos; em primeiro lugar, à definição de capital dada por Marx e os conceitos que essa definição envolve: o valor, os trabalhos produtivos e improdutivos, a produção e a circulação etc. Este é o objeto da primeira seção, cuja função é introdutória. O primeiro campo relativo à análise dos mecanismos financeiros propriamente ditos trata da relação de propriedade capitalista (seção 2). Refere-se aos desenvolvimentos do Livro III que giram em torno do conceito de capital de empréstimo, do juro e do lucro da empresa, e da noção de capital fictício. O segundo campo é aquele do capital bancário (seção 3), isto é, a análise da principal instituição financeira do capitalismo (considerada aqui como o arquétipo das instituições do setor financeiro);[1] aí se acrescentam diversas análises relativas aos mecanismos financeiros, principalmente as funções do setor financeiro.

Frente à questão geral da análise dos mecanismos financeiros na obra de Marx, a separação entre os dois campos, *propriedade* e *instituições*, é crucial. Essa distinção teórica estrutura a construção analítica de Marx em relação aos mecanismos financeiros. Em outros termos, pode-se afirmar que não há um campo teórico único de análise dos mecanismos financeiros em *O capital*, mas dois quadros teóricos fundamentais. O que nos interessa é evidentemente a distinção entre os dois quadros analíticos, mas, ao mesmo tempo, sua articulação, já muito presente em Marx. Vê-se que esses dois campos teóricos se ligam diretamente aos dois elementos que nossa definição da finança reúne como *a fração superior da classe capitalista e as instituições financeiras, encarnações e agentes de seu poder*: (1) a classe capitalista (o estudo das relações de propriedade dos meios de produção), e (2) as instituições financeiras.

A seção 4 apoia-se nas obras políticas, um capítulo da história das lutas de classe suscetível de nos guiar tanto pelo seu método quanto pelo seu conteúdo. Ainda que o ponto de vista mude radicalmente, pois aqui se parte do enunciado de conceitos econômicos fundamentais, pode-se falar de um terceiro campo de compreensão dos mecanismos financeiros no quadro geral das relações de classe. No plano metodológico, observa-se, em particular, a ligação entre as categorias econômicas e a estrutura de classe, assim como a maneira na qual é apreendido o jogo das contradições internas das classes dominantes e de seus aliados. No plano da história, descobre-se uma primeira configuração das lutas, que precede em várias décadas os períodos retratados na seção 3 do capítulo anterior.

Além da explicitação dos elementos resumidos na seção 2 do capítulo precedente, a questão principal aqui é a compreensão da relação entre a teoria do capital e a análise dos mecanismos financeiros. É, então, no campo do estudo do processo do capital que se inicia este capítulo.

---

[1] Marx trata também de outras instituições financeiras, como os *bill-brokers*, isto é, os intermediários nas operações com títulos ou de caixas de poupanças. Deixaremos de lado todas essas coisas.

1. O processo do conjunto do capital e sua supervisão

A primeira seção, abaixo, é dedicada à análise do capital, começando por sua definição como valor em movimento. A segunda visa restituir ao trabalho improdutivo todo o seu valor explicativo, como trabalho de supervisão dos movimentos do valor no capital e, em última instância, como trabalho de maximização da taxa de lucro (enquanto ele é frequentemente considerado como um resíduo destituído de interesse).

O valor-capital

Estamos nos fundamentos teóricos da análise de Marx sobre a produção capitalista. O centro do dispositivo teórico é o conceito de capital, o que não é muito surpreendente.

No sentido corrente do termo, um capital representa uma "soma", avaliada em unidades monetárias, investida em uma empresa ou em um título, ou simplesmente mantida em moeda.[2] Aqui se trata do capital investido em uma empresa. Esse capital não conserva a forma de uma soma de dinheiro, pois ele está aí para ser usado, o que implica seu gasto em salários, matérias-primas, fontes de energia, máquinas ou construções. Mas quando a energia, por exemplo, é comprada e utilizada, sua despesa não se perde, pois ela serve para a fabricação de um produto ou para a prestação de um serviço, e está suposto que ela é recuperada no preço pago pelo comprador. Há "alguma coisa" que se transfere e deveria até mesmo crescer.

Quando Marx define o capital,[3] ele o apresenta assim como "valor em movimento": o valor-capital, ou seja, o capital. Ele introduziu previamente o valor de uma mercadoria como o trabalho socialmente necessário para a

---

[2] O mesmo termo pode ser utilizado para tratar de um saber adquirido ou de uma cultura etc., mas não é o que está em jogo aqui.

[3] No capítulo IV do Livro I, "A fórmula geral do capital" (Marx, K., 1867a).

sua produção. Por *movimento* é preciso entender um fluxo de valor. Marx considera esse fluxo sob dois pontos de vista:

(1) A alteração da forma: a mudança que passa o valor-capital da forma dinheiro, simbolizada por D, à forma mercadoria, simbolizada por M, quando da compra dos insumos; seguida do percurso na fábrica onde ocorre a produção, momento em que ele assume a forma de capital produtivo, simbolizada por P, e finalmente, ao se apresentar como mercadoria no mercado, para voltar a ser dinheiro (Quadro 1).

(2) O aumento do valor que se realiza mediante a apropriação da mais-valia na produção, seguida de sua realização pela venda do produto.

Há, então, dois aspectos na teoria do capital: a *circulação* e a *valorização* (aumento do valor). Essa distinção estrutura toda a obra *O capital*, e assim determina seu projeto.

O vocabulário que Marx utiliza para designar esse processo do capital não é único: *processo do conjunto, processo de produção do capital* ou *de reprodução do capital*. A primeira expressão é a melhor, pois destaca a dualidade do processo (valorização e circulação). A expressão processo de produção do capital é confusa, pois o *processo de produção* designa igualmente a unidade do processo de trabalho e de valorização. Quanto à *reprodução*, o termo lembra demais os desenvolvimentos do Livro II, no qual a economia está dividida em setores.

Somente uma categoria de trabalho produz valor. Ele é chamado de *produtivo*. O que circula nessa "canalização" capitalista é um fluxo desta substância social, o valor, que corresponde a um tipo particular de trabalho. Além de sua preservação, a questão principal que está em jogo é o acréscimo desse valor-capital.

1. O circuito do capital e o balanço

Não se pode ler *O capital* sem conhecer um mínimo de contabilidade. O passivo de um balanço indica a procedência dos fundos da empresa. Nele as dívidas são distinguidas, sejam as que provêm de empréstimos, inclusive do crédito comercial, sejam os recursos próprios, que são iguais aos fundos obtidos pela emissão de ações e aos lucros retidos acumulados.

O ativo descreve a forma de existência do capital no momento em que o balanço é fechado. Marx distingue três formas (Livro II): o capital produtivo, o capital-mercadoria e o capital-dinheiro. O capital produtivo, P, agrupa o imobilizado, as construções e as máquinas, assim como os insumos em estoque e os produtos não acabados. O capital-mercadoria, M, é o estoque de produtos acabado aguardando sua venda.[1] O capital-dinheiro, D, é a soma da liquidez em caixa ou em bancos (inclusive outros ativos financeiros, principalmente o crédito comercial concedido aos clientes).

As massas de capitais existentes sob essas três formas estão em efervescência perpétua: quando, por exemplo, o capital-dinheiro serve para comprar matéria-prima que vai se incorporar no novo produto, retornando ao mercado a fim de ser reconvertido em dinheiro. Os átomos de valor do capital fixo, que sejam de imobilizações, se eternizam na matéria do elemento dos quais fazem parte, mas circulam igualmente, mesmo que mais lentamente.

O "circuito, ou ciclo, do capital" leva em conta esse movimento. Cada átomo do capital assume, cada um por sua vez, as três formas: capital-dinheiro, capital-mercadoria e capital produtivo. Trata-se do famoso circuito D – M ... P ... M – D, no qual se pode começar e terminar onde se queira, segundo as conveniências da exposição, o que conduz às três maneiras de descrever esse circuito único: D ... D, M ... M ou P ... P. Um " ' " pode servir para simbolizar o surgimento da mais-valia: D ... D'. Nessas últimas expressões, o sinal "..." expressa uma abreviação; por exemplo, D ... D', não significa outra coisa que D – M ... P ... M' – D', a primeira "figura do ciclo do capital". Ao contrário, D – D' é a "fórmula geral do capital", que Marx qualifica de "contraditória" ou "irracional", porque ela evidencia a valorização do capital independentemente das etapas intermediárias do circuito, tal como em um empréstimo.

> Como todos os átomos do capital percorrem esse circuito segundo seu próprio ritmo, às vezes rapidamente (capital circulante), às vezes lentamente (capital fixo), em um dado momento, todos os átomos assumem uma dessas formas: D, M ou P, o que define os três estoques no ativo do balanço.
>
> Aqui se fez abstração do fato de que as despesas de valorização e de circulação (introduzidas abaixo) estão na origem das operações de compra (da força de, de trabalho material, de combustíveis, de máquinas e construções). Elas são integradas, de maneira confusa, nas contas das empresas. Sua classificação em bens e serviços vendidos, como em uma contabilidade analítica, coloca problemas específicos. Um capital é adiantado para essa finalidade, mas não se enquadra no conceito de valor-capital em movimento.

A supervisão do processo do capital: uma teoria dual do trabalho

Nada caminha só. O que nos interessa aqui é que o processo do capital necessita de cuidados, portanto do trabalho. O trabalho mobilizado para esse fim não é produtivo, quaisquer que sejam os agentes que o realizem. Ele não circula (não passa pelas formas dinheiro, mercadoria, capital produtivo) e não cresce, como o trabalho que cria o valor. Ele "vigia" o desenrolar desse processo. Ele é gasto, e se evapora; não permanece, se tudo vai bem, a não ser sob os efeitos sobre o processo do capital (sua aceleração, certas economias). É importante insistir sobre esse ponto: é para isso que serve o capital improdutivo dentro da empresa: *a supervisão do processo do capital*. Tudo isso é muito preciso na análise de Marx, embora negligenciado, pois é tratado casualmente.

Marx é muito rigoroso em sua definição de trabalho produtivo na empresa. Quando ele define o conceito no Livro II, ele escreve, por exemplo, a propósito do trabalho de um empregado do comércio, classificado como improdutivo:

> Para fins de simplificação [...], vamos admitir que esse agente de compra e de venda é um homem que vende seu trabalho. Ele dispende sua força de trabalho e seu tempo de trabalho

nessas operações M – D e D – M [*a venda da mercadoria e sua compra*]; e ele vive disso como outro vive fiando ou fabricando pílulas. Ele cumpre uma função necessária, pois o processo de reprodução implica também funções improdutivas.[4]

O salário desse empregado faz parte do que Marx chama de "custos de circulação". Existem muitos outros, por exemplo, o custo do trabalho do caixa ou do contador. O custo do do supervisor dos trabalhadores na produção é igualmente um custo, mas *de produção*. Os salários são somente um componente desses custos; é necessário a ele acrescentar os materiais e compras de serviços, ou o desgaste e a manutenção dos escritórios. É necessário um "capital" para financiar esses custos; mas capital significa então, como frequentemente é o caso, "adiantamento", e não valor-capital.

Em seu quadro analítico mais simples, muitas vezes, Marx supõe que o capitalista cuida de todas essas tarefas de supervisão. Mas, isso se torna exceção com o desenvolvimento do capitalismo. Pode-se notar, casualmente, que ninguém se opõe que, em certas circunstâncias, o capitalista "ponha a mão na massa" na produção, em funções geralmente superiores de concepção ou de coordenação; ele executa, assim, certas tarefas produtivas. Mas isto é um aspecto secundário e acidental de sua função.

Saltando numerosas etapas intermediárias, pode-se afirmar que o trabalho improdutivo e os insumos que ele requer têm por função *a maximização da taxa de lucro*, o que não é pouca coisa. É preciso, então, restituir ao conceito de trabalho improdutivo todo o seu alcance teórico, e aceitar o fato que a teoria do trabalho em Marx é, na verdade, dual:[5] trabalho de produção e de maximização da taxa de lucro.

Na empresa, as duas duplas (*tarefas de produção/tarefas de supervisão do processo do capital* e *trabalho produtivos/trabalhos improdutivos*) se sobrepõem exatamente porque a definição das duas categorias de trabalho decorre da teoria do capital (a relação deriva da definição). Esses dois tipos de trabalho

---

4 Marx, K., 1885, p. 121.
5 Duménil, G. e Lévy, D., 2004e.

se mostram complementares (enquanto que na análise da mercadoria, o trabalho improdutivo da empresa não é considerado).

Mas não há uma correspondência estrita, somente aproximativa, com as outras duplas, valorização-circulação e proletários-capitalistas. Todas as tarefas de circulação são improdutivas, mas a supervisão da produção também o é. Então, não é estritamente a "circulação" que define a "improdutividade". Trata-se de uma evidência, assim que se compreende que o trabalho improdutivo "acompanha" o processo do capital em seus dois aspectos, circulação e valorização. Como foi dito, uma parte das tarefas do capitalista na produção pode ocasionalmente ser produtiva. Mas o fato que um indivíduo possa participar do processo do capital e de sua supervisão não muda em nada as categorias analíticas; apenas assinala seu caráter híbrido.

Isso é, entretanto, baseado na simplificação, o que Marx faz com frequência. Por exemplo, quando não há um contexto particular, as tarefas do capitalista podem ser consideradas como um improdutivo, pois elas o são em sua maior parte ou na totalidade e adquirem "funcionalmente" as características de seu conjunto, devido à posição social de seu autor.

Esse quadro analítico é completamente original e um pouco desconcertante. Ele só pode ser compreendido a partir da definição do capital como processo, tal como se lembrou mais acima. O resto é decorrência.

Mas quais são as questões que este quadro nos coloca? Um primeiro ponto, que deixaremos de lado aqui, é que esse quadro conduz a uma análise de classe particular, e, sobre esta base, introduz o que se poderia designar como "uma sociologia"; todas as duas muito pertinentes historicamente. Esquematicamente, trata-se, por exemplo, do que diferencia socialmente um empregado do comércio de um trabalhador da linha de produção.

É o segundo ponto que nos interessa aqui: uma teoria da gestão. Ao lado do trabalho produtivo existe uma massa de outros trabalhos de grande importância. A fim de estabelecer a ligação entre essas articulações teóricas e uma distinção corrente, nós nos propusemos recorrer à dupla *produção/gestão*, assimilando o trabalho de supervisão do processo do capital à gestão.[6] Nessa distinção, o termo *gestão* deve ser tomado em um sentido muito amplo e, evidentemente, abusivo; que faz de um caixa, um administrador. Alternativamente se poderia precisar que o termo gestão somente se referisse às frações superiores desses trabalhos. Tendemos a usá-lo em sentido amplo, distinguindo então: de um lado, trabalho de *produção*, no sentido estrito, e, de outro, o trabalho de *gestão*, no sentido de supervisão do processo do capital. Isso é útil para ler Marx? Sem dúvida nenhuma, pois uma boa parte do Livro III de *O capital* gira em torno dessa distinção, como se verá mais adiante.

2. Propriedade e gestão

Depois desses fundamentos teóricos do Livro I de *O capital*, abordamos em uma primeira seção o quadro conceitual do Livro III: o capital de empréstimo, as funções capitalistas, o juro e o lucro da empresa etc. Rebatizamos o capital de empréstimo de *capital de financiamento*, o que nos oferece a oportunidade de resolver alguns problemas de terminologia. As duas seções seguintes completam a análise dessas metamorfoses da relação de propriedade pela definição do capitalista ativo, ou empreendedor, e a análise do processo de delegação de funções capitalistas para assalariados. Em seguida, vem a noção de "fictício", cuja relação com o anterior é que ela é um atributo do capital de financiamento, o que nos conduz a considerar a incidência de um novo modo de apropriação primária de um excedente, que não deriva de uma divisão da mais-valia. A última seção relembra, enfim, a estranha leitura "dialética"[7] que Marx efetua dessa evolução da

---

6 Pode-se notar que a etimologia de gestão remete ao fato de "carregar", como na gestação. Daí a ideia de carregar sua carga, ser responsável (Rey, A., 1992).

7 O termo dialética é sempre utilizado nos nossos dois capítulos deste livro em referência à relação entre o conceito e seu objeto, a partir do momento em que dois conceitos estejam em jogo (Duménil, G., 1978). A configuração mais intuitiva é aquela de hibridismo. Por exemplo, um artesão trabalhando com um empregado é, ao mesmo tempo, um capitalista e um trabalhador. Marx escreve, também, que a mercadoria é uma coisa dupla, objeto de

relação de propriedade, até o pior do capitalismo desenfreado, ou até o melhor da mudança social na emergência de uma sociedade pós-capitalista.

O emprestador, o capitalista ativo, o juro, o dividendo e o lucro da empresa

Escrevendo no meio do século XIX, Marx está, de algum modo, em "desequilíbrio" entre a consideração de um capitalismo de empresas individuais ou familiares e as grandes sociedades por ações. O "capitalista" é um personagem central em sua análise. Na plenitude de suas funções, o capitalista é, ao mesmo tempo, proprietário (ou coproprietário) do capital e agente da supervisão de seu processo, de sua gestão.

É no Livro III que é introduzida a possível separação entre a propriedade e da gestão. Nessa ocasião certos conceitos novos são avançados: o de capital de empréstimo, ou capital portador de juro, e o de capitalista ativo, que se pode aproximar ao de empreendedor. Só esse último cumpre integralmente as tarefas descritas anteriormente: o adiantamento do capital e os cuidados que seu processo requer.

A novidade que a separação entre a propriedade e a gestão representa vem primeiro se somar modestamente à sua configuração original: o capitalista ativo trabalha com seu capital e com capitais que lhe são

---

utilidade e valor, o que significa que ela deve ser compreendida nessas duas qualificações. Uma outra configuração simples é aquela do vir a ser. Marx afirma, por exemplo, que o produto torna-se mercadoria. Isso significa que seria preciso defini-lo como produto, mas que se torna cada vez mais pertinente de apreendê-lo enquanto mercadoria, fórmula favorita de Marx. Pode-se igualmente utilizar esse termo para falar de luta, mas seu sentido é então trivial. Às vezes os dois aspectos, a dualidade conceitual e a interação conflituosa, se combinam, como na "dialética" das forças produtivas e das relações de produção. O uso presente do termo é um pouco ampliado, pois ele remete a uma ambivalência dos processos financeiros, na qual se pode aplicar essa dupla dualidade conceitual/interação conflituosa.

confiados para que ele os valorize, por agentes que não os gerenciam. A forma tipo dessa transação é o empréstimo. Correspondentemente, o lucro é dividido em duas partes: aquela que remunera o capital emprestado, e aquela que o capitalista ativo conserva, pelo duplo motivo de sua própria contribuição ao capital avançado e de seu trabalho como capitalista ativo.

> Por oposição ao juro que o capitalista ativo deve pagar ao emprestador sobre o lucro bruto, a sobra do lucro que lhe pertence assume, então, necessariamente a forma do lucro industrial ou comercial, ou, para empregar uma expressão alemã que engloba os dois: a forma do lucro de empresa.[8]

Note-se que a expressão "lucro de empresa" remete ao ato de empreender (ao empreendedor) e não à instituição, à empresa. É o lucro que remunera o empreendimento: de avançar e gerenciar. A noção de *lucro de empresa* é, então, definida negativamente como o que não é pago como juro e, como se verá, como dividendo.

Sob a categoria de capital de empréstimo, Marx reagrupa não somente os créditos, mas também as ações. Correspondentemente, esse capital portador de juro é também de dividendos. Utilizando um termo único, Marx privilegia o fato de um detentor de capitais participar do financiamento (segundo duas modalidades, créditos e ações), sem que participe da gestão. A distinção entre emprestador e acionista lhe parece secundária. Então, Marx não tende a considerar os acionistas como mais "proprietários" do que os emprestadores.

O capital de financiamento

Assim, surge um problema terminológico. Para designar esse capitalista emprestador ou acionista (e seu capital), Marx utiliza o termo alemão *Geldkapitalist*

---

[8] Marx, K., 1894b, p. 39.

(e, então, *Geldkapital*). Essas palavras são traduzidas em francês respectivamente pelas expressões *capitaliste financier* ou *monetaire*, e *capital-argent*,[9] uma fonte de grande confusão. O problema com o primeiro termo – capitalista (ou capital) financeiro – é que ele é igualmente utilizado para explicar um conceito distinto utilizado por Marx, sobre o qual trataremos mais tarde, e que evoca as análises de Hilferding e de Lênin, onde ele possui outro conteúdo. A dificuldade com o termo capital-dinheiro é a confusão com a forma D do circuito do capital (a fração de valor-capital que assume a forma dinheiro, no ativo do balanço das empresas), uma confusão que Marx denuncia, entretanto:

> No curso de nossa análise nós mostraremos posteriormente que, desse modo, confunde-se capital-dinheiro e capital *moneyed* [monetizado], tomado na acepção de capital portador de juro, enquanto que, no seu sentido original, o capital-dinheiro é somente uma forma transitória do capital, diferente das outras formas desse aqui: capital-mercadoria e capital produtivo.[10]

A confusão provém do fato de que o crescimento do capital de empréstimo, por exemplo, após a emissão de ações, se traduz pelo ingresso de dinheiro líquido no ativo do balanço. Mas esse dinheiro não sobrevive como tal, pois ele entra no circuito do capital, financiando a compra de matérias-primas, o pagamento de salários ou a compra de elementos do capital fixo (Quadro 1).

Traduziremos *Geldkapital* por "capital de financiamento", e apesar da pouca elegância do termo, *Geldkapitalist* por "capitalista financiador".

---

9 Capitalista financeiro ou monetário e capital-dinheiro, respectivamente (N. do T.).
10 *Ibidem*, p. 126.

O desdobramento do capitalista ativo em gestor e financiador

É impossível de reproduzir aqui todos os elementos da análise de Marx.[11] Serão assinalados os dois seguintes pontos. Em primeiro lugar, a divisão quantitativa do lucro se transforma em divisão qualitativa, segundo a formulação de Marx. Com isso, ele quer dizer que o capitalista ativo aplica a si próprio o estatuto de capitalista financiador, em relação à sua contribuição no adiantamento [de capital (N. do T.)], e paga a si próprio juros e dividendos. Junto com isso, sua atividade enquanto gestor se autonomiza:

> Transformação do capitalista realmente ativo em um simples dirigente e administrador do capital de outro, e de proprietários do capital [*todos, inclusive o empreendedor*] em simples proprietários, em simples capitalistas financeiros [*Geldkapitalisten*,[12] *ou seja, financiadores*].[13]

Nessa configuração, o empreendedor aparece como um dos financiadores e igualmente como gestor; há financiadores, um gerencia e os outros, não. Disso resulta que: "O capital portador de juro [*de financiamento*] é o capital-*propriedade* em relação ao capital-*função*".[14] É evidente que aqui a expressão "capital-propriedade" remete à origem do adiantamento de capital, de maneira passiva. Esse não é o caso para o capitalista ativo que executa as "funções", mas ele mesmo se considera distintamente nos outros dois aspectos de sua personalidade: proprietário (como os outros), na origem do adiantamento, e gestor.

Em segundo lugar, o capitalista tende assim a identificar o lucro da empresa, calculado depois de feita a dedução dos juros e dividendos que o

---

[11] Um estudo mais minucioso desses textos se encontra em Duménil, G., 1975 (disponível em nossa página internet: http://www.jourdan.ens.fr/levy/).

[12] Marx, K., 1894d, p. 452.

[13] Marx, K., 1894b, p. 102.

[14] *Ibidem*, p. 44.

capitalista ativo pagou a si mesmo enquanto financiador, com a remuneração de um trabalho como qualquer outro, sob a forma de salário ou algo similar.[15] Então, os dois componentes do lucro parecem vir de fontes diferentes.[16]

Embora Marx não destaque, é preciso compreender que essa nova configuração implica um desdobramento das modalidades de distribuição do lucro da empresa, pois uma parte da remuneração do capitalista ativo, na medida de seu adiantamento, assume doravante a forma de juro e de dividendos, e que a outra assume formas "salariais". Porém, sabe-se que os capitalistas que ocupam tais posições privilegiadas têm, desde a origem, encontrado os meios de se atribuírem remunerações igualmente privilegiadas sobre a sua contribuição ao capital adiantado (nem todas as ações são remuneradas à mesma taxa)[17] – da mesma forma, os seus "salários" escapam evidentemente à lógica puramente salarial da força de trabalho.

A delegação das funções capitalistas

Nesses extratos, Marx está ocupado em justificar sua demonstração da única fonte do lucro, a mais-valia, no curso de um processo de divisão. Mas a maior armadilha que o progresso do modo de produção capitalista coloca para sua construção resulta da delegação de tarefas de gestão aos assalariados, cuja força de trabalho é comprada para esse fim: "A produção capitalista chegou a um estágio no qual o trabalho de alta direção, inteiramente separado do capital, existe aos montes".[18] E, na página seguinte:

---

15 *Ibidem*, p. 45.
16 *Ibidem*, p. 40.
17 A noção é aquela de ações privilegiadas (*privileged stocks*). Ela é tão importante que, no cálculo da taxa de lucro do tipo ROE (seção 5 do capítulo anterior), essas ações e os dividendos correspondentes são excluídos.
18 Marx, K., 1894b, p. 51.

> o simples diretor que não é possuidor de capital de nenhuma forma, nem como emprestador, nem de outro modo, preenche todas as funções efetivas que o capital ativo necessita enquanto tal; segue-se que somente o funcionário [*aquele que executa as funções, ou seja, o gestor, e não o capitalista ativo como mais acima*] permanece, o capitalista desaparece do processo de produção [*mais rigorosamente, do processo do capital*] como supérfluo.[19]

A noção de lucro da empresa sofre aqui uma nova metamorfose. Anteriormente, o empreendedor pagava, a ele mesmo, um salário enquanto gestor. Doravante, a gestão é delegada para assalariados não empreendedores. A remuneração dessa cúpula diretora faz parte do lucro da empresa? Ela é uma retirada sobre esse lucro (portanto uma despesa, segundo a terminologia de Marx)?

Pensamos que é preferível reservar o termo *lucro da empresa* para a remuneração de agentes que combinam os dois aspectos da pessoa do empreendedor: propriedade e gestão. Assim, no capitalismo contemporâneo, pode-se fazer uso dele para designar o rendimento (salários, *stock options*) da cúpula da pirâmide gestora, pelo fato de que esses agentes continuam proprietários de massas não negligenciáveis do capital da empresa e estão, simultaneamente, comprometidos com sua gestão.

A "ficção" como atributo do capital de financiamento

Engajado nessas análises, Marx introduz a noção de "ficção" como atributo do capital de financiamento (principalmente no capítulo XXIX). O conceito de *capital fictício* possui diversos conteúdos alternativos (sabe-se que essas análises não estavam prontas para serem entregues aos leitores):

1. Em um primeiro sentido, muito rigoroso, pode-se falar de um capital de financiamento radicalmente fictício, porque ele não financia um "capital", mas uma despesa. Como se lembrou, para Marx, *capital* significa valor gasto

---

19 *Ibidem*, p. 52-3.

em um movimento de autocrescimento (seção 1). Um crédito junto às famílias ou ao Estado não assume esse caráter. Ele abre um direito contratual a um fluxo de reembolsos e de juros. Marx fala então de capital fictício. Esse capital fictício é um capital do ponto de vista do emprestador, segundo o uso corrente do termo capital, mas não para o devedor que o gastou.

2. Em um segundo sentido, a ficção está ligada ao *título* que materializa um capital de financiamento, por exemplo, uma ação ou uma obrigação de empresa. O circuito do capital está ali, do lado do ativo no balanço. Também a ficção remete a uma outra coisa: o aparecimento de um duplo do capital. Uma ação, por exemplo, materializa uma cota-parte de um adiantamento de capital, mas não se pode contar o capital uma segunda vez; não há um capital no circuito de um lado e na ação por outro:

> À medida que o capital produtor de juro e o sistema de crédito se desenvolvem, todo o capital parece se duplicar, e por aqui ou ali mesmo se triplicar, graças aos diversos modos em que um mesmo capital, ou simplesmente um mesmo crédito aparece em diferentes mãos, ou em diferentes formas. A maior parte [*segundo nosso ponto de vista, a totalidade*] desse "capital-dinheiro" [*de financiamento*] é puramente fictícia.[20]

Marx sugere, implicitamente, uma forma de consolidação no sentido contábil do termo, na qual existiriam somente as frações do capital que assumem as formas P, M e D do circuito. É "fictício" tudo o que desaparece nessa consolidação.[21] De fato, uma sociedade, financeira ou não, pode possuir ações de outras sociedades. Assim uma pirâmide se monta: acontece o mesmo quando empréstimos financiam outros empréstimos.

---

20 *Ibidem*, p. 132-3.
21 Não é preciso dizer que se a consolidação fosse efetuada até nas instituições financeiras, inclusive o Banco Central, o dinheiro que sobraria seria apenas o estoque de metal de posse do Banco Central.

3. Essa ficção prolonga-se pelo fato de que a ação é suscetível de ser trocada em um mercado, na bolsa ou em outro mercado, e possui um preço relativamente autônomo com relação aos componentes do capital que supostamente ela deveria materializar. Como no caso de um crédito concedido ao Estado, o preço das ações exprime a capitalização de um fluxo de rendimento futuro, na base de antecipações:

> De fato, todos esses efeitos [*títulos*] não representam outra coisa senão a acumulação de direitos, de títulos jurídicos sobre uma produção futura, e o valor-dinheiro ou o valor-capital ora não representa nada de capital, como é o caso da dívida pública, por exemplo, ora é regida por leis independentes do valor do capital real que eles representam.[22]

Está assim marcado de certos traços de ficcionismo, um capital cujo preço é determinado pela antecipação de um fluxo de renda futuro, evidentemente indeterminado, portanto "especulativo". Nesse sentido, um *crash* na bolsa não é uma destruição de valor, embora possa provocá-la indiretamente.

Nenhum componente do capital de financiamento escapa da ficção, ainda que considerando mecanismos e graus diferentes em função da natureza do financiamento. Poderíamos reservar o termo *capital de financiamento* somente para o capital que financia a empresa capitalista. Mas podemos dar uma definição mais ampla, como um equivalente do *capital de empréstimo* em geral, sabendo que ele compreende os empréstimos às empresas, as ações, e os créditos a outros agentes, portanto inclui o capital fictício no primeiro sentido, aquele dos créditos sobre outros agentes que não as empresas (Quadro 2).

---

22 Marx, K., 1894b, p. 131.

2. A medida do capital de financiamento

Uma vez reconhecidos a natureza do capital de financiamento e a marca infame da "ficção" com o qual ele é marcado, coloca-se o problema de sua medida. Pode-se abordá-lo do ponto de vista do agente que se beneficia do financiamento ou daquele que o fornece.

Do ponto de vista da empresa que recebe o capital de financiamento, esse último aparece no passivo de seu balanço, sob a forma de empréstimos ou de ações:

1. O empréstimo se conserva nominalmente e pode ser avaliado segundo seu valor original. Mas seria preciso incluir no capital de financiamento o conjunto dos créditos, por exemplo, um crédito comercial ou um débito bancário descoberto? A resposta a esta questão deve permanecer flexível. No capital de financiamento há um núcleo duro cujo contrato assume as características de uma colocação à disposição deliberada e durável; mas há, igualmente, contribuições marginais mais efêmeras, como em um descoberto, ou ligadas a uma transação, como no crédito comercial.

2. O problema é mais difícil para as ações e os acionistas. No balanço das empresas, seria preciso lhes imputar o conjunto dos lucros retidos, acumulados nos fundos próprios? Isso é supor uma relação de propriedade na qual a delegação da gestão é completa, e na qual não permanece então nenhuma relação particular com o empreendedor (o conceito de capitalista ativo tendo perdido todo o seu valor explicativo). Isso é supor igualmente que os gestores, ou sua fração superior, não constituem um "contra-poder" frente ao capital de financiamento, o que permite considerá-los como simples empregados. Nessas situações híbridas, a resposta a essas questões só pode aparecer em termos relativos.

Essas incertezas podem parecer desconcertantes, mas elas não implicam nenhuma dissolução no rigor da análise.[2]

No que concerne aos títulos públicos, e do ponto de vista do Estado devedor, eles conservam seu valor de emissão.

Vistos do lado dos financiadores, todos os haveres têm uma dupla avaliação, aquela que corresponde à transação inicial e aquela determinada pelos mercados secundários onde esses títulos são negociados, como a Bolsa.

Essa noção de "ficção", de um castelo de cartas que se constrói na fachada e na periferia do capitalismo real, é indissociável na análise de Marx sobre a *fragilidade*.

O recebimento "primário" do juro

O epíteto fictício é, ao mesmo tempo, muito sugestivo e enganador. Além dos descontos duplos e preços especulativos, um componente desse capital fictício remete a um outro modo de recebimento da renda, diferente da monopolização da mais-valia. Os juros pagos pelas famílias sobre suas dívidas e aqueles pagos pelo Estado, através de imposto, definem um canal alternativo de formação dos rendimentos capitalistas.

Esse capital e esses rendimentos são "fictícios" apenas em relação a uma definição que confere as características de autenticidade somente ao capital do circuito. Mas essa extração alternativa de um rendimento é bem real.[23] Propomos chamar esses fluxos de juros que não são redistribuições da mais-valia de "fluxo de juro primário", no sentido que se pode falar de rendas primárias, pois esses rendimentos não provêm de uma mais-valia previamente acumulada. Esses juros pagos pelas famílias e pelo Estado, assim que entregues, podem evidentemente circular no seio das instituições financeiras, como os outros, e aí se formam fluxos híbridos.

Porque permanecer nessa ambiguidade da análise de Marx? É devido à considerável importância desses fluxos primários de juros no capitalismo contemporâneo. Então, convém reconhecer plenamente não somente sua existência, mas também o seu estatuto bem particular.

Socialização contraditória e pós-capitalismo

Marx via no desenvolvimento das sociedades por ações o ponto culminante da transformação institucional da relação de propriedade capitalista que nos interessa aqui, uma forma de transição para uma sociedade pós-capitalista.

---

23 Esta análise se aproxima daquela do capital usurário.

Está aí um dos aspectos do processo de *socialização*, às vezes chamado de "*socialização das forças produtivas*", em ação no modo de produção capitalista. Trata-se de assumir coletivamente, ao invés de individualmente, mecanismos como o financiamento, a produção e a gestão das grandes empresas, que assim adquirem um caráter social.

A transição para além do capitalismo implica a *dupla* transferência, (1) da propriedade e (2) da gestão:

> Nas sociedades por ações, a função [*as funções capitalistas*] é separada da propriedade do capital; portanto, o trabalho ["*desde o diretor até o último diarista*"] é, ele também, totalmente separado da posse dos meios de produção e do sobretrabalho [*do privilégio de sua apropriação*]. Esse resultado do desenvolvimento extremo da produção capitalista é o ponto por onde passa necessariamente a reconversão do capital em propriedade de produtores, não mais como propriedade privada dos produtores particulares, mas enquanto propriedade dos produtores associados, propriedade diretamente social [*(1) transferência da propriedade*]. Por outro lado, é o ponto por onde passa a transformação de todas as funções do processo de reprodução [*processo do capital*] ainda ligada à propriedade do capital de simples funções dos produtores associados, em funções sociais [*(2) transferência da gestão*].[24]

Nessas análises, Marx tem em mente principalmente a transformação da sociedade por ações em cooperativa, portanto, tarefas de gestão "locais". Mas se vê surgir toda a complexidade da articulação dessas tarefas aos processos de coordenação social, como a arbitragem nos investimentos entre empresas e ramos ou a regulação da atividade macroeconômica.

A reunião formidável da propriedade do capital e da gestão em poucas mãos, que permitem as novas formas de propriedade no capitalismo, entra

---

24 Marx, K., 1894b, p. 102-3.

em contradição com seu caráter privado. Essa contradição se manifesta de uma dupla maneira: (1) o fato que certas empresas possam controlar os mercado, e (2) que essas massas enormes de capital permanecem sob a dependência de indivíduos ou de quadrilhas:

> É a supressão do modo de produção capitalista no interior do próprio modo de produção capitalista, portanto uma contradição que se destrói por ela mesma e que, com toda evidência, se apresenta como simples fase transitória em direção a uma nova forma de produção. É também como uma contradição semelhante que esta fase de transição se apresenta. Em certas esferas ela estabelece o monopólio, provocando assim a intromissão do Estado. Ela faz renascer uma nova aristocracia financeira, uma nova espécie de parasitas, sob a forma de elaboradores de projetos, de fundadores, e de diretores simplesmente no nome; todo um sistema de vigarice e de fraudes sobre a fundação, a emissão e o tráfico de ações. É isso a produção privada sem o controle da propriedade privada.[25]

Pode-se reconhecer nessa dialética o melhor (socialização, preparação de uma nova era) e o pior (parasitismo, fraude), um modo de desenvolvimento típico de Marx.

3. Instituições e setor

Os mecanismos financeiros e o estudo do setor financeiro propriamente dito que abordamos agora são mais trabalhados no Livro III d'*O capital* do que nos livros anteriores, mas essa limitação não é restrita. Globalmente, diversos tipos de desenvolvimentos que não foram objeto de uma síntese, encontram-se muito espalhados em *O capital*. De fato, Marx é fiel ao seu plano e os mecanismos financeiros se somam na progressão geral de seu

---

25 *Ibidem*, p. 104.

argumento, sem o determinar; eles estão frequentemente posicionados onde Friedrich Engels os colocou, em seu de publicação do Livro III.

O capital de comércio de dinheiro

Um primeiro conceito, um pouco desconhecido e que sofreu muitos problemas de tradução, é o de *capital de comércio de dinheiro*. Por que essa expressão pouco elegante?

Marx distingue três tipos de capital segundo a maneira como eles percorrem o circuito do capital (Quadro 1). Somente o *capital industrial* o completa em sua totalidade. Existem dois circuitos limitados, aqueles do *capital comercial* e do *capital de comércio de dinheiro*, todos os dois reagrupados sob o vocábulo de *capital mercantil*, incompreensível em francês, tanto mais se o *capital de comércio de dinheiro* é frequentemente expresso como "*capital financeiro*". A confusão é total com *Geldkapital*, tal como o definimos mais acima (capital de financiamento, créditos e ações): verdadeiramente outra coisa, pois se muda de lado no balanço.

Os termos que Marx utiliza são Warenhandlungskapital e Geldhandlungskapital, as duas categorias do Handelskapital.[26] Sem conhecer o alemão, é suficiente saber que Hand refere-se à mão; e Handlung, à ideia de manuseio; Geld significa dinheiro e Waren, mercadoria. Literalmente, em ambos os casos, se trata do comércio, o de dinheiro e o de mercadorias. A segunda expressão explica-se por ela mesma; a primeira designa as operações de caixa, de escrituração das contas, de recebimento de créditos que vencem, de câmbio etc.

Falou-se acima de circuito limitado. Nos dois casos, o capital investido nesses setores jamais assume a forma P. É importante, pois é aí que a mais-valia é produzida. Esses setores realizam então, em seu lucro, uma mais-valia produzida em outro lugar (ou um rendimento obtido de outro modo, seção 2).

---

26 Também chamado *Kaufmännisches Kapital* (Marx, K., 1894d, cap. 16, p. 278).

Essas tarefas do comércio de dinheiro podem ser delegadas ao banqueiro.[27] É o estudo do capital bancário que confere a importância ao capital de comércio de dinheiro.

O capital bancário e o crédito

O conceito de capital bancário é do maior interesse teórico. Existe um tipo de instituição financeira, os bancos, que cumprem dois (ou três) tipos de tarefas, (1) o comércio de dinheiro e (2) o financiamento de empresas (e (3) o crédito a outros agentes não produtivos):

> Vimos na seção precedente que a guarda dos fundos de reserva dos homens de negócios, as operações técnicas de recebimento e pagamento de dinheiro, os pagamentos internacionais e por aí o comércio de lingotes encontram-se concentrados nas mãos dos banqueiros. Conjuntamente a esse comércio de dinheiro se desenvolve outro aspecto do sistema de crédito: a gerência do capital portador de juro ou do capital-dinheiro [*capital de financiamento*], enquanto funções particulares dos banqueiros. Receber e efetuar empréstimo de dinheiro torna-se seu negócio particular. [...] [A] profissão de banqueiro consiste, desse ponto de vista, em concentrar entre

---

27 Por exemplo: "Em primeiro lugar, o banqueiro cumpre essas funções como um simples caixa para os comerciantes e os capitalistas industriais" (Marx, K., 1894a, p. 328).

suas mãos importantes massas de capital-dinheiro [*capital de financiamento*][28] destinado ao empréstimo.[29]

Esse trecho introduz a segunda função do sistema bancário, ao lado do comércio de dinheiro, aquela de reunir e arrecadar capital de financiamento. Os fundos provêm de três fontes:

1. Os bancos gestores de liquidez das empresas:

> Primeiro, como eles [*os bancos*] são os caixas dos capitalistas industriais, eles concentram o capital-dinheiro que cada produtor e comerciante detém como fundo de reserva ou que reflui para ele sob forma de pagamento [*o capital-dinheiro, D, do ativo do balanço das empresas; depositado no banco, ele aumenta o seu ativo e o seu passivo, porque este recebe o dinheiro em seu ativo, e a conta do depositante, no passivo, cresce*]. Esses fundos se convertem assim em capital-dinheiro de empréstimo [*capital de financiamento no passivo do balanço das empresas que permite um acréscimo em seu ativo; créditos no ativo do balanço dos bancos*].[30]

Marx consagra enormes desenvolvimentos no Livro III à formação desses estoques de capital-dinheiro ociosos por parte das empresas, em sua

---

28 Pode-se tratar de dinheiro correspondente às ações que o banco emitiu, às obrigações ou depósitos a vista ou a prazo. Especialmente, o sistema bancário concentra assim o capital-dinheiro das empresas, temporariamente liberado. Esses fundos chegam ao ativo dos bancos e desaparecem assim que são emprestados. Mas eles retornarão, eles ou outros, como depósitos, por exemplo, nessa dança de intermediação potencialmente sem fim, a que Marx reduz frequentemente os mecanismos do crédito.

29 Marx, K., 1894b, p.

30 *Ibidem*, p. 67.

teoria da *liberação de capital*. Eles são depositados nos bancos e constituem um fundo globalmente estável, a partir de contribuições voláteis dos capitalistas individuais. Esses fundos podem ser colocados à disposição de certas empresas como capital de financiamento. A intermediação continua muito importante na análise dos mecanismos de crédito feita por Marx.

2. Os bancos administradores do capital de financiamento:

> Em segundo lugar, seu capital de empréstimo [*de financiamento*] se constitui a partir dos depósitos dos capitalistas financeiros [*financiadores*] que lhes entregam o cuidado de emprestá-lo.[31]

Não é preciso dizer que esses haveres são acrescidos daqueles de todos os agentes que depositam seu dinheiro no banco, inclusive os trabalhadores, desde quando seu acesso às essas instituições lhes foi permitido.[32]

3. A criação monetária:

A ideia da criação monetária através do crédito está igualmente presente na análise de Marx (ver o cap. XXXIII do Livro III), mesmo que as modalidades não sejam as mesmas que prevalecem em nossos dias. Essa criação é ligada à emissão de bilhetes de bancos (privados) e às operações com títulos. O Banco da Inglaterra ajusta suas taxas de juros em função dos movimentos registrados na economia, antecipando uma política monetária. Sobre esses temas, ver o Quadro 3.

---

31 *Ibidem*, p. 67.
32 *Ibidem*, p. 67.

3. Criação monetária pelo crédito e controle central em *O capital*

Encontra-se no capítulo xxxiii d'*O capital* uma apresentação relativamente elaborada da criação monetária e de intervenções do Banco da Inglaterra, se bem que Marx tende, frequentemente, a raciocinar em termos de intermediação. Este quadro reproduz certos aspectos dessas análises. Nesta oportunidade, mais do que "aprender" da análise de Marx, trata-se de sondar a modernidade de sua compreensão, uma curiosidade:

1. Emissão de bilhetes e contrapartida metálica:

> Se o banco emite bilhetes que não estejam cobertos pelo encaixe metálico depositado em seus cofres, ele cria signos de valor que não constituem somente um meio de circulação, mas também um capital suplementar – fictício é verdade – cujo montante nominal é aquele dos bilhetes emitidos sem cobertura.[3]

Não há muita razão para tratar de maneira diferente os bilhetes e os depósitos, quer dizer, todos os passivos monetários do balanço dos bancos. Marx confere, então, um caráter de "ficção" a esses passivos assim que eles ultrapassam os encaixes metálicos. A igualdade entre o ativo e o passivo no balanço na sua forma mais simples se escreve assim::

Ouro + Créditos = Fundos próprios + Bilhetes e contas

A igualdade Ouro = Bilhetes e contas que o raciocínio de Marx coloca em ação implica que Créditos = Fundos próprios. Em outros termos, se o banco conserva o metal para cobrir seus passivos exigíveis, ele só pode emprestar o que foi recolhido como capital de financiamento. Nesse quadro, o banco não assumiria as funções que Marx lhe reconhece, principalmente o de colocar à disposição de uns os haveres de outros. Desde que essa regra integral não é mais respeitada, quer dizer, desde que os bancos desempenhem seu papel, o resultado é uma criação monetária na qual se incorpora esse caráter de ficção. Seu montante é:

Bilhetes e contas − Ouro = Créditos − Fundos próprios

2. Modalidades de criação monetária:

Então, nós vemos aqui como os bancos criam crédito e capital: 1. Pela emissão de seus próprios bilhetes de banco. 2. Pela colocação de títulos de 21 dias, sacados em Londres, mas que lhes são pagos em espécie no dia de sua colocação. 3. Dando em pagamento letras de câmbio já descontadas, endossadas pelo banqueiro; o endosso, antes de tudo, e essencialmente, firma o crédito das letras, pelo menos na circunscrição local.[4]

(1) A emissão de bilhetes cria moeda se ela não a destrói simultaneamente, quer dizer, se corresponde a um novo crédito (e não à entrega em espécie ou em bilhetes de outros bancos); (2) a segunda modalidade corresponde à tomada de um empréstimo junto a um banco do centro do sistema; (3) a terceira modalidade equivale à venda de um título de crédito.

3. Controle do Banco Central:

> O poderio do Banco da Inglaterra se manifesta pela regularização da taxa de juro do mercado. Quando os negócios caminham normalmente, pode acontecer que o Banco da Inglaterra não possa, por uma elevação da taxa de desconto, bloquear uma saída limitada de ouro proveniente de sua reserva metálica, porque as necessidades de meios de pagamentos estão satisfeitas pelos Bancos privados, pelos bancos por ações,[5] e pelos *bill-brokers*, cujo poderio capitalista aumentou consideravelmente no curso dos últimos trinta anos. [...] Mas, nos momentos críticos [*Marx cita então um banqueiro:*] "Em período de crise extraordinária... quando os descontos dos banqueiros privados ou dos corretores (*brokers*) são relativamente limitados, eles recaem sobre o Banco da Inglaterra, e ele então tem o poder de estabelecer a taxa de juro de mercado".[6]

O Banco da Inglaterra tem o poder de atuar sobre a taxa de juro oferecendo mais ou menos crédito, portanto tem a capacidade de regular o crédito.

Dessas análises decorre naturalmente a ideia de que uma grande parte do capital no ativo dos bancos possui um caráter fictício:

> Então, a maior parte do capital do banqueiro é puramente fictícia e consiste em créditos (letras de câmbio), fundos do Estado (que representam capital gasto) e ações (direitos sobre um rendimento futuro).[33]

Marx estende, assim, a noção de ficção a certos aspectos do crédito bancário, cuja natureza é a da criação monetária.

Os bancos "administradores" do capital de financiamento

Estamos aqui no cruzamento das análises das seções d'*O capital* que tratam do capital de comércio de dinheiro e do capital de financiamento. Esse cruzamento é uma expressão da duplicidade de função das instituições financeiras: (1) elo em uma divisão social capitalista do trabalho, como o capital de comércio de mercadorias, essas instituições assumem certos segmentos de circuito do capital em suas modalidades concretas; (2) elas concentram o capital de financiamento (créditos e ações), e aí servem de intermediários entre financiadores e empresas. Através dessa noção, é preciso entender não somente a intermediação, mas as funções e o poder que aí estão associados.

Marx assinala que esse novo aspecto da evolução da relação de propriedade confere um papel particular ao sistema bancário na relação de propriedade:

> [O] simples proprietário de capital, o capitalista financeiro [*financiador*], se opõe ao capitalista ativo[,] e o próprio capital financeiro [*capital de financiamento*], com a extensão do crédito, assume um caráter social concentrado nos bancos

---

33 Marx, K., 1894b.

que doravante lhe emprestam no lugar e na posição de seus proprietários imediatos.[34]

No final do longo extrato "Vimos... de empréstimo", mais acima (na seção 3), deixado em suspenso, mostra que Marx percebeu muito bem as implicações, em termos de poder, da reunião desses capitais nos bancos. O extrato termina assim:

> [...] de maneira que são os banqueiros que, no lugar do emprestador individual, enfrentam, enquanto representantes de todos os emprestadores de dinheiro, o capitalista industrial e o comerciante. Eles se tornam os administradores gerais do capital-dinheiro [*de financiamento*].[35]

Aqui está em jogo a relação entre financiadores e empreendedores, mas Marx é muito pouco explícito a respeito do alcance dessa "administração" e desse "enfrentamento".

Estamos precisamente na articulação do capital-propriedade, tal como analisado na seção 2, e do setor financeiro, na seção presente, e no limite da relação de poder que daí decorre. Trata-se de um tema, para nós, central: (1) a evolução da relação de propriedade até a delegação da gestão, e (2) a concentração do poder capitalista nas instituições financeiras.

Concentração e centralização

Esses mecanismos são inseparáveis daqueles relativos ao que se chamaria hoje de "concentração" do capital, para os quais Marx utiliza dois termos: concentração e centralização. A ideia geral é que massas cada vez maiores de capital são reunidas no seio de uma mesma instituição. Marx descreve duas

---

34 *Ibidem*, p. 52.

35 *Ibidem*, p. 67.

modalidades desse processo. A primeira, chamada *concentração*, resulta da simples acumulação. Corriqueiramente: com o crescimento da economia, as empresas tornam-se cada vez maiores. Abstraindo todas as heterogeneidades, esse processo aumenta na medida dos ritmos da acumulação. A segunda, a *centralização*, remete à reunião de diversos capitais no seio de mesmas unidades. Desse ponto de vista, o tamanho das unidades cresce mais rápido do que decorre da acumulação média.

As consequências dessas tendências são múltiplas. Elas modificam as condições técnico-organizacionais de funcionamento das empresas (produção, comercialização, gestão...), assim como a confrontação das empresas nos mercados, na concorrência. O que nos interessa aqui é, entretanto, a relação desses mecanismos que Marx chama de "crédito":

> O desenvolvimento da produção capitalista cria uma potência totalmente nova, o crédito, que em suas origens se introduz sorrateiramente como uma modesta ajuda para a acumulação, depois se torna, em pouco tempo, uma arma adicional e terrível da guerra da concorrência, e se transforma, enfim, em um imenso maquinismo [*mecanismo*] social destinado a centralizar os capitais.[36]

A relação com a análise acima dos bancos como administradores do capital de financiamento é evidente. Os bancos reúnem os capitais, os injetam nas empresas não financeiras e tornam-se os seus administradores. Com isso, eles contribuem para a centralização do capital, quer dizer, para o crescimento da grande economia. Estamos aqui extremamente próximos da análise de Hilferding, retomada por Lênin.

---

36 Marx, K., 1867c, p. 68.

As funções do setor financeiro

Apesar de numerosos comentários agressivos, o setor financeiro e os mecanismos financeiros em geral não são, para Marx, intrinsecamente inúteis ou parasitários. Pode-se relacionar essa observação ao fato de que improdutivo não é de nenhuma forma sinônimo de inútil. Os mecanismos financeiros assumem diversas funções no capitalismo:

1. *O crédito e a maximização da taxa de lucro em geral (ou média)*. O crédito contribui para a aceleração da rotação do capital, no sentido da velocidade em que o circuito é percorrido (capítulo XXVII do Livro III): "A aceleração das diferentes fases da circulação pelo crédito, da metamorfose das mercadorias, além da metamorfose do capital; portanto, aceleração do processo de reprodução".[37] Então ele é, nesse sentido, um fator de maximização da taxa de lucro, pois ele permite uma produção maior sobre a base de um mesmo capital. O comércio de dinheiro remete igualmente a diversos elos no circuito do capital. Esse comércio é, ele também, um vetor da rotação do capital, e contribui igualmente para a maximização da taxa geral de lucro.

2. *Arrecadação de haveres ociosos*. O setor bancário permite a reunião de capitais "liberados" no circuito do capital, quer dizer, reencontrando a forma capital-dinheiro. Essa liberação reflete a simples necessidade de ter fundos de circulação; ela é o efeito das irregularidades do desenrolar do circuito do capital (por exemplo, a redução da atividade em um ramo) e, sobretudo, da descontinuidade do fluxo de investimento. A amortização do capital fixo é acumulada em haveres líquidos antes da ocorrência de um novo investimento. Toda essa liquidez, depositada em bancos (somando-se aos rendimentos de capitalistas e trabalhadores), pode ser reinjetada em outros circuitos. Trata-se de um mecanismo adicional que conduz à maximização da taxa de lucro.

3. *O crédito e a acumulação*. Não é preciso dizer que o crédito contribui igualmente para a acumulação, pois ele permite financiar o investimento além daquilo que a poupança sozinha permitiria. Mas ele é igualmente o vetor de um processo de *centralização* de capitais, segundo a terminologia

---

37 Marx, K., 1894b, p. 101-2.

de Marx, o que implica a constituição de unidades capitalistas maiores que reagrupam capitais que perdem sua autonomia.

4. *A equalização das taxas de lucro através da concorrência*. No Livro III, em seu estudo dos mecanismos da concorrência, Marx se refere às decisões de investimento através do conceito de *alocação do capital*. Os capitalistas decidem investir segundo os níveis comparativos de rentabilidade. Como se sabe, essas arbitragens estão na origem da tendência à formação de uma taxa de lucro uniforme nos diferentes ramos. Trata-se de um mecanismo fundamental no capitalismo, o qual Marx considera que funciona bem.[38] A primeira e principal função do capitalista ativo é a de avançar o capital em um setor particular de investimento. Onde investir? Para produzir o quê? Enquanto as relações entre capitalistas ativos e financiadores permanecem interpessoais, a alocação do capital é resultado de sua interação. A sociedade por ações pode substituir o capitalista ativo individual, sem que a relação com o capital de financiamento seja modificada fundamentalmente. Mas, desde que o financiamento socializado entra em cena, desde que as instituições financeiras se engajam nesses mecanismos, esses novos atores se tornam participantes ativos dessa alocação. Devido à massa considerável de capital que essas instituições controlam, Marx vê nelas a fonte de uma maior eficácia na tendência à equalização da taxa de lucro entre ramos. Aos seus olhos, esse é um dos efeitos do "sistema de crédito":

> O nivelamento constante das desigualdades [*na taxa de lucro*] ocorre tanto mais rapidamente quanto: 1. o capital tenha mais mobilidade, portanto, que seja mais fácil para transferir de uma esfera ou de um lugar para outro; 2. a força de possa ser lançada mais facilmente de uma esfera para outra. [...]. O primeiro ponto supõe [...] o desenvolvimento do sistema de crédito que, face aos capitalistas isolados, concentre a massa inorgânica do capital social disponível.[39]

---

38 Criticando Ricardo, ele descarta uma teoria das crises em termos de "desproporções", que significariam erros nessa alocação.

39 Marx, K., 1894a, p. 211.

5. *O crédito e a queda na taxa de lucro.* Além de sua contribuição para a maximização da taxa de lucro, o crédito, segundo Marx, permite separar certas frações do capital total da formação da taxa geral de lucro, contribuindo assim para a manutenção da taxa de lucro para as outras:

> É preciso ainda sublinhar esse aspecto importante do ponto de vista econômico: como o lucro aqui assume puramente a forma de juro, tais empresas permanecem possíveis se elas rendem simplesmente o juro, e isso é uma das razões que impede a queda da taxa geral de lucro, porque essas empresas, nas quais o capital constante é imenso em relação ao capital variável, não participam necessariamente da equalização da taxa geral de lucro.[40]

Esse tema é tratado igualmente no capítulo sobre as contratendências à queda na taxa de lucro.[41]

O setor financeiro: parasitismo, fragilidade e socialização

Ainda que essas funções do setor financeiro ocupem uma posição central na análise de Marx sobre o funcionamento do capitalismo, ele sublinha também, de maneira muito vigorosa, os danos potenciais desses mecanismos. Podemos reagrupar essas críticas em torno de dois termos: *parasitismo* e *fragilidade*. O mundo financeiro é, para Marx, o local de todos os desvios, quase "orgias". O Quadro 4 apresenta alguns extratos que nem precisam de comentários.

A existência de mecanismos financeiros introduz um elemento de fragilidade, ou seja, de instabilidade macroeconômica. Mas são esses mecanismos financeiros que tornam instável a economia real ou o inverso? É difícil de sintetizar a análise de Marx sobre esse tema complexo. Seu ponto de vista é que há uma *interação* entre mecanismos reais e financeiros.

---

40 Marx, K., 1894b, p. 103.
41 Marx, K., 1894a, cap. XIV, p. 252.

4. O pequeno mundo dos financiadores

Marx não é gentil com o pequeno mundo dos financiadores e de suas práticas. Já citamos as frases seguintes (seção 2):

> Ela [*a socialização da propriedade nas sociedades por ações*] faz renascer uma nova aristocracia financeira, uma nova espécie de parasitas, sob a forma de elaboradores de projetos, de fundadores, e de diretores simplesmente no nome; todo um sistema de vigarice e de fraudes sobre a fundação, a emissão e o tráfico de ações. É isso a produção privada sem o controle da propriedade privada.[7]

Mas se encontra também:

> Como a propriedade existe aqui sob a forma de ações, seu movimento e sua transmissão tornam-se o simples resultado do jogo da Bolsa, onde os peixinhos são engolidos por tubarões e os carneiros pelos lobos.[8]

Ou enfim:

> O sistema de crédito, cujo centro é constituído pelos bancos chamados de nacionais e pelos emprestadores e usurários que gravitam em torno deles, representa uma enorme centralização; e confere a essa massa de parasitas um poder fabuloso, o poder não somente de dizimar periodicamente os capitalistas industriais, mas de intervir do modo mais perigoso na produção real – e esse bando não conhece nada da produção e não tem nada a ver com ela. As leis de 1844 e de 1845 são provas do poder crescente desses bandidos, aos quais se juntam os financiadores e os *stock-jobbers* [especuladores na bolsa].[9]

Mas, de qual século fala Marx?

A primazia da esfera "real" é fortemente destacada:

> Enquanto o processo de reprodução continua o seu curso, assegurando a continuação do refluxo do capital, há a permanência e a expansão desse crédito, e este aqui repousa sobre a própria expansão do processo de reprodução. Assim que ocorre uma parada, como consequência do atraso nos retornos, de saturação nos mercados, de quedas de preços, há [...] uma massa de capital-mercadoria, mas invendáveis. [...] Produz-se um aperto no crédito.[42]

Encontra-se também:

> À primeira vista então, toda crise se apresenta como uma simples crise de crédito e de dinheiro. E, de fato, trata-se somente da conversibilidade de títulos de comércio em dinheiro. Mas, em sua maior parte, esses títulos representam compras e vendas reais, cujo volume ultrapassa de longe as necessidades da sociedade, o que está em definitivo na base de toda crise.[43]

Portanto, o crédito entra em cena enquanto fator específico, através de seus próprios desequilíbrios:

> Mas, paralelamente, uma quantidade enorme desses títulos representa somente negócios especulativos que, vindo à luz do dia, estouram como bolhas; ou ainda são especulações efetuadas com o capital de outrem, mas que se deram mal. [...] Todo esse sistema artificial de extensão forçada

---

42 *Ibidem*, p. 144.
43 *Ibidem*, p. 151.

do processo de reprodução não poderia naturalmente ser recolocado sobre seus pés, motivo pelo qual um banco, por exemplo, o Banco da Inglaterra, decide então dar a todos os especuladores, em papel moeda emitido por ele, o capital que lhes falta, comprar ao valor nominal antigo a totalidade das mercadorias depreciadas.[44]

Pode-se ver claramente aqui o crédito como fator de expansão ("forçada", escreve Marx) da produção, mas se vê igualmente que a solução da conversibilidade dos títulos não restabelece, segundo Marx, a estabilidade macroeconômica.

Mas o sistema de crédito é também um dos vetores da transição para além do capitalismo, e essa temática da transição se junta com aquela da instabilidade. Reencontra-se plenamente a problemática da socialização, de início diretamente, a respeito da bolsa:

> No sistema de ações existe já a oposição à antiga forma [*de propriedade*], na qual o meio social de produção aparece como propriedade privada; mas a transformação em ações permanece ela mesma ainda prisioneira dos limites capitalistas; ao invés de superar a contradição entre o caráter social das riquezas e a riqueza privada, ele somente a organiza e a desenvolve, dando-lhe um novo aspecto.[45]

Mas essa socialização é um fator de instabilidade:

> O sistema de crédito acelera em consequência o desenvolvimento material das forças produtivas e a constituição de um mercado mundial; a tarefa histórica da produção capitalista é justamente

---

44 *Ibidem*, p. 151-2.
45 *Ibidem*, p. 105.

de impulsionar até certo grau o desenvolvimento desses dois fatores, base material da nova forma de produção. Ao mesmo tempo, o crédito acelera as explosões violentas dessa contradição, as crises e, portanto, os elementos que dissolvem o antigo modo de produção.

Eis aqui os dois aspectos da característica imanente do sistema de crédito: por um lado, desenvolver o motor da produção capitalista [...]; mas, por outro, constituir a forma de transição para um novo modo de produção.[46]

4. As classes dominantes

Com esta seção, abordamos o último dos três campos de nossa incursão no estudo dos mecanismos financeiros em Marx. Trata-se da análise das classes que subentendem a referência que fizemos "à fração superior da classe capitalista". Em um primeiro nível, podemos derivar diretamente das categorias d'*O capital* diversas frações da classe capitalista, às quais é preciso acrescentar os quadros assalariados que as auxiliam. Mesmo se esse procedimento de "cópia" fornece a base indispensável da análise das classes, é impossível se contentar com ele. As classes são também conjuntos de agentes, de famílias e de atores de uma história que Marx conta um primeiro episódio. As determinações vão se apurando.

As frações das classes dominantes segundo *O capital*: proprietários fundiários, financiadores e banqueiros

Sabe-se que *O capital* termina dramaticamente no capítulo LII, de uma página e meia, publicado sob o título "As classes". O ponto de vista que Marx aí adota está claramente indicado no primeiro parágrafo:

---

46 *Ibidem*, p. 106-7.

> Os proprietários da simples força de trabalho, os proprietários do capital e os proprietários fundiários, cujas respectivas fontes de rendimento são o salário, o lucro e a renda fundiária [enumeração sem verbo]; em consequência, os assalariados, os capitalistas e os proprietários fundiários constituem as três grandes classes da sociedade moderna fundada sobre o modo de produção capitalista.[47]

Assim, a cada tipo de rendimento Marx faz corresponder uma classe. Trata-se de uma homologia estrita entre as categorias da teoria econômica e a estrutura de classe. O uso geral desse método permite produzir um quadro relativamente desenvolvido. Em particular, ela sugere a distinção de diversas frações das classes dominantes. Ela é suscetível de enriquecimento em relação ao que o próprio Marx realizou. Tudo depende de qual campo da análise econômica é tomado em consideração:

1. *Proprietários fundiários e capitalistas.* Embora não tenhamos tratado nas seções anteriores, uma primeira diferença opõe os proprietários fundiários que vivem da renda fundiária e os capitalistas. Entre esses últimos, podemos evidentemente considerar os fazendeiros capitalistas como uma categoria particular, se bem que Marx, em sua análise da concorrência, integra esses fazendeiros nos processos de formação de uma taxa média de lucro junto com os outros capitalistas.

2. *Capitalistas industriais e comerciais.* Sabe-se que somente o capital industrial percorre o circuito completo, inclusive a forma *capital produtivo*, na qual é apropriada a mais-valia. O ciclo limitado do capital comercial (de comércio de mercadorias) define outra configuração. Essa distinção conduz à possível identificação de capitalistas industriais e comerciantes, como duas frações de capitalistas ativos.

3. *Banqueiros.* Os banqueiros definem outro subgrupo, cuja relação com o sistema de categorias econômicas é um pouco mais complexa pelo fato

---

47 Marx, K., 1894c, p. 259.

da dualidade dos fundamentos teóricos do capital bancário (comércio de dinheiro e administração do capital de financiamento).

4. *Capitalistas ativos e financiadores.* A distinção entre os capitalistas ativos (empreendedores) e os financiadores (credores e acionistas) define outra clivagem no seio da classe capitalista. Seus interesses não coincidem necessariamente, por exemplo, na negociação da taxa de juro.[48]

Fora dessa lógica se encontra outra diferença, que não precisa entrar nos mistérios da análise teórica: a diferença que opõe os pequenos, médios e os grandes; por exemplo, a famosa diferença entre os pequenos e os grandes burgueses.

Os funcionários do capital

Evidentemente, continuando esse exercício teórico, acaba-se por se encontrar frente ao grupo de assalariados aos quais foram delegadas as tarefas do capitalista ativo. Fundamentalmente improdutivos como o capitalista ativo, esses grupos executam as funções do capital,[49] que designamos como *as funções de supervisão do processo do capital*. Nada prova que eles possam ser considerados globalmente, como um grupo único, na análise da estrutura de classe, mas Marx não entra nessa complexidade.

Tendo-os localizado claramente, Marx não hesita em falar a propósito de sua fração superior, de uma "classe numerosa de diretores industriais e comerciais",[50] mas ele fecha apressadamente a Caixa de Pandora. Como para Marx, a existência desses grupos continua sendo uma questão espinhosa para muitos marxistas, que não querem reconhecer a natureza de

---

[48] Mas se poderia igualmente distinguir entre os financiadores, aqueles cujos capitais são investidos principalmente em um setor ou outro, se essa separação tivesse uma pertinência empírica: industrial, comercial ou bancário.

[49] Que justifica o subtítulo do livro "La fonction capitaliste parcellaire" (Duménil, G., 1975).

[50] Marx, K., 1894b, p. 53-4.

classe dessa relação de *funcionarismo* (frequentemente confundido com a "intelectualidade" pura e simples).

Mas o diagnóstico de Marx sobrevive em sua justeza e brutalidade: "somente o funcionário permanece, o capitalista desaparece do processo de produção como supérfluo".[51] Quaisquer que sejam as resistências a identificar esses grupos a uma classe, a questão de sua posição e de sua dinâmica particular na estrutura de classes continua colocada: dóceis funcionários dos proprietários ou suscetíveis de comportamentos dotados de certa autonomia? Por mais de trinta anos, este é um tema central de nossa pesquisa.[52]

A classe capitalista e as lutas de classes segundo as obras políticas de Marx

Um dos textos mais esclarecedores das obras políticas de Marx a respeito das classes, das lutas de classes e do Estado é o *18 brumário de Luís Bonaparte*.[53] Seria necessário igualmente mencionar aqui as análises de *A guerra civil na França*,[54] que contém um resumo das lutas de classes descritas em *O 18 brumário* e o tratamento da Comuna de Paris.

Nessas análises, pode-se muito bem apreender as interações entre as contradições internas às classes dominantes e a contradição fundamental que as opõe às classes dominadas, e é nesse sentido que elas são suscetíveis de nos ajudar em nossa compreensão das fases posteriores do capitalismo. As contradições internas manifestam uma relação de cooperação e de luta, com a preponderância do primeiro termo, que exprime a solidariedade das classes superiores na luta de classes frente às classes dominadas. Essas classes superiores conduzem em seu rastro outras frações (médias).

No *18 brumário*, Marx utiliza diversas clivagens no seio das classes dominantes, no espírito da tipologia descrita anteriormente. O primeiro se refere aos

---

51 *Ibidem*, p. 53.
52 De Duménil, G., 1975 até Duménil, G. e Lévy, D., 2003.
53 Marx, K., 1852.
54 Marx, K., 1871.

grandes proprietários fundiários, claramente descritos como burgueses mesmo que eles sejam aristocratas, e o grande capital, tanto financeiro quanto industrial (Quadro 5). Todos os dois eram realistas,[55] embora pertencendo a correntes distintas. A república permite sua unidade (citação "os realistas tornam-se republicanos" no Quadro). Mas além dessa grande burguesia financeira e industrial, encontra-se igualmente uma burguesia industrial menor, ainda que distinta da pequena burguesia. A despeito das divergências de interesses, ela compõe igualmente a aliança republicana contra o proletariado (citação "a burguesia industrial"). Essa frente unida burguesa vai ganhar (citação "a vitória da burguesia").

5. As classes no *18 brumário*

1. Os realistas tornam-se republicanos:

> Todavia, essa massa de burgueses era realista. Uma parte dela, os grandes proprietários fundiários [*classificados entre os burgueses*], havia reinado sob a Restauração e era, de fato, *legitimista*. A outra parte, os aristocratas da finança e os grandes industriais, havia reinado sob a monarquia e, desse fato, era *orleanista*. [...] É aqui, na república burguesa, que não portava nem o nome de *Bourbon*, nem o de *Orléans*, mas que se chamava de capital, que eles haviam encontrado a forma de Estado sob a qual eles poderiam reinar em comum.[10]

Note-se que a clivagem está bem estabelecida em relação às relações de produção:

> O que separava essas duas frações, não era de modo algum pretensos princípios, eram suas condições materiais de existência, dois tipos diferentes de propriedade, era a antiga oposição entre a cidade e o campo, a rivalidade entre o capital e a propriedade fundiária.[11]

---

55 Partidários da realeza (N. do T.).

2. A burguesia industrial:
> Ele ["*Le National*", *jornal da época*] combatia a aristocracia financeira, como o fazia então o conjunto da oposição burguesa. [...] A burguesia industrial lhe era agradecida por defender servilmente o sistema protecionista francês que ele aprovava, todavia, por razões mais nacionais do que econômicas, e o conjunto da burguesia se felicitava por suas denúncias raivosas do comunismo e do socialismo. Além disso, o partido do *National* era *republicano puro*, quer dizer, ele reivindicava uma forma republicana da dominação burguesa no lugar de uma forma monárquica [...]. O que estava claro, [...] era a sua impopularidade entre os pequenos burgueses democratas e, sobretudo, entre o proletariado revolucionário [...].[12]

3. A vitória burguesa:
> A República burguesa triunfa. Ao seu lado se colocava a aristocracia financeira, a burguesia industrial, a classe média, os pequenos burgueses, o exército, o lumpemproletariado organizado em guarda móvel, a nata dos intelectuais, os padres e toda a população rural.[13]

Nessas análises, a correspondência entre as categorias da teoria econômica e as classes é muito direta, completamente de acordo com as exigências teóricas de Marx. Ela fornece o ponto de partida, e, uma vez redesenhado com a distinção entre grandes e pequenos, igualmente o ponto de chegada. Mas devem ser destacadas duas constatações importantes:

1. Os senhores dos grandes bancos são atores nessas lutas, dotados de uma certa identidade e autonomia. Marx os designa sob o vocábulo de "aristocracia financeira". Essa aristocracia governou sob Louis Philippe. Entretanto, no *18 brumário*, ela intervém como componente da grande burguesia, e não segundo suas características especificamente financeiros. A distinção entre uma burguesia financeira e uma burguesia industrial está presente, mas doravante não é mais central.

2. A clivagem entre capitalista ativo e financiador, bem tratada em *O capital*, não desempenha nenhum papel nos escritos políticos, e, *a fortiori*, os funcionários do capital. Constata-se então uma defasagem importante entre a análise teórica das categorias econômicas e as distinções que Marx julga importantes *vis-à-vis* às lutas de classes que ele testemunhou. O poder explicativo dessas outras categorias abria perspectivas enormes para o futuro, mas elas não estavam ainda na ordem do dia quando Marx escreveu suas obras políticas.

Uma diferença importante entre a análise d'*O capital* e as obras políticas é que essas classes são abordadas como atores em uma luta de classe, o que se convencionou chamar de *classe para si*, em oposição à *classe em si*, quer dizer, em suas determinações que derivam das relações de produção.

Esse terceiro campo completa, portanto, o panorama da análise das relações financeiras efetuadas por Marx, iniciada nas seções precedentes. O estudo das modalidades da relação de propriedade e da separação da propriedade e da gestão introduz a identificação de uma burguesia financeira detentora do capital de financiamento. A noção de capital bancário e sua relação com o capital de financiamento introduzem as instituições financeiras em sua função de administradoras do capital de financiamento. Enfim, a classe capitalista aparece como ator na história, no quadro geral das lutas de classe. Estamos doravante muito próximos do que chamamos de *finança*.

5. As instituições do capitalismo do século xx analisadas por Hilferding e Lênin

Consideraremos cada uma das análises, de Hilferding e de Lênin, a respeito da finança. Uma última seção é consagrada ao tratamento da concorrência no desses autores.

O capital financeiro

Em seu trabalho principal, *O capital financeiro*,[56] Hilferding leva, se assim se pode dizer, as análises de Marx até suas últimas consequências, considerando o capitalismo do início do século XX. Essa análise deve ser compreendida em relação às transformações históricas descritas no capítulo precedente (seção 3). Aqui será abstraído o fato de que as observações da realidade europeia, mais do que a norte-americana, sem dúvida modificam certas apreciações. Mas se trata fundamentalmente dos mesmos processos.

O quadro no qual se situa Hilferding é aquele de uma transição entre as duas formas de concentração que se descreveu. Existem simultaneamente trustes e cartéis, por um lado, e grandes empresas resultante de fusões, por outro. Hilferding considera que essa distinção não é essencial.[57] Existe, entretanto, uma diferença terminológica entre o vocabulário geralmente utilizado nas análises das transformações históricas do capitalismo norte-americano e nas formulações de Hilferding. Em *O capital financeiro*, as grandes empresas resultantes das fusões são chamadas de *trustes* (ao invés de *holdings*); o resultado da consolidação "flexível" é designado por *cartel*. Essas uniões podem desembocar ou não na constituição de monopólios, de acordo com as condições. Pode-se também destacar, para ser completo, que Hilferding identificou bem a revolução gerencial e o crescimento de empregados assalariados encarregados das funções de supervisão do processo do capital, principalmente no processo de trabalho. Ele insiste no fato que, mesmo na base da escala – ou, sobretudo na base da escala –, essas classes se distinguem fortemente do proletariado.[58] Hilferding participava da história.

---

56 Hilferding, R., 1910.

57 *Ibidem*, p. 287.

58 Elas tomarão consciência de sua exploração e de sua solidariedade com os proletários, em um estágio mais avançado do capitalismo (Hilferding, R., 1910, p. 467): "Outra é a posição que adotam essas camadas que se assumiu ultimamente o hábito de chamar de nova classe média. Trata-se de empregados do comércio e da indústria, cujo número aumentou consideravelmente após o

O que nos interessa aqui é a noção de *capital financeiro*:

> Eu chamo o capital bancário – por conseguinte, capital sob a forma de dinheiro, que é dessa maneira transformado em capital industrial – de "o capital financeiro". [...] Uma parte cada vez maior do capital empregado na indústria é capital financeiro, capital [*colocado*] à disposição dos bancos e empregado pelos industriais.[59]

Acrescentamos as aspas para tornar a primeira frase compreensível. Enquanto capital "colocado à disposição dos bancos" e "empregado pelo capital industrial", o capital financeiro é, então, o que chamamos de "o capital de financiamento", centralizado pelos bancos e entregue ao capital industrial. Esse não é a totalidade do capital de financiamento, pois um capitalista particular pode ser dono de ações ou de créditos concedidos diretamente para a economia produtiva. Trata-se da fração intermediada do capital de financiamento.

Aqui estamos muito próximos da análise do capital bancário, efetuada por Marx, na qual a reunião de capitais de financiamento é uma de suas funções. Ademais, Hilferding não considera essa operação como um simples procedimento técnico, a arrecadação e a transferência de capital. Ao contrário, o banco torna-se um agente primordial na produção capitalista, exatamente na linha de raciocínio de Marx de "administração" do capital de financiamento.

Hilferding atribui, entretanto, um alcance considerável a essa intervenção das instituições financeiras na economia não financeira. A definição acima se refere a um "capital à disposição dos bancos e empregado pelos industriais", o que destaca a existência de uma ligação entre distintos agentes;

---

desenvolvimento da grande empresa e que se tornam os verdadeiros dirigentes da produção".

59 *Ibidem*, p. 318.

mas a concepção de Hilferding vai, de fato, mais longe. Trata-se de uma "fusão", cujo campo é o grande capital: "[*o banco*] torna-se assim capitalista industrial em escala crescente".[60] Hilferding utiliza o termo *fusão*: "a fusão de indústrias e de bancos em grandes monopólios".[61] O melhor meio de dar conta do dispositivo, tal como concebido por Hilferding, seria falar da constituição de *superholdings*, que ele chama, no limite, de "cartel geral".[62]

Duas observações. *Vis-à-vis* ao mundo contemporâneo é fácil de generalizar as análises de Marx e de Hilferding para outras instituições financeiras, como os fundos de aplicação, que reúnem os capitais. Mas é igualmente claro que a função dos bancos, como criadores de crédito e não como simples intermediários, não é muito bem considerada ou, às vezes, completamente omitida.

É preciso se perguntar sobre as implicações dessa análise em termos de poder de classe:

> Se assim a indústria cai sob a dependência do capital bancário, isso não quer dizer que, desse modo, os magnatas da indústria dependem também dos magnatas dos bancos. Bem cedo, como o próprio capital torna-se, em seu nível mais elevado, capital financeiro, o magnata do capital, o capitalista financeiro, concentra mais e mais a disposição do conjunto do capital nacional sob a forma de dominação bancária. Aqui também a união pessoal tem um papel importante.[63]

Tratando dos grandes capitalistas (os magnatas) ou da fração superior da classe capitalista, não é pertinente a oposição *financeiro/industrial*, contrariamente a uma interpretação amplamente difundida da análise de

---

60 *Ibidem*, p. 318.
61 *Ibidem*, p. 469.
62 *Ibidem*, p. 328.
63 *Ibidem*, p. 318.

Hilferding. No nível inferior das hierarquias capitalistas, os capitalistas industriais estão fortemente submetidos a essa máquina financeira, mas, no topo, os grandes capitalistas possuem tudo, e essa propriedade se encarna nas instituições financeiras.

Assim, a análise do capital financeiro não se baseia na dicotomia entre capitalistas do setor financeiro, de um lado, e capitalistas do setor industrial, de outro. Trata-se do poder da fração mais alta na hierarquia da classe capitalista sobre o conjunto da economia, em uma esfera superior da propriedade capitalista onde a separação setorial perde seu sentido. Então as *superholdings* de Hilferding são diversificadas.

A análise de Hilferding é um pouco marcada historicamente pelas primeiras formas de emergência da finança moderna (seção 3 do capítulo precedente), na qual o poder se concentrava especificamente nos bancos, sob a autoridade (muito pouco bucólica) de figuras emblemáticas desse movimento como os Morgan e Rockefeller. Reconhecemos entretanto, a grande aproximação entre esta análise e aquela que nós fazemos da "finança", definida precisamente da seguinte maneira: "a fração superior da classe capitalista e suas instituições financeiras".

O imperialismo, estágio supremo do capitalismo

Se ficarmos nos essencial, a análise de Lênin é, sobre esses temas, muito próxima daquela de Hilferding:

> [A] concentração de capitais e o crescimento das operações bancárias modificam radicalmente o papel desempenhado pelos bancos. Os capitalistas dispersos acabam se tornando um único capitalista coletivo. Mantendo a conta corrente de muitos capitalistas, os bancos parecem efetuar somente operações puramente técnicas, unicamente subsidiárias. Mas quando essas operações atingem uma extensão formidável, o resultado é que um punhado de monopolistas subordina as operações comerciais e industriais da sociedade inteira; ele

pode, graças às relações bancárias, graças às contas correntes e a outras operações financeiras, *conhecer* em primeira mão *exatamente* a situação de tal ou qual capitalista, e depois os controlar, [...] privá-los de capitais, ou permiti-los aumentar rapidamente o seu em proporções enormes etc.[64]

Lênin identifica, então, um processo de centralização crescente do capital bancário e prevê, como Hilferding, sua prolongação até o extremo (manifestando, ele também, uma certa obsessão pela monopolização completa). No limite, chegaríamos a uma *superholding* única:

Os poucos bancos que, graças ao processo de concentração, permanecem à frente de toda a economia capitalista têm, naturalmente, uma tendência cada vez mais marcada pelos acordos de monopólios, a formar um *truste de bancos*. Na América, não são mais nove, mas *dois* bancos muito grandes, os dos bilionários Rockefeller e de Morgan, que reinam sobre um capital de 11 bilhões de marcos.[65]

Essa insistência sobre a centralização e o controle está ligada, no plano político, à ideia de que essas características do capitalismo moderno preparam, ao menos, uma fase intermediária da socialização dos meios de produção sob a direção do proletariado ou de seus representantes. Essa tese está completamente explícita. Ela une-se a certas intuições de Marx a respeito da sociedade por ações, que preparam tal transição, mas sem a noção da centralização extrema.

Mesmo se as ideias de fusão dos bancos com a indústria, e de centralização extrema do capital, respectivamente de Hilferding e de Lênin, não foram confirmadas pela história, o conceito de capital financeiro prolonga

---

64 Lênin, V., 1916, p. 232-3.
65 *Ibidem*, p. 238.

bem a tese de Marx a respeito do papel administrador do capital de financiamento dos bancos, aprofundando-a. Pode-se ver aí uma etapa intermediária que conduz à definição que nós demos à finança.

O ponto de junção entre as teorias do capital financeiro e a da finança é a relação entre a fração superior da classe capitalista (que, em definitivo, possui a grande economia financeira ou não) e as instituições financeiras. Mas, para nós, a articulação entre os bancos e a grande economia não financeira não é uma fusão, como talvez se pudesse dizer dos impérios de Morgan ou Rockefeller, ou do capitalismo alemão. Os fundos de aposentadoria, por exemplo, possuem importantes portfólios de ações e, nesse sentido, são suscetíveis de exercerem um peso sobre os gestores de sociedades transnacionais; os *bank holding companies* podem estabelecer laços estreitos com essas sociedades, principalmente através da participação nos conselhos de administração. Mas as instituições financeiras e as sociedades transnacionais permanecem geralmente distintas (evidentemente, as grandes sociedades financeiras têm um caráter transnacional), mesmo se muitas sociedades não financeiras se engajam em operações financeiras. Muitas instituições financeiras unem-se às mesmas sociedades. Globalmente, a finança não é uma *superholding*.

Ademais, as instituições financeiras que atuam no que nós chamamos de *finança*, incluem os bancos centrais e as instituições internacionais como o FMI. A "administração" do capital que nós consideramos possui, então, aspectos relativos às políticas econômicas, nos planos nacional e internacional.

Concorrência e monopólios

O principal problema colocado pelas teses de Hilferding e Lênin está referido à concorrência. Todos os dois estão marcados por uma época na qual coexistem dois setores na economia, a grande economia das sociedades resultantes de fusões e a economia tradicional. Esses dois setores funcionam sobre bases muito diferentes, quer se trate de seu financiamento, de sua técnica ou de sua gestão. A grande economia é muito mais eficaz e rentável; a economia tradicional vai se dissolver na crise de 1929 e na Segunda Guerra

Mundial. Para as testemunhas dessas transformações, a grande economia atinge velocidade vertiginosa.

Hilferding e Lênin se enganam supondo o desaparecimento tendencial da concorrência. Ela permanece entre as empresas do novo setor, e evidentemente, entre as grandes e pequenas, com a tendência à eliminação dessas últimas. Como destacamos no Quadro 1 do capítulo precedente, é a mobilidade do capital que é a força da concorrência capitalista, e seu potencial foi multiplicado com a aparição do grande setor financeiro moderno, um fenômeno que Marx havia, entretanto, antecipado em sua descrição das funções do setor financeiro como agente da mobilidade do capital.

6. Um quadro analítico poderoso: seus limites

A articulação entre a teoria do capital e a dos mecanismos financeiros, em *O capital*, é muito rigorosa. As teses de Marx relativas à coexistência do processo do capital e de seus mecanismos são muito explícitas. Os elementos avançados no capítulo precedente (seção 2) encontram assim, neste capítulo, sua justificação:

1. A teoria dos mecanismos financeiros se baseia nos dois aspectos da teoria do capital: valorização e circulação. Os canais de distribuição da renda – como a renda do empreendedor, os salários dos trabalhadores (improdutivos) que acompanham o processo do capital, e o juro ou dividendo – encontram todos sua fonte na mais-valia (valorização). Uma parte da análise do capital bancário apoia-se sobre a noção de um circuito limitado do capital, portanto, sobre a teoria da circulação do capital.

2. O capital de financiamento, em sua ficção, e as empresas financeiras que o centralizam, duplicam os mecanismos próprios do processo do capital com uma vasta construção institucional, com lógica específica, suscetível de multiplicar a eficácia do capitalismo; mas é um vetor de instabilidade. O pós-capitalismo se prepara, ainda que contraditoriamente.

3. A finança, em suas primeiras formas históricas, constitui-se em ator no funcionamento do capitalismo e nas lutas de classes. Já em Marx, como

administrador do capital de financiamento, depois em Hilferding e Lênin, nas gigantescas *holdings*, feudos dos grandes capitalistas.

É preciso também reconhecer os limites desse quadro analítico. Eles são de duas ordens. Inicialmente, as *dificuldades* técnicas. A análise que Marx fez dos fenômenos da instabilidade é muito adequada. Ela respeita a reciprocidade dos processos, do real para o financeiro e do financeiro para o real. Mas aí permaneceu. É preciso dizer, em defesa do autor de *O capital*, que pouco foi feito depois. Em seguida, o *inacabado*: o estudo das transformações da relação de propriedade, até a delegação das funções capitalistas e suas consequências em termos de classe, se interrompe, estando no bom caminho. Trata-se de numerosas questões fundamentais que Marx aborda, mas não finaliza.

A respeito do tema da instabilidade, a dificuldade técnica está evidentemente em jogo, mas é preciso também compreender que Marx escreveu antes da revolução macroeconômica, que podemos datar do fim da Segunda Guerra Mundial, apesar de suas etapas preliminares anteriores. Sobre a propriedade capitalista e as classes, de início se surpreende que Marx tenha avançado tanto, antes da tripla revolução nas empresas, na finança e na gestão. E compreende-se facilmente que ele não tenha podido progredir ainda mais, tanto mais que esses mecanismos ocupam uma posição acessória em seu plano (eles são tratados "de passagem", ainda que longamente, com bastante frequência). Há, ainda, um aspecto político a essas limitações. Uma categoria como a do capital de financiamento não dá base a nenhuma relação de classe cuja consideração teria sido pertinente na análise das lutas de classes, pois a burguesia reuniu-se rapidamente frente às lutas populares. Quanto aos gestores assalariados, as relações entre Marx e Mikhail Bakunin mostram que Marx inquietava-se sobre as consequências políticas de se considerar essas novas classes. Indicou-se brevemente como Hilferding resolvia essa questão; se conhece o caráter intenso dos problemas que essas classes continuam a colocar entre os marxistas.

É preciso compreender, igualmente, que o caráter "acessório" desses desenvolvimentos teóricos – que nos aparecem, com o recuo do tempo e a maturação do capitalismo, como da maior importância – marca o desenvolvimento d'*O capital* com seu estigma. E isso, a partir de seus próprios fundamentos. O caráter dual do trabalho e a importância do trabalho improdutivo são "finalmente" reconhecidos por Marx, mas o desenrolar dos enunciados não confirma esse estatuto. ocesso do capital, que nós chamamos de *supervisão*, é tratado de forma secundária. Proletários contra burgueses! A eficácia obriga e, nesse plano, pode-se dizer que Marx atingiu seus objetivos: *O capital* efetivamente fez a burguesia tremer. No entanto, após um quarto de século de neoliberalismo, tudo está para ser refeito.

Notas referentes às tabelas

1   A compra de insumos dá lugar a uma metamorfose D – M no mercado. Esses insumos não são destinados à revenda direta, eles entram na fabricação.
2   Trata-se de uma propriedade muito geral. Por exemplo, é impossível enunciar uma definição única da taxa de lucro. Pode-se considerar um amplo leque de tais definições contábeis, tanto quanto à escolha de uma medida do lucro quanto de uma medida do capital. Tudo depende do quadro analítico e do problema tratado.
3   Marx, K., 1894b, p. 202.
4   *Ibidem*, p. 203.
5   Tradução ligeiramente retificada (Nota dos Autores).
6   *Ibidem*, p. 203-204.
7   Marx, K., 1894b, p. 104.
8   *Ibidem*, p. 105.
9   *Ibidem*, p. 206.
10 Marx, K., 1852, p. 455-6.
11 *Ibidem*, p. 464.
12 *Ibidem*, p. 448.
13 *Ibidem*, p. 445.

Finança, hiperconcorrência e reprodução do capital

Michel Husson[1]

A PARTIR DO INÍCIO DOS ANOS 1980, o capitalismo entrou em uma nova fase que numerosos analistas caracterizam em função de sua relação com a finança. Vários livros recentes lançados na França a colocam no centro de sua análise dos (des)funcionamentos atuais do capitalismo, mesmo quando seus autores não são críticos sistemáticos.[2] Uma associação altermundialista, como o ATTAC, fundamenta seu argumento antiliberal no papel dominante da finança nos processos de regressão social em curso nos países ricos.

A tese essencial que este capítulo busca desenvolver poderia ser resumida assim: a finança é "a árvore que esconde a floresta". Ela não é um obstáculo a um funcionamento "puro" do capital, mas o instrumento de seu retorno a um funcionamento "puro", desembaraçado de toda uma série de regras e restrições que foram impostos a esse sistema ao longo de décadas.

Neste capítulo, o domínio da "finança" está definido a partir de três fenômenos estreitamente imbricados: o aumento da parte das rendas financeiras na repartição da renda nacional; o peso crescente do capital financeiro na orientação geral da acumulação do capital; a decolagem das cotações bursáteis.

---

[1] Michel Husson é economista e pesquisador do IRES (Institut de Recherches Économiques et Sociales). É autor de *Le grand bluff capitaliste* e *Les casseurs de l'Etat social*.

[2] Ver, por exemplo, Gréau, J. L., 2005; Artus, P., Virard., M. P., 2005. Jean-Luc Gréau é do Medef (Mouvement des Entreprises de France) e Patrick Artus é economista da Caisse des Dépots.

O método utilizado repousa sobre dois princípios. O primeiro é que o uso dos instrumentos da análise marxista só tem sentido quando aplicados a uma realidade concreta, que é o capitalismo contemporâneo. O segundo princípio consiste em dizer que não é possível analisar o processo chamado de financeirização independentemente das dimensões fundamentais do capitalismo que são a exploração, a acumulação e a reprodução do capital.

1. Lucro sem acumulação

A partir da virada neoliberal ocorrida no início dos anos 1980, a retomada da taxa de lucro não levou a um aumento durável e generalizado da acumulação (Gráfico 1). Esse fato característico conduz a identificar uma fase específica da "financeirização" do capitalismo, relativamente inédita em sua história. O lucro não acumulado corresponde, com efeito, a uma distribuição crescente de rendas financeiras (juros e dividendos). Assim, a repartição da renda sofreu uma inflexão significativa na metade dos anos 1980: a parte salarial diminui em benefício das rendas financeiras, enquanto a parte da renda nacional consagrada ao investimento permanece constante no médio prazo.

O exame mais detalhado dessas "curvas da economia capitalista" permite identificar claramente duas fases sucessivas. Até o início dos anos 1980, o lucro e a acumulação evoluíam paralelamente, mantendo-se em níveis elevados durante os anos 1960; logo depois começam a diminuir, inicialmente nos Estados Unidos, em seguida no Japão e na Europa. A retomada que se situa entre os dois choques petrolíferos somente freia esta queda de maneira transitória. As duas outras curvas, a do crescimento e a da produtividade, também evoluem juntas. Então, é o conjunto do círculo virtuoso dos anos fordistas que se desregula. A dinâmica do capital, medida por essas quatro variáveis fundamentais, faz aparecer uma grande coerência, tanto na prosperidade como na crise.

Gráfico 1: As curvas da economia capitalista 1961-2003

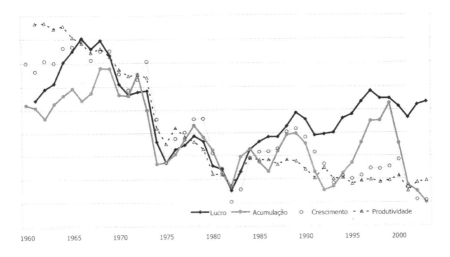

Campo: EUA, Japão, Alemanha, França, Reino Unido, Itália (médias ponderadas segundo o PIB)
Fonte: OCDE, Perspectives économiques, 2003

A história que se segue, das duas últimas décadas, pode ser assim resumida: a taxa de lucro tende a se restabelecer regularmente (ao menos até 1997), mas não tem sucesso em encadear as outras variáveis, ou tem somente de maneira transitória. Assim, no fim dos anos 1980, a economia mundial parece anestesiada pelo crash de 1987 e, contra toda expectativa, apresenta uma bela retomada. O crescimento recomeça, e com ele a acumulação, a tal ponto que esse período é caracterizado por um renascimento do interesse pelos ciclos longos; artigos e declarações otimistas na imprensa se multiplicam, então, para anunciar vinte novos anos de crescimento.

O alívio de ter evitado uma crise profunda que ameaçava desde a virada da economia de oferta levou a uma forma de euforia, que se encontra, um pouco mais tarde, com a "nova economia". Ainda mais que a fé nas tecnologias tem como referência o toyotismo, que desempenha um papel ideológico maior nesse ambiente. O "novo modelo de trabalho" parece ser a fonte de ganhos de produtividade reforçados e sua generalização é percebida como o vetor de um novo modo de regulação. É necessário, infelizmente, desencantar muito rápido. A inflexão ocorre desde o início dos anos 90 (um pouco antes da guerra do Golfo) e conduz a uma recessão particularmente severa na Europa. Também, é a partir desse momento que o Japão se afunda em um crescimento quase nulo, mas se toma consciência disso apenas mais tarde.

Ainda no Gráfico 1, pode-se perceber a esperança suscitada pela "nova economia". O período 1996-2000 é caracterizado por uma retomada muito significativa da acumulação – especialmente nos Estados Unidos – que parece praticamente cobrir a diferença em relação ao nível atingido pela taxa de lucro. Mas, também desta vez, o movimento não permanece e se reverte por razões bem clássicas. De qualquer modo, ele não se estendeu ao resto do mundo: a retomada na Europa tem outros impulsos além das novas tecnologias e permanece um episódio conjuntural. Enfim, com exceção talvez dos Estados Unidos, a "nova economia" não inverteu qualitativamente uma tendência histórica de desaceleração da produtividade do trabalho. Sem dúvida é aí que se encontra a causa profunda que impede a entrada em uma nova longa onda expansiva.

Desconsiderando as flutuações cíclicas, a nova fase se caracteriza da seguinte maneira: restabelecimento da taxa de lucro sem efeito sobre a acumulação, crescimento medíocre e fraco avanço da produtividade. Trata-se de uma configuração do conjunto dos grandes países capitalistas, que não necessariamente é encontrada em cada um desses países, quando analisados isoladamente. Mas esta diferenciação pode ser considerada como o efeito de uma distribuição desigual desse modelo geral, em razão das relações mais e mais assimétricas que existem entre os diferentes polos – Estados Unidos, Europa, Japão – de uma economia profundamente mundializada.

Esta nova configuração é inédita. No caso da França, pode-se verificá-la para o conjunto do século XX (Gráfico 2). Nele se vê alternar fases expansivas e recessivas que representam as ondas longas do capitalismo. Como regra geral, o lucro e a acumulação evoluem segundo um perfil semelhante: os movimentos de alta ou de baixa da taxa de lucro se repercutem, de maneira mais ou menos defasada, sobre os movimentos da taxa de acumulação. A divergência entre as duas curvas, a partir da metade dos anos 1980, aparece como um fenômeno excepcional nesta dinâmica de longo prazo.

Gráfico 2: Lucro e acumulação na França 1995-2005

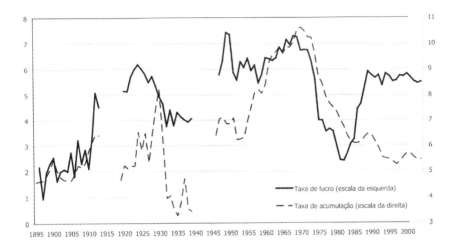

Fontes: Villa, P., Un siécle de données macro-économiques; INSEE: Résultats n. 303-304, 1994; OCDE, Perspectives économiques, 2005

É legítimo chamar de "financeirização" essa diferença entre lucro e acumulação, pois o lucro não acumulado corresponde principalmente à distribuição de rendas financeiras. Mas é muito mais discutível, a partir dessa constatação, propor uma periodização do capitalismo que repousaria somente sobre o modo de financiamento da acumulação. Michel Aglietta vai diretamente ao ponto desenvolvendo de certa maneira uma teoria das ondas longas financeiras: "a finança orienta o desenvolvimento do capitalismo em período muito longo. Ela determina as condições de financiamento que, alternativamente, acarretam fases longas nas quais o crescimento é encorajado, em seguida desencorajado".³ A história do capitalismo seria assim caracterizada pela sucessão de dois grandes modos de financiamento. Os sistemas financeiros "com estruturas administradas" têm a vantagem de "salvaguardar os projetos de investimento", de tal modo que "a acumulação do capital é preservada, mas a inflação pode ser variável". Ao contrário, a "finança liberalizada" admite as propriedades inversas: ela "favorece uma inflação estável e baixa, mas entrava a acumulação". É então que Aglietta nos convida a uma leitura inédita da história longa do capitalismo e de suas crises: ela reduz toda a dinâmica do capitalismo a só uma de suas dimensões, a da finança.

Esse projeto deve ser discutido, e também todas as outras leituras que repousam sobre duas teses "financistas", as quais se podem ser resumidas como segue. A primeira é aquela da escolha de portfólio, segundo a qual os detentores de capitais seriam confrontados com a seguinte alternativa: ou bem aplicam seus capitais nos mercados financeiros ou bem os investem produtivamente. A segunda é aquela do parasitismo da finança: ao puncionar uma parte do lucro, impediria que essa parte fosse investida. As duas leituras, que afinal podem se combinar, parecem insuficientes, e um rápido retorno a Marx permite fundamentar esta demonstração.

2. "Enriquecer dormindo?"

As especificidades da teoria marxista da taxa de juros

Marx consagra vários capítulos do Livro III d'*O capital* à partilha do lucro em juros e lucro da empresa e insiste sobre o fato de que "a taxa de juros média predominante em um país [....] não é de modo algum determinável por qualquer lei".⁴ Tudo o que se pode dizer é que o juro varia dentro de certos limites: ele pode se reduzir a pouca coisa, mas não pode exceder o total do lucro. Esta indeterminação resulta do fato de o juro ser uma renda derivada, "uma rubrica particular para uma parte do lucro a qual o capital em funcionamento,

---

3   Aglieta, M., 1995.
4   Marx, K., 1894b, cap. 22, p. 29.

em vez de pôr no próprio bolso, tem de pagar ao proprietário do capital".[5] O juro não é o "preço do capital" que seria determinado pelo valor de uma mercadoria particular, como pode ser o caso do salário para a força de trabalho. Essa partilha não é somente quantitativa, ela leva a uma distinção qualitativa entre capital financeiro e capital industrial no sentido que essas duas categorias aparecem como se obedecessem a princípios diferentes.

Esta situação fundamenta uma representação fetichizada do modo de produção capitalista, segundo a qual o capital produz renda, independentemente da exploração da força de trabalho. É por isso que Marx acrescenta:

> Para a economia vulgar que pretende apresentar o capital como fonte autônoma do valor, da criação de valor, essa forma é naturalmente uma dádiva, uma forma em que a fonte do lucro já não é reconhecível e em que o resultado do processo capitalista de produção adquire existência autônoma, separada do próprio processo.[6]

Marx retorna várias vezes à ilusão de uma valorização aparentemente separada do processo de produção.

> A circunstância de o capital emprestado proporcionar juro, seja ele realmente empregado como capital, ou não – também quando ele é apenas emprestado para consumo –, consolida a concepção de autonomia dessa forma de capital.[7]

Nessa passagem, Marx insiste novamente sobre o fato que se trata de uma representação ao mesmo tempo popular e, por outro lado, adequada à reificação

---

5   *Ibidem*, cap. 21, p. 8.
6   *Ibidem*, cap. 24, p. 56-7.
7   *Ibidem*, cap. 23, p. 42.

das relações de produção: "na imaginação popular, o capital monetário, o capital portador de juros, continua sendo capital como tal, capital por excelência".[8]

O princípio fundamental da análise marxista é fazer do juro uma fração da mais-valia global. Ela se opõe totalmente à da economia dominante – aquela que Marx qualificava de vulgar – e que trata a repartição da renda segundo uma lógica agregativa. Na visão apologética deste ramo da economia, a sociedade é um mercado generalizado, no qual cada um chega com suas "dotações" para oferecer nos mercados seus serviços sob a forma de "fatores de produção". Alguns têm a oferecer o seu trabalho, outros a terra, outros o capital etc. Esta teoria não diz evidentemente nada sobre as boas fadas que atribuíram para cada "agente" suas dotações iniciais, mas a intenção é clara: a renda nacional é construída pela agregação das rendas de diferentes "fatores de produção", segundo um procedimento que tende a torná-los simétricos. A exploração desaparece, pois cada um dos fatores é remunerado segundo sua produtividade própria.

Esse tipo de representação simplificada desemboca em uma aproximação, da qual a economia vulgar jamais saiu verdadeiramente, entre lucro e juro. Para todo um conjunto da economia teórica, essas duas noções são, com efeito, indissociáveis. Há aí uma utilidade ideológica que Marx destaca mostrando como o capital portador de juros realiza a quintessência da visão burguesa do mundo, visto que esta capacidade de ganhar dinheiro aparece como uma propriedade natural desse "fator de produção". Mas esta solução apresenta tantas dificuldades que sobre elas é necessário voltar rapidamente.

Gerações de estudantes de economia aprendem que "o produtor maximiza seu lucro". Mas como esse lucro é calculado? É simplesmente dado como a diferença entre o preço do produto e o custo dos meios de produção, portanto os salários, mas também o "custo de uso" do capital. Esse último conceito resume as dificuldades da operação, pois ele depende ao mesmo tempo do preço dos bens de produção e da taxa de juros. Uma vez as máquinas compradas e os juros pagos, qual é esse lucro que se

---

8 *Ibidem*, cap. 23, p. 42,

maximiza? Pergunta tanto mais interessante quando esse lucro, uma vez "maximizado", é nulo. Ou se ele não o é – em caso de rendimentos crescentes – tende em direção ao infinito, e a teoria neoclássica da repartição se desmorona, pois a renda torna-se superior à remuneração do conjunto dos "fatores de produção".

A única maneira de tratar esta dificuldade é, para a economia dominante, dividi-la em pedaços e produzir respostas diferentes segundo as regiões a explorar, sem jamais assegurar uma coerência de conjunto que somente poderia ser dada por uma teoria do valor da qual ela não dispõe. Para resumir essas dificuldades, que remetem à discussão de Marx, a teoria dominante oscila entre duas posições incompatíveis. A primeira consiste em assimilar o juro ao lucro – e o capital emprestado ao capital engajado – mas deixa sem explicação a existência do lucro da empresa. A segunda consiste em diferenciar os dois, mas com isso impede a produção de uma teoria unificada do capital. Toda a história da teoria econômica dominante é aquela de um vai e vem entre essas duas posições contraditórias, como bem mostrou um artigo[9] recente, dissecando os manuais de economia sob esse ponto de vista.

Euforia bursátil e lei do valor

A euforia bursátil e as ilusões criadas pela "nova economia" deram a impressão que se podia "enriquecer dormindo"; em poucas palavras, que a finança tinha se tornado uma força autônoma de valor. A tese da escolha de portfólio postula que os capitais têm permanentemente a escolha de investir na esfera produtiva ou de aplicar nos mercados financeiros especulativos, e que eles arbitram entre os dois em função dos rendimentos relativos esperados. Esta abordagem pode ter virtudes cruciais, mas tem o defeito de sugerir que existem dois meios alternativos de criar valor. Na realidade, pode-se enriquecer na Bolsa somente na base de uma punção operada sobre a mais-valia, de tal sorte que o mecanismo admite limites

---

9   Naples, M. I. e Aslanbeigui, N., 1996.

– aqueles da exploração – e que o movimento da valorização bursátil não pode se autoalimentar indefinidamente.

Do ponto de vista teórico, as cotações da Bolsa deveriam ser indicadores de lucros antecipados. Na prática, esta ligação é evidentemente imperfeita e depende também da estrutura de financiamento das empresas: conforme elas se financiam principalmente ou acessoriamente nos mercados financeiros, a cotação da ação será um indicador mais ou menos preciso. O economista Anwar Shaikh apresentou um modelo que mostra que esta relação funciona relativamente bem para os Estados Unidos.[10] O mesmo aconteceria para o caso francês: entre 1965 e 1993, o índice da Bolsa de Paris, deflacionado por um índice geral de preços, está bem correlacionado com a taxa de lucro; mas esta ligação desaparece a partir da metade dos anos 1990 (Gráfico 3). Em Paris, por exemplo, o CAC 40 tem sido multiplicado por três em cinco anos, o que é verdadeiramente extravagante.

Os teóricos da "nova economia" se arriscam a prolongar a curva exponencial das cotações bursáteis em dez ou vinte anos, e justificam este exercício alegando o aparecimento de novas leis de funcionamento do capitalismo. Mas a reviravolta bursátil ocorrida em 2000 marca o fim dessas ilusões. Ela pode ser interpretada como um chamado à boa ordem da lei do valor, que traça sua rota sem se preocupar com modas econômicas. O retorno ao real encaminha ao final das contas à exploração dos trabalhadores, que é o verdadeiro "fundamento" da Bolsa. A menos que se apegue à ficção de ganhos virtuais, o crescimento da esfera financeira – e das rendas reais que ela pode proporcionar – somente é possível na proporção do aumento da mais-valia não acumulada, e tanto uma como a outra admitem limites, que foram atingidos.

---

10   Shaikh, A. M., 1995.

Gráfico 3: Bolsa e lucro na França 1965-2001

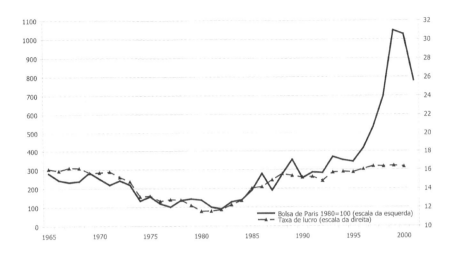

Bolsa de Paris: índice SBF 250 (deflacionado pelo índice geral de preços)
Taxa de lucro: OCDE, Perspectives économiques, 2003

3. A criação do valor

Para um marxista, é interessante aprender que o discurso e os instrumentos dos analistas e teóricos da gestão se apoiam hoje sobre a noção de "criação de valor". Eles teriam descoberto bruscamente a teoria do autor d'*O capital*? Esta questão não é absurda, tanto que os indicadores inventados pelos administradores têm uma relação evidente com a mais-valia: o ROE (return on equity) é equivalente à taxa de lucro e o ROA (return on asset) à taxa de lucro da empresa. Poderíamos citar ainda o Roce (return on capital employed) que é também uma taxa de lucro muito clássica ou o MVA (market value added) definido como a criação de valor antecipado.

O valor para o acionista

Mas é o significado do EVA (economic value added), que está fora desse conjunto, que convém examinar (quadro 1). Para resumir, ele mede a diferença entre a rentabilidade de um dado capital e uma rentabilidade de referência. Esta última é definida em função dos rendimentos financeiros potenciais e não em relação a uma taxa de lucro geral. Deixando esse detalhe de lado, pode-se analisar o EVA como uma medida da mais-valia extra, que Marx define como a diferença entre a rentabilidade de um capital individual e a taxa de lucro geral. Este indicador resume bem a lei da concorrência que empurra todo capital individual a obter uma taxa de lucro máxima, além do lucro médio. Desse ponto de vista, ele constitui um instrumento adequado de avaliação da gestão passada e dos projetos de investimento.

I. Cálculo do EVA (economic value addeed)

O ponto de partida é o modelo de avaliação dos ativos financeiros (Medaf), que serve para determinar o "rendimento de oportunidade" (r) que um ativo financeiro individual poderia esperar obter no mercado financeiro. Ele é definido como a soma da rentabilidade sem risco (por exemplo, em obrigações do Estado) e do acréscimo de rentabilidade obtida "com risco". Este prêmio de risco se calcula como a diferença entre o rendimento do mercado financeiro e o rendimento do ativo sem risco, sendo esse desvio modulado por um fator de risco β que mede a volatilidade do mercado. Então temos:

$r = \theta + \beta (m - \theta)$,

com

r: rendimento de oportunidade do ativo i

θ: rentabilidade do ativo sem risco

m: rentabilidade do mercado

β: fator de risco $\beta = cov (m, \theta)/var(m)$

Uma empresa pode então calcular o custo médio ponderado de seus capitais (c – em inglês, WACC, weigted average capital cost). Essa é uma média ponderada do rendimento de oportunidade e da taxa de juros em razão do peso relativo dos fundos próprios (FP) e do capital emprestado (D) no capital (K).

$$c = r.\,FP/K + i.D/K$$

Como se tem K = FP + D, esta relação ainda pode ser escrita como: c = r − (r − i).D/K.

Aqui se encontra a expressão clássica da alavanca do endividamento. O custo médio, com efeito, é definido como o rendimento de oportunidade, diminuído de um termo que aumenta com o recurso ao endividamento. Na medida em que a taxa de juros é inferior à taxa de lucro, o capital emprestado aparece como menos "exigente" que os fundos próprios.

Esse custo médio permite então calcular o EVA (economic value added) como a diferença entre o lucro total obtido pela empresa considerada e o custo de "uso" do conjunto desse capital, ou ainda, o que dá no mesmo, como a diferença entre o lucro da empresa (deduzidos os juros) e o custo dos fundos próprios. Duas expressões equivalentes são obtidas:

$$EVA = R.K - c.K = (R - c).K$$
$$EVA = R_e.FP - c.FP = (R_e - c).FP$$

com

R: taxa de lucro

R_e: taxa de rentabilidade dos fundos próprios

Encontramos duas outras variáveis de análise financeira. A taxa de lucro R da empresa – sua rentabilidade econômica – equivale ao ROA (return on asset) e a taxa de lucro retido R_e – a rentabilidade líquida de seus fundos próprios – corresponde ao ROE (*return on equity*).

O fato de definir a rentabilidade de referência a partir de argumentos financeiros é duplamente revelador. Esta teoria do portfólio implícita revela, inicialmente, a miopia característica de todo capital individual que tende a raciocinar como se ele dispusesse de escolhas alternativas (investimento produtivo contra aplicação financeira): trata-se de um efeito local do fetichismo da finança. Mas se percebe muito rápido que esta ilusão não é agregativa e, então, não permite estabelecer uma teoria global do capitalismo. Em segundo lugar, esta representação está adequada às condições de funcionamento do capitalismo contemporâneo e traduz o endurecimento da concorrência à qual conduz a financeirização. É isso que se poderia chamar de hiperconcorrência, para destacar a primazia da pressão concorrencial na definição das estratégias das empresas.

O EVA define a criação do valor em relação ao nível de rentabilidade retida: "Realizando a taxa 'normal' de seu setor de atividade, a empresa conserva seu valor; se faz menos que essa taxa, perde valor, se ultrapassa a taxa, ganha valor".[11] Com a definição de custo de uso descontado pelo EVA, o nível de rentabilidade é paralisado. Na teoria neoclássica, o "custo de uso" do capital está referido às taxas de juros reais, ponderado pelo preço relativo dos equipamentos e das medidas fiscais. Na definição de "custo" dos fundos próprios, o EVA substitui a taxa de juros por uma taxa de rendimento financeiro mais elevado. Essa substituição é uma indicação das dificuldades da teoria dominante em distinguir lucro de juros, mas significa, na prática, uma elevação do nível de referência. Contudo, Frédérie Lordon[12] nega toda novidade ao EVA e torna relativa sua pertinência, reduzindo-o a uma forma de representação fetichizada. Por certo, a concorrência entre "capitais numerosos" é para Marx uma característica fundamental do capitalismo. A novidade reside na intensificação atual da concorrência que o EVA instrumenta perfeitamente.

A definição do EVA implica que uma empresa pode destruir o valor, mesmo se ela produz lucros, pois "o rendimento de equilíbrio do mercado é então percebido como o rendimento mínimo, legítimo, a partir do qual se

---

11 Batsch, L., 2003.
12 Lordon, F., 2000a.

pode apreciar a verdadeira criação do valor".[13] Michel Aglietta e Antoine Rebérioux destacam, com razão, "a inconsistência dessa regra de um ponto de vista macroeconômico". A incorporação desses preceitos de gestão é, com efeito, promessa de um fracasso, no sentido que a criação do valor global tende em direção a zero: todo mundo não pode "ganhar do mercado". Por certo, o período chamado de "nova economia" difundiu uma crença contrária a isso, na qual se estabeleceu em definitivo a famosa "exuberância irracional". Os capitalistas tiveram a impressão absurda, produzida por sua miopia financeira, que o aumento das taxas de rendimentos financeiros poderia, em última análise, empurrar para cima a taxa de lucro, a rentabilidade real. De uma certa maneira, a euforia bursátil institucionalizou esse fetichismo e conduziu o EVA ao triunfo, que somente o reescreve analiticamente.

Mas a lei do valor continuou a funcionar de maneira inexorável: a soma do valor produzido é uma grandeza dada de maneira independente das modalidades de sua repartição. Somente se pode "criar valor" nos limites impostos pelo grau de exploração. Para o capital tomado globalmente, a única regra de gestão que tem sentido é a de maximizar a taxa de exploração, sem que isso nada diga sobre o destino de cada capitalista individual.

Trabalho socialmente necessário e espaço de valorização

A ligação entre as noções de mais-valia extra e de trabalho socialmente necessário é fácil de estabelecer. O trabalho socialmente necessário pode, com efeito, ser considerado como uma expressão do nível de rentabilidade. Seguramente, se a despesa de trabalho excede essa norma, o capital individual que o teria comprometido será sancionado por uma taxa de lucro inferior à média. O diferencial entre a despesa de trabalho e o trabalho socialmente necessário tem, então, correspondência estreita com o desvio entre a rentabilidade de um capital individual e a taxa de lucro média. Para retomar o vocabulário da análise financeira, as empresas que criam valor são as

---

13 Aglietta, M. e Rebérioux, A., 2004.

que comprometeram uma despesa de trabalho inferior ao nível de trabalho socialmente necessário.

Cada capital está, na realidade, confrontado a um conjunto de normas que se definem por referência a diferentes espaços de valorização divididos segundo uma dupla dimensão: setorial e geográfica. Tudo depende, com efeito, da estruturação da economia: a organização das trocas entre economias nacionais, os dispositivos institucionais diversos, podem vir a frear a equalização dos lucros de um setor a outro, ou de um país a outro. A socialização das economias capitalistas introduz uma outra delimitação, entre um setor mercantil e um setor ao menos em parte não mercantil (proteção social e serviços públicos).

A financeirização foi o instrumento essencial que permitiu alterar profundamente a cartografia desses espaços de valorização. Aqui, se deixará de lado a gênese da virada liberal – e o papel que aí pode desempenhar a alta brutal das taxas de juros (o que Duménil e Lévy chamam de golpe de 1979),[14] para analisar o regime aplicado nessa ocasião. A função principal da finança é abolir, na medida do possível, as delimitações dos espaços de valorização: ela contribui nesse sentido para a constituição de um mercado mundial. Mas isso não é tudo. A finança, especialmente o setor de seguros, é o beneficiário direto (e o agente ativo) da mercantilização da proteção social: quer se trate da saúde ou das aposentadorias, todo recuo da socialização representa assim um avanço possível para a finança. Os seguros privados substituem a solidariedade, e a lógica de capitalização dos fundos de aposentadorias à da repartição.

De maneira mais geral, a financeirização tem por efeito aplainar os limites setoriais e geográficos da equalização da taxa de lucro. Ela não pode ser analisada independentemente da liberdade quase total da circulação dos capitais, que é um dos objetivos precisos da política do capital. É testemunha disso a criação da OMC ou a tentativa de instaurar o AMI (acordo multilateral sobre o investimento), abortada, mas retomada, depois, pelo florescimento de acordos bi ou multilaterais. A financeirização é o que permite a mobilidade

---

14 Duménil G. e Lévy, D., 2000.

dos capitais. Esses movimentos de capitais, que Marx designava como o motor da equalização das taxas de lucro, podem doravante ocorrer a uma escala consideravelmente ampliada. A finança é o meio de endurecer as leis da concorrência, tornando fluídos os deslocamentos do capital: é a função essencial que ela exerce. Parafraseando o que Marx diz do trabalho, poderíamos afirmar que ela é o processo de abstração concreta que submete cada capital individual a uma lei do valor cujo campo de aplicação se amplia sem parar. A característica principal do capitalismo contemporâneo não reside, então, na oposição entre um capital financeiro e um capital industrial, mas na intensidade da concorrência (hiperconcorrência) entre capitais, permitida pela financeirização.

4. A exploração, causa e consequência

Convergência da exploração

A mundialização capitalista é fundamentalmente a colocação dos trabalhadores em concorrência em escala planetária mediante os movimentos de capitais. Dizer que o espaço de valorização se estende ao conjunto da economia mundial implica que as normas de exploração tendem também a se universalizar, por um tipo de determinação inversa (Quadro 2). Esse resultado pode parecer evidente: a busca da taxa de lucro máximo implica a de uma taxa de exploração a mais elevada possível. O que mudou é a escala do espaço, no interior do qual se exercem esses mecanismos. A financeirização se traduz por uma equalização mais estreita, tanto intra quanto intersetorialmente. No interior de um setor, assiste-se à formação de um preço mundial de referência do qual é mais difícil de se distanciar e que tende a se alinhar (para baixo) ao preço mínimo e não ao preço médio definido por cada zona econômica.

II. Convergência da exploração

Abstraindo o capital fixo, a formação do preço de produção de um capital individual (i) pode ser escrita assim:

$$p_i = (1 + R_i) \cdot (w_i N_i / Q_i)$$

com
p_i: preço de produção
R_i: taxa de lucro
w_i: salário
N_i: efetivos
Q_i: nível de produção

Abstraindo-se o nível geral dos preços, pode-se identificar o custo salarial unitário $w_i N_i / Q_i$ ao complemento para 1 da taxa de mais-valia mv_i, de tal forma que o preço é:

$$p_i = (1 + R_i) \cdot (1 - mv_i)$$

A diferença entre a taxa de lucro individual Ri e a taxa de lucro médio R* é uma expressão aproximada do EVA, como segue:

$$R_i - R^* \cong A_1 (p_i - p^*) + A_2 (mv_i - mv^*) + \varepsilon$$

A dupla convergência, do preço individual p_i para o preço de referência p*, e da taxa de lucro individual R_i para um nível de rentabilidade elevado R*, acarreta a convergência da taxa de exploração individual mv_i para um nível de exploração mv* que deve aumentar se R* aumenta.

A intensificação da concorrência pode então ser definida mais precisamente como: de uma parte, o leque de preços observados sobre os diferentes mercados tende a se reduzir; de outro, o preço de referência tende a se alinhar ao preço mínimo e não ao preço médio. Entre setores, o aumento da mobilidade do capital acelera a equalização e reduz os diferenciais admissíveis de taxa de lucro. Esta dupla restrição se reflete nas condições de exploração.

Uma gestão "financeirizada" do emprego?

A mundialização dos grupos e sua financeirização modificaram seu modo de gestão, em particular do emprego. Essa constatação conduz a uma imagem segundo a qual isso seria decorrente das "exigências da finança" (os famosos 15%), que pesariam no sentido de uma exploração aumentada, de reestruturações, demissões, isto é, de uma gestão temerária. Tudo funciona ao inverso: a finança fixa o nível de rentabilidade que os fundos próprios necessitam atingir e os efetivos são diminuídos. É o apetite insaciável dos acionistas que forçariam os grupos a demitir, para alcançar esse famoso objetivo. O paradoxo de empresas fortemente beneficiárias, que realizam reduções de efetivos, levou a falar de demissões bursáteis, ou ainda de "demissões de interesse bursátil", para retomar a fórmula utilizada pela Attac.[15] Dominique Plihon amplia esta responsabilidade aos "erros de gestão e fraudes que conduziram ao desastre de certo número de grandes grupos" devido a "pressões exercidas sobre os dirigentes pelos atores dos mercados (investidores, analistas...) para levá-los a se adequarem às normas internacionais de rentabilidade (benchmarking)".[16]

Esta visão das coisas evidentemente não é falsa. Mas ao se considerar apenas os excessos ligados ao peso da finança, ela não permite compreender a lógica de conjunto das transformações recentes do capitalismo (e corre o risco, por outro lado, de limitar a crítica do capitalismo à crítica de seus excessos). Em particular, esta leitura sugere que o capitalismo contemporâneo seria muito mais ávido de lucro que o capitalismo "fordista" dos anos de forte expansão. Este último aparece retrospectivamente carregado de valores positivos: ele teria sido preocupado com o emprego e dotado de uma visão

---

15 Attac, 2001.
16 Plihon, D., 2004.

de médio ou longo prazo, indo contra os defensores de demissões e os de visão de curto prazo, de hoje.

Que o capitalismo funciona segundo regras em grande parte diferentes daquelas que prevaleceram há um quarto de século, é certo. Mas não se pode, por isso, apresentar a busca do lucro máximo como uma novidade. Esta ilusão de ótica provém de duas transformações fundamentais que não decorrem diretamente da ascensão do poderio da finança. A primeira refere-se ao nível salarial. Há 25 anos, a regra era a progressão do salário real equivalente aos ganhos de produtividade: para 5% de produtividade, o poder de compra aumentava em 5%. Hoje, a norma é a simples manutenção do salário real, os ganhos de produtividade giram em torno de 2% e a progressão do salário real 0%. No primeiro caso, a taxa de exploração tende a permanecer constante, no segundo, aumenta regularmente na medida em que a parte dos salários diminui. O verdadeiro ponto de virada é, então, a passagem de um regime para outro. Ele traduz uma derrota do trabalho em relação ao capital que toma a forma de uma desvalorização relativa do salário.

A ascensão da finança é um efeito corolário desta transformação: na medida em que a taxa de lucro assim obtida não se acumula, ela é redistribuída sob a forma de rendas financeiras. A diferença resulta, então, principalmente de uma gestão mais ou menos rigorosa dos efetivos. A periodização que é necessária reter desse ponto de vista é muito diferente. No caso francês (que não tem nada de excepcional sobre esse ponto), pode-se, com efeito, distinguir três fases:

– 1964 a 1973: o emprego assalariado aumenta no setor privado a um ritmo anual de 1,3%, em um ambiente de crescimento forte, com uma progressão do PIB a preços de mercado de 4,8% ao ano, em média;

– de 1977 a 1987: os efetivos assalariados recuam 0,3% ao ano, em um contexto de crescimento reduzido (2% de crescimento do PIB a preços de mercado);

– de 1987 a 2000: o avanço dos efetivos assalariados retoma um ritmo médio anual de 1,2%, com um crescimento que permanece modesto (2,4% ao ano).

Dito de outra forma, o forte crescimento dos anos de expansão pôde mascarar o fato de que a gestão do emprego era muito rigorosa, em certo sentido, devido a um forte avanço da produtividade. Esta conformação era marcada por uma melhor relação de forças dos assalariados, por um forte crescimento da produtividade e por uma outra regra de distribuição da riqueza criada. E esse conjunto permitia, ao mesmo tempo, proteger o nível da taxa de lucro e assegurar os mercados.

Globalmente, o mercado de trabalho criava relativamente poucos empregos, mas o dinamismo da economia permitia gerar sem muita fricção uma extraordinária rotação de empregos. Em particular, assistiu-se a um movimento muito poderoso de assalariamento, pois a parte de não assalariados no emprego total passou de 23,5% em 1964 para 16,6% em 1977; sendo que esse movimento correspondeu principalmente ao recuo do número de camponeses. No próprio interior do setor privado, pôde-se assistir a fenômenos maciços de transferências da indústria pesada para indústria de transformação, e depois da indústria em direção aos serviços. A mobilidade dos empregos era, então, muito elevada nesta época, e o conteúdo do crescimento bem mais "rico em emprego".

Também se menciona as alterações tecnológicas, como se elas implicassem, por sua natureza, uma gestão mais rigorosa do emprego e uma maior flexibilidade do trabalho. Quanto às transformações das políticas sociais do patronato, elas não podem ser consideradas como simples tradução das injunções bursáteis, como mostra um estudo baseado em uma pesquisa de campo minuciosa.[17] Por certo, o recurso à precariedade permite um ajustamento dos empregos mais sujeito às necessidades de mão de obra e contribui, assim, ao retorno do ciclo econômico. Mas a grande diferença se encontra mais no contexto de fraco crescimento: as possibilidades de reconversão são

---

17 Montagne, S. e Sauviat, C., 2001.

limitadas e o desemprego pesa, ao mesmo tempo, no padrão salarial e no que se poderia chamar de nível de emprego. Dito de outra forma, o avanço da precariedade reforça o congelamento dos salários e tende a reproduzir a relação de forças degradada, em detrimento dos assalariados.

A gestão da mão de obra

As novas relações entre finança e capital produtivo implicam que o risco deve ser transferido para os assalariados. Os acionistas não querem tomar conhecimento dos inconvenientes da atividade: ele exige um tipo de renda mínima garantida e não hesita em pedir à economia mais do que ela pode dar. A leitura dos relatórios anuais mostra que grandes grupos, como Total ou France Télécom, anunciam explicitamente um objetivo de distribuição de dividendos fixado em função da prática do setor. Esse benchmark em matéria de punção financeira prolonga aquilo que se realiza no plano dos limites da exploração. Aqui se encontra, preto no branco, a proposição de Marx segundo a qual a repartição entre lucro e juros se efetua em função da relação de forças que se estabelece entre as diferentes frações do capital.

A finança não exige nada em matéria de investimento e de projeto de longo prazo, ela demanda somente resultado. Ora, nada é mais seletivo que um investimento ou uma aplicação em busca de um rendimento máximo. O resultado é uma redivisão permanente dos grupos e das grandes empresas em função tanto das taxas de rentabilidade do momento como da avaliação dos rendimentos atualizados dos ativos no médio prazo. De fato, por que conservar no mesmo saco uma atividade que rende 12%, de margem operacional, e uma outra que atinge "modestamente" 9%, se é possível se livrar da segunda? Os resultados são, então, mecanicamente puxados para cima, e se pode, em troca, se manter como comprador de um ativo cujo rendimento previsto seria ainda mais elevado.

Este incessante processo de cessões e compras implica evidentemente que há perdedores, pois a redistribuição dos ativos não poder trazer a todos um rendimento superior à média. Mas há sempre a esperança de novas sinergias, de novas racionalidades de carteira... e de novas reestruturações, de maneira que, ao final das contas, essas trocas de ativos sejam do tipo ganhadores-ganhadores. Empresas podem assim ser vendidas e compradas várias vezes no espaço de alguns anos. Além disso, o sistema de LBO (leverage by out) consiste em assegurar para a empresa comprada o reembolso da dívida contratada para sua aquisição: certas compras se fazem então com 20% de fundos próprios e 80% de dívidas que a "presa" deverá amanhã reembolsar.

Os fundos de aplicação são os mais ativos nesse jogo, mas os próprios grupos industriais se lançam nessas redivisões regulares. Esse quadro mostra que as ilusões da finança quanto à possibilidade de ganhos ilimitados se baseia nas ilusões da concorrência de que seria sempre possível obter uma rentabilidade superior à taxa geral de lucro.

A organização das firmas é, então, perturbada permanentemente na busca de novas sinergias, que é tanto mais urgente liberar quanto é necessário encontrar rapidamente os recursos financeiros para cobrir as diferenças da aquisição, reduzir o endividamento que pôde ser contratado nessa ocasião, garantindo aos acionistas um crescimento de seus dividendos. Em grande parte, essas sinergias são de ordem industrial e comercial: fechamento de plantas de produção, reorganização administrativa e de serviços de apoio etc.

A virtuosa operação de crescimento é completada, então, com demissões coletivas. Essas reestruturações são claramente ofensivas e não podem, dessa forma, ser similares às situações de crise. Mas os danos colaterais podem ser consideráveis nas filiais e nos fornecedores, acrescentando assim novas destruições de empregos, esta vez em piores condições econômicas e sociais. Não há nenhuma razão para se abster, visto que o ganho marginal esperado permitirá cobrir os custos do plano de demissões. O grupo poderá armazenar os benefícios de sua operação, enquanto que a coletividade continuará a suportar duravelmente os efeitos sociais.

Os efeitos sobre o desemprego

O déficit de acumulação e de crescimento em um contexto de concorrência exacerbada conduz à instauração do desemprego de massa. É possível aqui estabelecer uma correlação impressionante entre o nível da taxa de desemprego e a evolução da taxa de financeirização, definida como a diferença entre a taxa de lucro e a taxa de acumulação (Gráfico 4). Entretanto, esta correlação não é suficiente para legitimar a leitura "financista" do capitalismo contemporâneo. Por certo, as relações entre o capital industrial e o capital financeiro estão profundamente modificadas e pesam sobre as condições de exploração. Mas é necessário articular corretamente a análise dos fenômenos: não se pode separar uma tendência autônoma da financeirização do funcionamento "normal" do capitalismo. Isso remeteria a dissociar artificialmente o papel da finança do papel da concorrência mundializada.

Esses dois aspectos estão estreitamente imbricados. A grande novidade do capitalismo contemporâneo é, mais uma vez, de colocar em concorrência direta os assalariados do mundo inteiro, e é exatamente o argumento principal utilizado para justificar as "reformas", as reestruturações e as deslocalizações. Repetem que "estamos em uma economia mundializada", isto é, em concorrência com países nos quais os salários e os direitos sociais são inferiores. A competitividade torna-se, então, um imperativo categórico: se as empresas não se reestruturam, elas vão perder seus mercados e estão, então, condenadas a desaparecer.

Gráfico 4: Desemprego e financeirização. União Europeia: 1982-2004

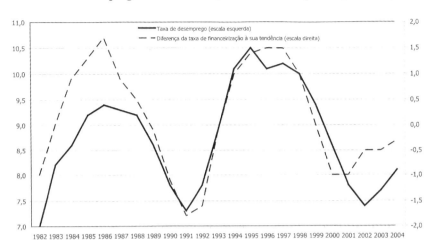

Fonte: Économie européene, Annexe statistique, Automne 2004. Disponível em http://europa.eu.int/comm/economy_finance/publications/europesn_economy/2004/statanexo2.04_fr.pdf A taxa de financeirização mede a parte do lucro não investido em porcentagem do PIB, como a diferença entre a taxa de margem das empresas e a taxa de investimento.

É a finança mundializada que permite estabelecer tal configuração. A grande força do capital financeiro é, com efeito, ignorar as fronteiras geográficas ou setoriais, porque ele se deu os meios de passar rapidamente de uma zona econômica para outra, de um setor para outro: os movimentos de capitais podem ocorrer, daqui para frente, a uma escala consideravelmente ampliada. A finança é, então, o meio de endurecer as leis da concorrência, tornando líquidos os deslocamentos do capital: é sua função essencial. Sem esta mobilidade permitida pela finança, os detentores de capitais não poderiam exercer sua chantagem habitual: "se vocês não me garantem a rentabilidade máxima, eu irei buscá-la em outro lugar". Nesse sentido, a finança não é um obstáculo ao funcionamento atual do capitalismo, mas ao contrário, é uma de suas engrenagens essenciais.

A virada liberal abriu a via para um funcionamento "puro" do capitalismo baseado na concorrência entre os numerosos capitais. Desse ponto de vista, o capitalismo contemporâneo não se distancia do modo de funcionamento analisado por Marx, e, ao contrário, se aproxima dele. Não se pode considerar que o capitalismo seria "pervertido" pela finança, pois ela é precisamente um dos principais instrumentos que lhe permite se assemelhar, mais e mais, a seu conceito.

5. Acumulação e reprodução

O segundo modo de leitura "financista" insiste sobre o parasitismo da finança. Ela explica o fraco dinamismo do investimento pela punção exercida sobre a rentabilidade global. Esta está restabelecida, mas a rentabilidade líquida – depois do pagamento das rendas financeiras – não aumentou. Esta leitura, largamente difundida, que define a fase atual como a de um capitalismo financeirizado, parece destacar um dos traços mais impressionantes de sua configuração atual, que nós tomamos como ponto de partida, a saber, um restabelecimento da taxa de lucro que não acarreta acumulação. Se é descontada a parte que provém das rendas financeiras ao se calcular a taxa de lucro industrial, a diferença entre as duas curvas se reduz e o paradoxo de um lucro sem acumulação parece desaparecer. A tese do parasitismo sai reforçada, pois a ausência de retomada da acumulação seria explicada pela punção financeira.[18]

Entretanto, no funcionamento concreto do capitalismo não existe nenhum sinal tangível de tal restrição sobre as capacidades de investimento das empresas. Conhece-se, ao contrário, o paradoxo que exige que os recursos líquidos obtidos pelas empresas nos mercados financeiros sejam próximos de zero: globalmente o aporte de dinheiro novo arrecadado na Bolsa não representa grande coisa. Na França, a taxa de autofinanciamento das empresas atinge picos desiguais. A queda nos rendimentos financeiros, após a inversão

---

18 Ver o debate entre Michel Husson, Gérard Duménil e Dominique Lévy no *Séminaire Marxiste*, 2001.

da tendência da Bolsa no início desta década, não conduziu, aliás, a uma "liberação" do esforço de investimento dos capitalistas industriais.

Ao final das contas, toda esta análise repousa sobre um postulado segundo o qual é a rentabilidade líquida das rendas financeiras e não a taxa de lucro que constitui a taxa "referencial" determinante da dinâmica da acumulação. Essa assertiva é criticável por várias razões. Inicialmente, pode-se lembrar que nada na análise de Marx justifica tal interpretação, que remete mais às teses estagnacionistas que são difundidas no imediato pós-guerra.[19] Além disso, aí falta um elo essencial: seria necessário explicar por que os beneficiários de rendas financeiras não as colocariam na acumulação e decidiriam, ao contrário, consumi-las.

Ora, a menos que se considere que a esfera financeira constitui uma espécie de terceiro departamento, ao lado das dos bens de produção e de consumo, as somas obtidas pelos "rentistas" são novamente injetadas no circuito e somente podem fechar o ciclo do capital de duas maneiras: consumo ou acumulação do capital. Pode-se ilustrar esta proposição com um quadro contábil simplificado que supõe em especial que os salários são integralmente consumidos (Quadro 3). Isso é suficiente, contudo, para fazer aparecer um resultado importante: as rendas financeiras (juros e dividendos) somente têm como destinação final o consumo ou a poupança.

O equilíbrio global das diferentes contas dos agentes é equivalente à condição global da reprodução que se escreve classicamente; retomando as notações keynesianas: PIB = C + I. O inverso desta relação é o equilíbrio financeiro que descreve a igualdade entre as variações líquidas do endividamento e aplicações de diferentes agentes. Esse resultado elementar é importante de lembrar porque significa que não existe, ao lado da acumulação e do consumo, uma terceira utilização final das rendas, de modo que seria necessário, por exemplo, batizar de especulação financeira. Não é então possível se construir uma macroeconomia na qual os fluxos monetários poderiam se verter alternativamente em uma esfera produtiva ou em

---

19   Por exemplo, Steindl, J., 1952.

uma esfera financeira, como sugerem as representações equivocadas saídas do que chamamos de teoria do portfólio.

Os conceitos keynesianos clássicos, ou mesmo aqueles da contabilidade nacional, são suficientes para destacar esse resultado. Aliás, eles somente parafraseiam a análise de Marx das condições gerais da reprodução, quando ele mostra que a mais-valia é consumida ou acumulada, sem jamais considerar um terceiro uso possível.

É necessário, então, se voltar em direção a outras explicações para dar conta do fraco comportamento da taxa de investimento em relação a uma taxa de lucro florescente, e examinar as condições gerais da reprodução do capital. Mesmo no quadro simplificado contido aqui, esse exame conduz a formulações complexas, logo que essas condições sejam satisfeitas para uma situação dinâmica. Para simplificar a análise, parte-se de um modelo de reprodução equilibrado, definido pela não variação das principais proporções de cada uma das contas dos agentes. Isso conduz a uma relação fundamental (Quadro 4) que pode ser escrita assim:

$$\Delta\alpha - A.\Delta mv + A.\Delta tinv = 0$$
$$\Delta tinv = \Delta mv - \Psi.\Delta\alpha$$

onde
α: parte da mais-valia consumida
mv: taxa de mais-valia
tinv: taxa de investimento

Esta fórmula é, mais uma vez, estritamente idêntica à que Marx estabelece com a ajuda de seus esquemas de reprodução. O interesse do modelo proposto é de mostrar que esta relação se sustenta mesmo tornando mais complexo o quadro contábil ao se introduzir a finança. Tem também o benefício de colocar em primeiro plano um fato evidente: para que os capitalistas possam consumir a mais-valia, é necessário que ela lhe tenha sido distribuída. Ora, esta distribuição se faz (com exceção do consumo de pequenos empreendedores individuais) sob a forma de rendas financeiras.

Há, então, uma ligação direta entre a distribuição de rendas financeiras e o consumo da mais-valia.

III. Um quadro contábil simplificado

Distinguem-se três agentes: as empresas, as famílias e a finança. Supõe-se que todos os salários são consumidos e se faz abstração de outros agentes, especialmente do Estado.

A conta das empresas é: PIB + ΔEND = SAL + I + JUR.

Pode-se interpretar assim. As empresas dispõem de dois recursos: suas vendas líquidas (PIB) e o recurso ao endividamento (ΔEND). Esses recursos têm três usos: o pagamento dos salários (SAL), o investimento (I) e o pagamento de juros e dividendos (JUR).

A conta das famílias é: SAL + JUR = C + ΔPOUP

As famílias têm aqui duas fontes de rendas: os salários (SAL) e os juros (JUR). Eles se destinam ao consumo (C) e ao crescimento de sua poupança (ΔPOUP).

A conta da finança é: JUR + ΔPOUP = JUR + ΔEND

Isso mostra que a finança assegura a centralização e a intermediação dos fluxos financeiros. Ela recebe os juros pagos pelas empresas a título de seu endividamento e paga às famílias os juros que remuneram sua poupança. Aqui se irá supor que esses dois fluxos são iguais, isto é, que os lucros das instituições financeiras são nulos. A finança recebe em depósito a poupança das famílias e se serve disso para prover o endividamento das empresas.

Na realidade, não há correspondência entre os dois componentes da economia (consumo e investimento) e os dois agentes aqui identificados, e isso por duas razões essenciais. De um lado, as empresas não financiam totalmente a acumulação do capital e devem se endividar para fazê-lo, e também distribuir os juros ligados a este endividamento. De outro lado, as famílias recebem somente salários e apenas consomem. Seria necessário, então, operar um desmembramento deste "agente", distinguindo as fontes de rendas (salários puros, rentistas puros e casos intermediários) e as "funções econômicas" (consumo e poupança). Para simplificar, supõe-se implicitamente uma partilha entre puros assalariados (eles consomem tudo) e puros rentistas (eles poupam tudo), mas esta simplificação não altera os principais ensinamentos desse modelo.

IV. As condições de reprodução

Chama-se tinv a taxa de investimento das empresas (I/PIB) e mv a taxa de mais-valia (1 − SAL/PIB). Quais são então as condições que asseguram a reprodução do conjunto quando o PIB aumenta? É necessário que a parte consumida das rendas dos rentistas (α) seja compatível com a necessidade de financiamento das empresas. Esta condição se escreve:

C = SAL + α.JUR

Combinando esta relação com o equilíbrio da conta das empresas, obtém-se uma nova expressão desta condição:

α.JUR/PIB = mv − tinv

Esta relação é complexa na medida em que os juros dependem não somente da taxa de juros, mas também da conta patrimonial das empresas que se pode escrever, simplificando como K = END + FP. O capital total (K) é obtido pelo acúmulo de investimento (salvo amortização) e os fundos próprios FP são obtidos pelo acúmulo de autofinanciamento. Chamemos de N o nível de endividamento (END/K) e k a intensidade de capital (K/PIB). Obtém-se, finalmente:

α = (mv − tinv) / i.N.k

Suponhamos que a taxa de juros i, o nível de endividamento N e o coeficiente de capital k sejam constantes. Colocando Ψ = i.N.k, obtém-se a relação fundamental seguinte: Δtinv = Δmv − Ψ.Δα

A condição de reprodução é aqui dada em diferencial, para permitir uma leitura dinâmica que busca responder a esta questão: em qual condição esta relação, uma vez satisfeita, poderá continuar? A configuração mais simples é, evidentemente, quando as três grandezas permanecem constantes. Mas o que acontece se a taxa de mais-valia aumenta (Δmv > 0)? As evoluções compensatórias de α e *tinv* são então necessárias e se pode aqui considerar dois casos extremos.

Suponha-se, para começar, que a parte consumida da mais-valia permanece constante (Δα = 0). O equilíbrio das condições de reprodução implica então uma variação para cima da taxa do investimento (Δtinv = Δmv). Mas, nesse caso, encontra-se então em uma situação já longamente discutida por diversos autores marxistas (ou de Cambridge), que é a autorreprodução da seção I. Com efeito, a parte da demanda social em bens de consumo decresce em termos relativos (a mais-valia consumida é constante e o consumo salarial se reduz) de tal modo que a parte da seção de bens de produção aumenta de maneira contínua. Esta situação não é sustentável por muito tempo, na medida em que ela suporia um crescimento indefinido da produção de "máquinas" que serviria somente para produzir novas "máquinas". Encontra-se aqui uma ideia subjacente à análise marxista, que é uma determinação dialética da acumulação do capital: é necessário, ao mesmo tempo, rentabilidade e mercados proporcionais.

Suponha-se, agora, que a taxa de investimento permanece constante ($\Delta \text{tinv} = 0$). Isso corresponde aos fatos contemporâneos característicos: redução da parte salarial e restabelecimento da taxa de lucro, com taxa de investimento constante. Nesse caso, as condições de reprodução implicam um avanço da mais-valia consumida que compensa a da taxa de mais-valia ($\Delta \alpha = \Delta \text{mv}/\Psi$). Esse resultado pode ser estendido a um modelo menos simplificado que esse aqui utilizado: o resultado essencial é que a distribuição de rendas financeiras – da qual uma boa parte será consumida – é a contrapartida incontornável de um aumento duradouro da taxa de mais-valia, do ponto de vista das condições de reprodução do conjunto.

Então, encontra-se a ideia que não é possível dissociar os fenômenos da exploração e da financeirização, os quais aparecem como duas componentes de uma mesma realidade. O capitalismo contemporâneo é antes de tudo um capitalismo superexplorador ("carniceiro", diria Aglietta): o aumento da taxa de exploração permite o restabelecimento da taxa de lucro sem engendrar novos espaços de acumulação na mesma proporção. O consumo da mais-valia permite então reduzir esta diferença. Nesse esquema de conjunto, a financeirização preenche uma dupla função: ela instaura uma concorrência exacerbada, necessária para manter um alto nível de pressão sobre a exploração; e estabelece um modo de repartição adequado às novas condições de reprodução do capital. Não é, então, possível caracterizar o capitalismo atual tendo como referência única a financeirização, pois isso equivale a se privar de uma visão de conjunto de suas contradições. A história concreta dá então algumas indicações sobre a ordem dos fatores: a virada liberal é inicialmente uma derrota infringida pelo capital ao trabalho, na qual a finança foi mais uma alavanca do que um fator autônomo. O desenvolvimento posterior da finança foi um meio de sustentar essa nova relação de forças pela intensificação da concorrência, e de satisfazer – ao menos provisoriamente – as restrições da reprodução.

Tudo se passa no fundo como se as condições de reprodução somente pudessem ser asseguradas por uma taxa de acumulação relativamente pouco elevada, em todo caso inferior ao potencial associado ao nível da taxa de lucro. Assim, poderíamos falar de um equilíbrio de subacumulação. Ora, a acumulação é determinada conjuntamente por uma exigência de rentabilidade e pela necessidade de mercados. O comportamento pouco dinâmico do investimento pode então se explicar pelas duas características essenciais do capitalismo contemporâneo:

– ele represa seus próprios mercados: o consumo dos ricos é um substituto imperfeito ao consumo salarial e contribui para uma desaceleração do ritmo de expansão dos mercados globais, que não estimula suficientemente o investimento.

– a fixação de um nível de competitividade muito elevado tende a "desvalorizar" os projetos de investimentos cujas taxas de rendimento são insuficientes e conduz as empresas a liquidar suas contas na distribuição de dividendos.

Ocorrendo as condições de um funcionamento "puro", o capitalismo engendra assim uma expressão "pura" de suas contradições. De certo ponto de vista, ele obteve o que demandava: a emergência de normas determinadas sobre o mercado de trabalho e um arrocho quase universal dos salários. Mas esta conformação reaviva todas suas contradições, em particular a busca de uma rentabilidade máxima em um contexto de mercados restringidos. Aproxima-se, aqui, do modelo de Marx que postula implicitamente um aumento tendencial da taxa de exploração e se encontra, ao mesmo tempo, uma crítica "clássica" do capitalismo.

6. Termos do debate e da crise sistêmica

Colocar em destaque somente a financeirização equivale então a subestimar o caráter sistêmico largamente inédito dos (dês)funcionamentos atuais do capitalismo, dos quais o desemprego de massa é a manifestação mais evidente. Esse fenômeno recoloca no fundo uma contradição essencial e relativamente nova em suas formas de expressão, que consiste em o capital negar-se a satisfazer uma parte crescente das necessidades sociais, porque elas evoluem de uma maneira que se destaca mais e mais de seus critérios de escolha e de eficácia. A financeirização é, então, uma manifestação associada a esta configuração, cuja base objetiva reside na existência de uma massa crescente de mais-valia que não encontra oportunidades de ser investida de maneira "produtiva" e engendra então a financeirização como meio de reciclar essas massas de valor no consumo dos rentistas. Esse modelo difere muito claramente daquele que prevaleceu durante o quarto de século precedente (1950 a 1973) e constitui uma resposta mais e mais desprovida de legitimidade social em uma crise que toca, pela primeira vez, a essência do capitalismo, isto é, seu modo de satisfação das necessidades sociais. Tudo que transforma uma contradição derivada (a financeirização) em contradição principal corre o risco de expulsar o conteúdo anticapitalista de todo combate firme pelo emprego, em direção a muitos projetos vãos que visam livrar o capital do peso da finança para restabelecer o virtuoso núcleo duro.

Mais fundamentalmente, essa leitura permite esclarecer de maneira retroativa a trajetória da economia capitalista desde meio século. O movimento de fundo é aquele que modifica a demanda social e a desvia dos bens manufaturados, aos quais estão associados importantes ganhos de produtividade, para uma demanda de serviços frequentemente coletivos e pouco suscetíveis de serem satisfeitos sob a forma de mercadorias comparáveis ao automóvel. À medida que a satisfação dessas necessidades pesaria sobre a rentabilidade do capital, elas são tratadas como uma restrição e são então satisfeitas na base mais estreita possível. E como as necessidades sociais que emanam de uma boa parte da humanidade pobre entram nesta categoria, assiste-se a uma gigantesca negação da produção em escala mundial: vale mais não produzir do que produzir abaixo do nível de lucro. Esse processo se desenrola evidentemente no longo prazo das transformações estruturais e não pode ser utilizado como explicação do desencadeamento da crise. Mas é ele que sustenta a grande transição em direção a um capitalismo que acumula pouco e aprofunda as desigualdades. Esse reconhecimento dos obstáculos à acumulação conduz a pensar que a entrada do capitalismo em uma nova fase de expansão sustentada é impossível no limite, mas não em razão do peso único da finança.

Esta diferença crescente entre os lucros excedentes e de ocasiões raras de investimentos rentáveis expressa a contradição irredutível entre a satisfação das necessidades sociais e a busca do lucro máximo. A finança é, ao mesmo tempo, um meio de preencher (parcialmente) esta diferença, e um dos principais instrumentos que permitiram estabelecer esta nova configuração de conjunto. Ela não é, então, uma doença que viria "gangrenar" um corpo sadio, mas o sintoma de uma crise que toca aos princípios essenciais do capitalismo.

Referências bibliográficas

Aglietta M. *Macroéconomie financière*. Paris: La Découverte, 1995.

Aglietta M., Rebérioux A. *Dérives du capitalisme financier*. Paris: Albin Michel, 2004.

Arrow K. J. "Real and nominal Magnitudes", in Bell D., Kristol 1. (eds). *The Crisis of Economic Theory*, Nova York: Basic Books, 1981.

Artus P., Virard M.P. *Le capitalisme est en train de s'autodétruire*. Paris: La Découverte, 2005.

Attac. "Face aux licenciements de convenance boursière". http://attac.org/fra/asso/doc/doc5 8.htm. , 2001.

Batsch L. *Le capitalisme financier*. Paris: La Découverte, 2003.

Bénard J. *La conception marxiste du capital.* Paris: Sedes, 1952.

Berle A. *Power without Property*. Nova York: Harcourt/Brace, 1960.

Berle A., Means G. *The Modern Corporation and Private Property*. Londres: Macmillan, 1932.

Bidet J. *Théorie générale.* Paris: Presses Universitaires de France, 1999.

Bidet J. *Explication et reconstruction du Capital*. Paris: Presses Universitaires de France, 2004.

Bihr A. *La reproduction du capital: prolégomènes à une théorie générale du capitalisme.* Lausanne: Page deux, 2001.

Bourguinat H. *Finance internationale*. Paris: Presses Universitaires de France, 1990.

Brunhoff, S. de. *L'offre de monnaie, Critique d'un concept*. Paris: Maspero, 1971.

Brunhoff, S. de. *La monnaie chez Marx*. Paris: Éditions Sociales, 1976.

Burns A. R., *The Decline of Competition: A Study of the Evolution of the American Industry*. Nova York: McGraw-Hill, 1936.

Chandler A. D. *The Visible Hand: The Managerial Revolution in American Business*. Cambridge: Harvard University Press, 1977.

Chesnais F. (ed.). *La mondialisation financière: genèse, coût et enjeux*. Paris: Syros, 1996.

Chesnais F. *La mondialisation du capital*. Paris: Syros, 1997.

Chesnais F. " Note de lecture sur Le pouvoir de la finance", in *L 'année de la Régulation*, vol. 4, Paris: La Découverte, 2000.

Chesnais F. "La 'nouvelle économie': une conjoncture propre à la puissance hégémonique américaine", *in Séminaire marxiste: une nouvelle phase du capitalisme*. Paris: Syllepse, 2001.

Chesnais F. "Le capital de placement: accumulation, internationalisation, effets économiques et politiques", *in* Chesnais F. (éd.). *La finance mondialisée, racines sociales et politiques. configuration, conséquences. Paris:* La Découverte, 2004.

Chesnais F. "La mise en concurrence internationale des travailleurs". *Carré Rouge*, n. 35, 2006.

Chesnais F., Serfati C. "Les conditions physiques de la reproduction sociale", in Harribey J. M., Löwy M. (éds.). *Capital contre nature*. Paris: Presses Universitaires de France, 2003.

Domhoff G. W. *The Power Elite and the State: How Policy is Made in America*. Nova York: Aldine de Gruyter, 1990.

Duménil G. *La position de classe des cadres et employés: la fonction capitaliste parcellaire*. Grenoble: Presses Universitaires de Grenoble, 1975.

Duménil G. *Le concept de loi économique dans* "Le Capital"; *avant-propos de L. Althusser.* Paris: Maspero, 1978.

Duménil G., Glick M., Levy D. "The History of Competition Policy as Economic History", *The Antitrust Bulletin*, 1997, vol. XLII, p. 373-416.

Duménil G. e Lévy D. *La dynamique du capital: un siècle d'économie américaine.* Paris: Presses Universitaires de France, 1996a.

Duménil G. e Lévy D. Dynamique du capitalisme et politiques de classe. Un siècle de capitalisme américain, Communication au colloque *Karl Marx et la dynamique actuelle du capitalisme,* Dunquerque, Université du Littoral, 18-19 octobre 1996. Paris: PSE, EconomiX, 1996b.

Duménil G. e Lévy D. *Au-delà du capitalisme?.* Paris: Presses Universitaires de France, 1998.

Duménil G. e Lévy D. *Crise et sortie de crise: ordre et désordres néolibéraux.* Paris: Presses Universitaires de France, 2000.

Duménil G. e Lévy D. *Économie marxiste du capitalisme.* La Découverte, colr. Paris: Repères, 2003.

Duménil G. e Lévy D. *Capital Resurgent: roots oJthe Neoliberal Revolution.* Cambridge, MA: Harvard University Press, 2004a.

Duménil G. e Lévy D. "The Economics of U.S. Imperialism at the Tum of the 21th Century", *Review of International Political Economy,* vol. 11, p. 657-76, 2004b.

Duménil G. e Lévy D. "Le néolibéralisme sous hégémonie étatsunienne", in Chesnais F. (ed.). *La finance mondiafisee, racines sociales et politiques, configuration, consequences.* Paris: La Decouverte, p. 71-98, 2004c.

Duménil G. e Lévy D. "Neoliberal Income Trends: Wealth, Class and Ownership in the USA". *New LeJt Review,* vol. 30, 2004d, p. 105-33.

Duménil G. e Lévy D. "Production and Management: Marx's Dual Theory of Labor", *in* Westra R., Zuege A. (eds.). *Value and the World Economy Today. Production, Finance and Globalization.* London: Pal grave, Basingstoke, 2004e, p. 137-57.

Duménil G. e Lévy D. *Finance and Management in the Dynamics of Social Change. Contrasting Two Trajectories: United States and France*. Paris: PSE, EconomiX, 2005a.

Duménil G. e Lévy D. *Argentina's Unsustainable Growth Trajectory: Center and Periphery in Imperialism at the Age of Neoliberalism*. Paris: PSE, EconomiX, 2005b.

Faulkner H. U. *American Economic History*. Nova York: Harper and Row, 1960.

Gill L. *Fondements et fimites du capitalisme*. Montréal: Boréal, 1996.

Gréau J.L. *L'avenir du capitalisme*. Gallimard, coil. Paris: Le Débat, 2005.

Guttmann R. *How Credit-Money Shapes the Economy. The United States in a Global System*. Nova York: M. E. Sharpe, Armonk, 1994.

Halimi S. *Le grand bond en arrière*. Paris: Fayard, 2004.

Harvey D. *The Limits to Capital*. Oxford: Blackwell, 1982.

Harvey D. *The New Imperialism*. Oxford: Oxford University Press, 2003.

Hayek FA *The Road to Serfdom*. Chicago: University of Chicago Press, 1980 (1944).

Helleiner E. *States and the Reemergence of Global Finance: from Bretton Woods to the 1990s*. London/Ithaca: Cornell University Press, 1994.

Hilferding R. *Das Finanzkapital*, tradução francesa, *Le capital financier. Étude sur le développement récent du capitalisme*. Paris: Éditions de Minuit, 1970 (1910).

Keynes J. M. *A Treatise on Money*. Londres: Macmillan, 1930.

Keynes J. M. *The General Theory of Employment, Interest, and Money*, tradução francesa, *La théorie générale de l'emploi, l'intérêt et la monnaie*. Paris: Payot, 1963 (1936).

Keynes J. M. "Bretton Woods and After, April 1944-March 1946", *The Collected Writings of John Maynard Keynes*, vol. xxvi. Londres: Macmillan, St. Martin's Press for the Royal Economic Society, 1980 (1944), p. 17.

Kindleberger C. *Manias, Panics and Crashes.* Nova York: Basic Books Macmillan, 1978.

Knight F. H. *Risk, Uncertainty and Profit.* Chicago: University of Chicago Press, 1971 (1921).

Krätke M. "Geld, Kredit und verrückte Formen". Mega – *Studien*, n. 1. Berlin: Internationale Marx-Engels-Stiftung, 2000, p. 64-99.

Lénine V. "L'impérialisme, stade suprême du capitalisme", *Œuvres*, t. 22. Paris: Éditions sociales, 1976 (1916), p. 201-327.

Lordon F. "La création de valeur comme rhétorique et comme pratique. Généalogie et sociologie de la valeur actionnariale", *L 'année de la Régulation*, vol. 4, Paris: La Découverte, 2000a,.

Lordon F. *Fonds de pension, pièges à cons?* Paris: Raison d' Agir, 2000b.

Lukacs G. *Histoire et conscience de classe; préface de Kostas Axelos.* Paris: Éditions de Minuit, 1960 (1919-23).

Luxemburg R. *L'accumulation du capital.* Paris: Maspero, 1967 (1913).

Magdoff H. *Imperialism without colonies.* Monthly Review Books, Nova York, 2003.

Mampaey L. Serfati C., "Les groupes de l'armement et les marchés financiers: Vers une convention guerre sans limite", *in* Chesnais F. (éd.). *La finance mondialisée, racines sociales et politiques, configuration, consequences.* Paris: La Découverte, 2004.

Marx K. *Travail salarié et capital.* Paris: Éditions Sociales, 1952 (1849).

Marx K. "Le 18 Brumaire de Louis Bonaparte", *Œuvres IV, Politique I.* Paris: Gallimard, La Pléiade, 1994 (1852), p. 431-544.

Marx K. *Fondements de la critique de l'économie politique,* t. 1. Paris: Anthropos, 1969 (1857).

Marx K. *Théories sur la plus-value,* t. III. Paris: Éditions sociales, 1976 (1862).

Marx K. *Le Capital,* Livro I, t. 1. Paris: Éditions sociales,1967 (1867a).

Marx K. *Le Capital,* Livro I, t. 3. Paris: Éditions sociales, 1968 (1867c).

Marx K. *La guerre civile en France* 1871: *adresse du conseil général de l'Association Internationale des Travailleurs.* Paris: Éditions sociales, 1963 (1871).

Marx K. *Le Capital*, Livro II, t. 1. Paris: Éditions sociales, 1960 (1885).

Marx K. *Le Capital*, Livro III, t. 1. Paris: Éditions sociales, 1965 (1894a).

Marx K. *Le Capital*, Livro III, t. 2. Paris: Éditions sociales, 1967 (1894b).

Marx K. *Le Capital*, Livro III, t. 3. Paris: Éditions sociales, 1967 (1894c).

Marx K. *Das Kapital, Kritik der politischen Ökonomie, Dritter Band, Buch III: Der Gesamtprozess der kapitalistischen Produktion*, Berlim: Dietz Verlag, Karl Marx, Friedrich Engels Werke. Band 25, 1968 (1894d).

Merrill Lynch et Cap Gemini. "World Wealth Report", 2005, citado por Peyrevelade J., *Le capitalisme total.* Paris: Seuil, col. *La république des idées*, 2005.

Minsky H. "Capitalist Financial Processes and the Instability of Capitalism". *Journal of Economic Issues*, n. 14, Lewisburg: Department of Economics, Bucknell University, 1980.

Minsky H. *Can 'It' Happen Again, Essays on Instabilty and Finance.* Nova York: E.P. Sharpe, Armonk, 1982.

Montagne S., Sauviat c. "L'influence des marchés financiers sur les politiques sociales des entreprises: le cas français". *Travail et emploi*, n. 87. 2001.

Naples M.I., Aslanbeigui N. "What *does* determine the profit rate? The neoclassical theories presented in introductory textbooks", *Cambridge Journal of Economics*, vol. 20, 1996, p. 53-71.

Orléan A. *Le pouvoir de la finance*, Odile Jacob, Paris. O'Sullivan M. 2000, *Contests for Corporate Control: Corporate Governance and Economic Performance in the United States and Germany*, Oxford University Press, 1999.

Piketty T., Saez E. "Income Inequality in the United States, 1913-*1998*", *The Quarterly Journal of Economics*, vol. CXVIII, 2003, p. 1-39.

Plihon D. "Les grandes entreprises fragilisées par la finance", *in* Chesnais F. (éd.). *La finance mondialisée, racines sociales et politiques, configuration, conséquences.* Paris: La Découverte, Paris, 2004.

Rancière J. *La haine de la démocratie*. Paris: La Fabrique, 2005.

Rey A. (ed.). *Dictionnaire historique de la langue française*. Paris: Le Robert, 1992.

Ricardo D. *Écrits monétaires*, tradução francesa par Courbis B., Servet J.M.. Université Lyon 2, 1991 (1809-1811).

Ricardo D. *Principles of Political Economy and Taxation*, traduction française, *Des principes de l'économie et de l'impôt*. Paris: Flammarion, 1977 (1821).

Roy W.G. *Socializing Capital: The Rise of the Large Industrial Corporation in America*. Princeton: Princeton University Press, 1996.

Saez E. *Income and Wealth Concentration in a Historical and International Perspective*, UC Berkeley and NBER, próximo em John Quigley (ed.), *Poverty, the Distribution of Income, and Public Policy, A conference in honor of Eugene Smolensky*, 2004.

Sauviat C. "Les fonds de pension et les fonds mutuels: acteurs majeurs de la finance mondialisée et du nouveau pouvoir actionnarial", in Chesnais F. (ed.). *La finance mondialisée, racines sociales et politiques, configuration, consequences*. Paris: La Découverte, 2004.

Schefold B. "The Relation Between the Rate of Profit and the Rate of Interest: A Reassessment after the Publication of the Critical Edition of the Third Volume of Das Kapital", in Bellofiore R. (ed.), *Marxian Economics, A Reappraisal; Essays on Volume III of Capital* (vol. 1), London: Macmillan, 1998, p. 127-44.

Schumpeter J. *La théorie del'évolution économique, Recherche sur Ie profit, le crédit, l'intérêt et Ie cycle de la conjuncture*. Paris: Librairie Dalloz, 1935 (1911).

Schumpeter J. *Socialism, Capitalism and Democracy*. Nova York: *Harper and Brothers*, 1942.

Schumpeter J. *History of Economic Analysis*, editado por E.B. Schumpeter. Melbourne: Allen and Unwin, 1961.

Séminaire Marxiste. *Une nouvelle phase du capitalisme?* Paris: Syllepse, 2001.

Shaikh A.M. "The Stock Market and the Corporate Sector: A Profit-Based Approach", *Working Paper* n. 146, The Jerome Levy Economics Institute, 1995. http://www .levy. org! docs/wrkpap/pdf/146. pdf.

Steindl J. *Maturity and Stagnation in American Capitalism.* Nova York: Monthly Review Press, 1952.

Sweezy P. *The Theory of Capitalist Evolution.* Londres: Dennis Dobson, 1946.

Sweezy P. "The Resurgence of Financial Control, Fact or Fancy", in Sweezy P., Magdoff H., *The Dynamics of U. S. Capitalism.* Nova York: Monthly Review Press, 1971.

Thorelli H.B. *The Federal Antitrust Policy. Organization of an American Tradition.* Baltimore: Johns Hopkins Press, 1955.

Walras L. *Éléments d'économie politique pure ou théorie de la richesse sociale.* Paris: LGDJ, 1952 (1900).

Weinstein I. *The Corporate Ideal in the Liberal State*, 1900-1918. Boston: Beacon Press, 1968.

Wicker E.R. *Federal Reserve Monetary Policy*, 1917-1933. Nova York: Random House, 1966.

Wolfson M. *Financial Crises, Understanding the Postwar Us. Experience.* Nova York: E.P. Sharpe, Armonk, 1994.

Esta obra foi impressa no outono de 2010 pela Nova Letra Gráfica & Editora. No corpo do texo foi utilizada a fonte Adobe Caslon Pro em corpo 10,5 e entrelinha de 15,5 pontos.